U0942705

惩罚的法理

——康德刑罚学说研究

郭晔◎著

Ratio Juris on Punishment:
A Study of Kant's Theory of Criminal Punishment

中国政法大学出版社
2020・北京

图书在版编目（CIP）数据

惩罚的法理：康德刑罚学说研究/郭晔著. —北京：中国政法大学出版社，2020.8
ISBN 978-7-5620-9674-0

Ⅰ.①惩… Ⅱ.①郭… Ⅲ.①康德(Kant, Immanuel 1724-1804)—刑罚—理论研究
Ⅳ. ①B516.31②D914.04

中国版本图书馆 CIP 数据核字(2020)第 180694 号

出 版 者　中国政法大学出版社
地　　址　北京市海淀区西土城路 25 号
邮寄地址　北京 100088 信箱 8034 分箱　邮编 100088
网　　址　http://www.cuplpress.com (网络实名：中国政法大学出版社)
电　　话　010-58908285(总编室) 58908433（编辑部）58908334(邮购部)
承　　印　北京九州迅驰传媒文化有限公司
开　　本　720mm×960mm　1/16
印　　张　18
字　　数　285 千字
版　　次　2020 年 8 月第 1 版
印　　次　2020 年 8 月第 1 次印刷
定　　价　69.00 元

出版说明

本书所引康德文献采用剑桥大学出版社的一系列康德著作英译本，包括：

Critque of Pure Reason（缩略为：CPR），trans &eds. Paul Guyer & Allen W. Wood, Cambridge University Press, 1998.

Practical Philosophy（缩略为：PP），trans &ed. Mary J. Gregor, Cambridge University Press, 1996.

The Metaphysics of Morals（缩略为：MM），trans &ed. Mary J. Gregor, Cambridge University Press, 1996.

Religion within the Boundaries of Mere Reason（缩略为：RR），trans &eds. Allen W. Wood & George Di Giovanni, Cambridge University Press, 1998.

Critique of the Power of Judgment（缩略为：CPJ），trans. Paul Guyer & Eric Matthews, ed. Paul Guyer, Cambridge University Press, 2000.

Lectures on Ethics（缩略为：LE），trans. Peter Heath, eds. Peter Heath & J. B. Schneewind, Cambridge University Press, 1997.

所引康德文献译文主要参考以下译本：

［德］康德：《康德三大批判合集》（上、下），邓晓芒译，杨祖陶校，人民出版社2009年版；

［德］康德：《历史理性批判文集》，何兆武译，商务印书馆1990年版；

［德］康德：《道德形而上学奠基》，杨云飞译，邓晓芒校，人民出版社2013年版；

［德］康德：《道德形而上学》（注释本），张荣、李秋零译注，中国人民大学出版社2013年版；

［德］康德：《单纯理性限度内的宗教》，李秋零译，商务印书馆2012年版。

序

惩罚问题，表面而言只是一个刑法学问题，其实，其理论和制度的深处是一个法哲学的永恒问题。惩罚为什么是正当的？为什么要实施惩罚？惩罚的法理限度何在？如何为“惩罚的正当性”建构最有说服力的理论框架？本书作者带着这些疑问，踏上了循康德前行的思想之旅。

从学说史上看，康德的惩罚思想无疑是不能绕过的重点，当然也是难点。“刑法是一条绝对命令”这一由康德提出的鲜明命题，摇起了报应主义的旗帜，是无数学术激战的开端。不得不说，爬梳康德思想以求解惩罚之困，不但找对了方向，而且具有不可小觑的学术价值。

作为本书的第一读者，我依循作者的逻辑也走上了这场精心细腻的康德思想之旅。这位伟大思想家所呈现给我们的，不仅是独到的见解、深刻的剖析、精彩的论证，而且是拳拳的深情和浓郁的人性关怀。作者深入到康德思想脉络的最深处，从批判哲学的源头开始，经由法的形而上学原理、理性正义观，然后进入到惩罚的本质、报应主义、惩罚正当性等学说，为读者展示了一个立体、完整、生动的康德，为我们层层拨开了刑罚学说深藏的秘密。我认为，这本书既是研究康德刑罚学说不可多得的力作，又开凿出了法理学研究的一些好思路。

首先，整体性思维在中西法律思想史研究中必须得到重视。从整体性的眼光和方法出发来分析康德的惩罚思想，是这本书的显著特征。作者在导论中就开宗明义说道：“对致力于庞大哲学体系大厦的康德来说，‘点’的解读显然是不够的，难免有盲人摸象之嫌，我们应当去尝试的是这样一种努力：从康德哲学大厦的整体出发，由体及面，由面及线，由线及点，从而真正还原康德惩罚学说在康德哲学中的位置，也在更深层的意义上窥见他的惩罚哲学。”这种整体性思维恰恰是很多研究思想学说史的学者所忽视的，而我作为一个有着数十年西方法哲学研究经历和一定研究经验的学者，对此感同身受。思想不是平面的，我们很难从一个点或者一个切面出发而一眼望到头；恰恰要统观全局、悟透实质、融会贯通后，才有资格谈论一个点和一个面。在信息和数据大爆发的时代做理论学说研究，整体性思维显得更为珍贵和急迫，我们需要躲避信息碎片、戒除思想慵懒，真正脚踏实地、精打细作，才能攀上思想高峰而一览众山小。

其次，经典文献是永不过时、熠熠生辉、亟待挖掘的法理宝库。这本书以“惩罚的法理”为题，正好赶上了中国法学法理研究的热潮，它正是在“法理研究行动计划”如火如荼推进、“法理主题论”新范式脱颖而出之时付梓的。书中对康德刑罚学说的研究，饱含着法理的气息、承载着法理的重量、泛起了法理的光波，是一部思想隽永、思路缜密、风格清新的法理作品，为我们开展经典文献中的法理研究无疑打开了一扇视窗。经典是思想在历史中的结晶，研究经典是我们沐浴思想之光的最好方式。任何时候，我们对伟大思想的需求都不会少，对经典的偏爱都不过分。古今中外经典之作绵延不断，其中蕴含的法理皓若星辰，是我们发现法理、探究法理、凝炼法理、创新和发展法理最宝贵的思想来源。我相信，随着“法理主题论”成为中国法学研究的新范式，将有更多挖掘经典文献中的法理的研究成果展现在中国法学的舞台上。同样，经典如永不凋零的花儿，必将在法理中国的花园中怒放。

最后，中西对话是构建中国特色法学体系的必由之路。这本书虽然研究的是康德的刑罚学说，但字里行间透露着对中国和世界的共同关注，尤其是在最后一章还专门论及国际刑法法理的问题。中西思想交汇、理论相成、话语融合提升了这本书的学术层次和科学价值。构建体现中国特色、中国风格、中国气派的法学体系，是新时代构建中国特色哲学社会科学的重点工程。构建中国特色法学体系，并不是固步自封、闭门造车，而是要与时代同频共振，更要与世界开放对话。在全球化时代，中国特色必然是拥抱时代、面向世界、服务人类的。共享和对话是我们这个时代的真谛，我们必须打开自己的门，才能更自信地走向世界、彰显特色。守正与创新是中国法学的时代精神，我们只有不忘本来、吸收外来，才能更好地面向未来。

此外，这本书从语言风格上也值得称赞。科学研究是严谨的，但科学论著不应当是乏味的。一个深谙思想、热爱思想、敬畏思想的人，同样也必然是洋溢着思想微笑的人。一部有科学涵养、法理营养、学术修养的作品，同样必然是流淌着研究者创作热情的清新之作。在我看来，本书作者虽然选择了惩罚这个凝重的话题，可是却论证精到、用语精炼、修辞精美，读起来轻快流畅、朗朗上口、值得回味。希望有更多的读者能够从这本书中受益，不仅能够深入了解康德关于惩罚的法理，而且能够感受到惩罚这个沉重话题背后对人性深深的慈悲！

是为序。

张文显

二〇二〇年二月于净月书屋

目 录

CONTETNS

导 论 …… / 001
一、问题的缘起…… / 001
二、关于刑罚正当性的争论：功利主义与报应主义之争…… / 003
三、本书的思路…… / 010
第一章 批判哲学与形而上学体系 …… / 013
第一节 启蒙运动 …… / 013
一、批判——世俗的精神 …… / 014
二、哲学方法的变革 …… / 017
三、康德对启蒙的总结 …… / 020
第二节 两个领域的两种立法 …… / 022
一、哲学领地的划分 …… / 023
二、批判的位置 …… / 024
三、科学的形而上学 …… / 033
第三节 自由王国之立法 …… / 036
一、纯粹实践理性是唯一的立法者 …… / 036
二、纯粹实践理性的辩证论 …… / 040
三、纯粹实践理性的“公设” …… / 042

四、贯穿始终的自由概念 …… / 045

第四节　法权学说 …… / 049

一、"法权学说"与实践哲学（道德学说）的关系 …… / 050

二、"法权学说"与"德行学说"的区分 …… / 052

三、为什么是"法权学说" …… / 054

小　结 …… / 056

第二章　法权学说及其划分 …… / 057

第一节　什么是法权 …… / 057

一、法权概念的阐明 …… / 057

二、法权与强制 …… / 059

三、法权的划分 …… / 060

第二节　私人法权 …… / 062

一、经验占有与理性占有 …… / 062

二、理性占有是如何可能的 …… / 064

三、自然状态向公共状态的转向 …… / 066

第三节　公共法权 …… / 067

一、公共法权的公设 …… / 068

二、国家法权 …… / 069

三、永久和平 …… / 076

小　结 …… / 081

第三章　康德的正义观 …… / 082

第一节　正义与法权 …… / 083

一、正义的分类 …… / 083

二、对正义分类的最优解释方案 …… / 086

第二节　正义与德行 / 088
一、正义是一种善 / 088
二、正义概念的本质 / 090
第三节　至善与正义 / 093
一、什么是至善 / 093
二、“惩罚正义”的出场 / 095
小　结 / 096
第四章　刑罚是什么 / 097
第一节　自由概念的再剖析 / 098
一、关于自由的两个区分 / 098
二、作为道德人格的国家 / 102
三、三位一体的政治自由 / 108
第二节　犯罪是什么 / 112
一、关于犯罪的自由学说 / 113
二、三种不同的犯罪理论 / 117
三、自由学说的优越性 / 121
第三节　刑罚概念的阐明 / 127
一、刑罚是一种痛苦 / 128
二、刑罚与国家强制 / 131
三、刑罚是对自由的恢复 / 135
小　结 / 142
第五章　康德是报应主义者吗 / 143
第一节　迷惑的拼图游戏 / 144
一、关于报应主义 / 145
二、关于威慑主义 / 147

第二节　两种拼图的尝试 …… / 149

一、角色分离模式 …… / 149

二、一机两翼模式 …… / 151

第三节　为什么混合论失败了 …… / 154

一、两种模式自身的困境 …… / 154

二、弱化报应主义 …… / 156

三、不融贯于康德哲学体系 …… / 158

第四节　可能的尝试——双重身份模式 …… / 161

一、内在应得命题 …… / 161

二、国家的道德人格性 …… / 164

三、“两种惩罚”还是“两重身份” …… / 167

第五节　拼图游戏的结局 …… / 170

一、仁慈与刑罚的争议 …… / 171

二、紧急法权与荣誉之例 …… / 173

三、康德支持死刑吗 …… / 177

小　结 …… / 180

第六章　什么是正当的刑罚 …… / 182

第一节　该惩罚谁 …… / 183

一、谁能够被惩罚 …… / 183

二、仅仅惩罚那些做了错事的人 …… / 187

三、惩罚无辜者是否可能 …… / 191

第二节　怎样惩罚 …… / 195

一、报应不是复仇 …… / 195

二、把罪犯看作目的本身 …… / 203

第三节　如何量刑 …… / 213

一、罪刑均衡原则 …… / 214

二、同害复仇 …… / 215
三、沟通报应论与实质适应性原则 …… / 219
四、罪刑均衡必然要求死刑吗 …… / 225
小 结 …… / 229
第七章 自成体系的理论图景，还是作为起点的批判 …… / 231
第一节 如何看待康德的刑罚学说 …… / 231
一、灰心丧气之叹 …… / 232
二、康德能否提供完整的刑罚理论 …… / 234
三、刑罚中的永久和平论 …… / 240
第二节 全球化刑法理论回到康德的必要性 …… / 244
一、破除沉疴 …… / 244
二、康德眼中的世界 …… / 248
三、开拓新题 …… / 252
小 结 …… / 257
结 论 …… / 259
参考文献 …… / 264

导论

一、问题的缘起

本书的目的在于阐释康德关于惩罚的法理，并尽可能梳理出康德完整的刑罚学说理论结构。但这似乎是件费力不讨好的事情，就像是生物学家在探讨螳螂的爱情，化学家试着做出香喷喷的面包，历史学家纠结于牛顿是不是真的受到苹果的侵袭。我所做的工作表面看来就是这样：繁琐而没有意义。当然，这样的怀疑不是没有道理的。众所周知，康德是18世纪最著名的哲学家之一，他是德国古典哲学的开山鼻祖，是唯理论和经验论的调和者和终结者，哲学从他开始就步入了一个新的阶段，所以研究康德哲学必然是件好事，而事实上学术界对康德的研究文献也堆积如山。那么，留着那么多可选的议题不去研究，偏偏去选择康德的刑罚学说，缘由何在呢？在此，第一件要做的研究事情就是做一个排除法，以便澄清可能带来的误解。

这并非纯粹基于历史的兴趣。几个世纪以前一个哲人的思想固然有重要的历史价值，但是这是历史学家的事。本书并不是要研究康德在下笔写作时心理真实在想什么，这固然很重要，但绝不是一个适格的研究态度，毋宁说是一种心理学的揣测。但从历史的观点来看，康德在刑罚的学说史上是不能忽略掉的，他通常与黑格尔一同被看作是报应主义的领军人物，所以本书也将探讨康德在刑罚学说史上的位置，但这种历史的考察只是为了进一步看清康德刑罚学说的来源，而非最终的目的。

这也绝不是在赶任何学术的潮流。我们知道，当代著名的政治哲学家罗尔斯（John Rawls）和哈贝马斯（Jürgen Habermas）都在一定程度上追随了康德，成为康德哲学的获益者和宣传者。近来桑德尔（Michael Sandel）《什么是公正》的演说再一次激发了人们对康德正义观的关注，全球各个地方的人通过互联网都成为了桑德尔眼中的康德粉丝。而本书并不愿意卷入这样的潮流之中，原因是：桑德尔是站在一个社群主义的立场上来"利用"康德哲学的，借此反思当前美国市场经济下"市场社会"的弊端，正因此他实际上是康德哲学的包装者。桑德尔凭借其诱人的演讲力获得了喝彩声，但其对康德的理解是美国式的，中国学者深入这种美国式的讨论无疑是困难的，而且很可能滑入错误的阴沟。

这更不仅是为了填补惩罚法理研究的空白。可以说，从中国学界的现有研究状态来看，对康德刑罚学说的研究还仅仅是蜻蜓点水，既没有专门的著作，也没有专门的论文来阐释康德的刑罚学说，而是更多散见在刑罚学说史研究著作或论文中，这构成了我国一个学术研究的空白。本书固然会尝试去研究这个空白领域中的问题，以期尽可能全面完整地梳理康德的刑罚学说，但是这样一种学术功利性目的不是本书的初衷，而且二十几万字的论证恐怕也不足以完成填补空白的任务。但为什么我国学者并没有重视到这个领域的研究，确是值得深思的。而且本书在形成中也遇到了诸多的困难，这些困难就足以说明：康德的刑罚学说研究在学界还只是一片荒草地，对这片领域的开垦充满吸引力也处处有障碍，亟待更多的有识之士参与进来。

本书的出发点在于，用一种整体性的眼光和方法来分析康德的刑罚学说，从而澄清当今对康德刑罚学说的一些误解。当今学界对康德刑罚学说的研究大多是以康德"法权学说"[1]文本为背景，对康德的刑罚学说进行"点"的解读，这可以叫做一种"名言式"的解读方法。这样的解读并非不正确，但无疑会加入解读者自己的立场判断，也会让理论陷入矛盾之中，而这也是为什么康德刑罚学说会受到质疑的原因。本书想要说明的是，对致力于庞大哲学体系大厦的康德来说，"点"的解读显然是不够的，难免有盲人摸象之嫌，我们应当去尝试的是这样一种努力：从康德哲学大厦的整体出发，由体及面，由面及线，由线及点，从而真正还原康德刑罚学说在康德哲学中的位置，也在更深层的意义上窥见他的惩罚哲学。

---

〔1〕 关于 Recht 一词及其派生词，国内存在"法""法律""法权""权利"等多种译法。为了表达的顺畅和与中译本保持一致，本书将采用李秋零教授的译法，即"法权"。

此外，这样的一种努力是不是一种交叉学科的尝试呢？顾名思义，就是说本书企图将一种刑法和哲学的混合物强加给康德，或者说以康德为标签而销售出去？并不是，本书将用更多的篇幅去梳理康德哲学，而不是表明任何关于自己或者康德的刑罚学说的意见（正如一些英美学者所妄图曲解的）。因为本书的目的在于说明：刑罚这样一个概念，在康德哲学中究竟意味着什么，而不是关于某种更隐晦的意图。正如这些文字所展示的那样，我在第一、二章的阐释和费尽心力的勾勒，占据了本书最大的篇幅，这两章也是本书的重中之重，成为整体的骨架，之后那些章节与其说是支撑了整体，不如说它们只是填充了血肉。

二、关于刑罚正当性的争论：功利主义与报应主义之争

康德的刑罚立场在传统上被归为“报应主义”一类，报应主义与其劲敌功利主义之论战自古希腊便开始了。在解读康德的刑罚学说之前，我们需要先探讨刑罚本身以及围绕它的哲学论战。

（一）刑罚的界定

通常我们将刑罚看作是国家对触犯刑法的公民施加的一种强制（或者是一种痛苦）措施。从这个通常的定义中，我们可以看出，刑罚意味着痛苦，刑罚是由国家做出的，刑罚的对象是触犯刑法的公民，刑罚的原因是触犯刑法。正是基于这些特征，我们所说的刑罚不同于：（1）自然的惩罚，比如由于盲目开矿导致的山体滑坡而造成的人身、财产损失；（2）纪律处分，如学校对违反管理规定而做的警告处分，纪委对党员干部的违规行为而做的各种处分；（3）行政处罚，即因触犯行政法规而受到的处罚，比如违反交规被扣分；（4）某些特殊的强制行为，例如疫情时期对患病及疑似患者的强制隔离行为。

“痛苦”与刑罚常常是孪生兄弟。关于“刑罚之苦”最突出的表现不在现代社会，当今文明国家的刑罚已经越来越人性化，而古代社会的刑罚为犯罪人带来的痛苦远远超越现代人的想象。英国学者法林顿在《刑罚的历史》一书中叙述道：“以高度文明自傲的欧洲人也无法相信他们的先人曾经发明过那么多的折磨犯罪嫌疑人的手段。直至近代，被宣布有罪的人通常只有两条道路——死亡或者奴役。仅是英伦一国，适用死刑的罪名就超过了 200 种。而处决的方式至少包括了生祭、活埋、沸煮、溺毙、钉死、绞吊、斩首、由

动物咬噬或用石头砸死等。”[1]

令人疑惑的是，为某些人带来痛苦的刑罚却源远流长，我们在最古老的法典中也随处可以看到刑罚的踪影。西方刑罚最早可以追溯到《乌尔纳姆法典》，在公元前18世纪的《汉谟拉比法典》中也有对刑罚的规定，之后的古希腊、罗马的刑罚也深受这一法典的影响。[2]而在中国古代，刑罚很早就出现了，据《左传》记载：“《夏书》曰：‘昏、墨、贼、杀’，皋陶之刑也”，绵延几千年的中华律法中刑罚的种类不断改变，但刑罚本身一直都伴随朝代的更替没有被消灭。

一个有意思的事情是，即使刑罚带来了痛苦，被施以刑罚的罪犯却往往能忍受这样的痛苦。我们在流传的历史故事中，只能看到两类对刑罚的反抗，一是起义，二是申冤。前者如陈胜吴广，因为秦律规定“失期，法皆斩”，他们在回去接受死刑和揭竿而起之间明智地选择了起义，以逃避刑罚。后者如窦娥，“没来由遭刑宪受此大难，看起来老天爷不辨愚贤。良善家为什么反遭天谴？作恶的为什么反增寿年？……”[3]，一位良家妇女反遭陷害含冤受刑，其父为其申冤还以清白。但正如我们所看到的，即使是这两类，也仅仅是质疑“司法者”判刑过重（失期，法皆斩）或有误（没来由遭刑宪受此大难），却没有对司法者的刑罚权本身提出抗议，好像县太爷天生就执掌着生杀予夺之大权似的。此外，在刑罚的历史上，我们总是看到关于对刑罚的各种谴责，如手段的暴虐、审判的不公平以及刑罚的专制，却鲜见“罪犯不该受罚”的辩护，似乎“犯了罪就要受到刑罚”是天经地义的事。这些历史事实表明了两件事：一是统治者有刑罚权，二是罪犯应当受罚。

这不得不引起我们的反思，国家的统治者为我们的同胞戴上镣铐和枷锁真的合理吗？我们该从哪里追问它的正当性来源？这两个问题是报应主义和功利主义争论的焦点。前者认为，刑罚是错误行为的当然后果，就像是违背自然规律就会遭到报应一样，“揠苗助长”就是一个例子：农夫为了让幼苗迅速长高便违反其成长的规律，最后得到的报应就是秧苗全部死掉，颗粒无收。违背自然规律会遭到自然的惩罚，与之类似，刑法也应被看作是某种如自然

---

[1] ［英］凯伦·法林顿：《刑罚的历史》，陈丽红、李臻译，希望出版社2003年版，前言部分。
[2] 参见何勤华、夏菲主编：《西方刑法史》，北京大学出版社2006年版，第8页。
[3] 程砚秋：《程砚秋戏剧文集》，华艺出版社2010年版，第614页。

规律一样的东西，违背它就会招致它的惩罚。刑罚的正当性在于它是对“犯错”行为的一种必然的报应结果。与之相对的功利主义者却持另外一种看法，他们认为刑罚的正当性在于它通过刑罚这一“恶”（痛苦）减少了更多“恶”的产生，从而间接地促进了人类整体的幸福。刑罚的正当性取决于能否带来更大的幸福。刑罚不过与其他社会维稳措施一样，只是达致最终目标的一个手段而已。报应主义与功利主义的争论贯穿了整个刑罚学说史，下文将详述之。

（二）报应主义

报应主义（retribution）最符合人们的原始情愫，当作恶者受到了刑罚，人们总会拍手称赞“正义得到了伸张”（Justice is done）或“罪有应得”，而这样一种嫉恶如仇的情感就是最朴素的正义观念：因为你伤害了别人，正义就让你遭受同样的伤害。“以眼还眼，以牙还牙”的同态复仇在早期人类社会就是正义的谚语，而且我们在流传至今的神话和文学作品中仍然可以看到关于这种惩罚正义观的描述，《水浒传》中“鲁提辖拳打镇关西”的故事即是一例。拉法格认为正义思想就起源于人们的报复情感，“报复是人类精神的最古老的情欲之一，它的根子是扎在自卫的本能里，扎在推动动物和人进行抵抗的需要中，当他们受到打击时就会不自觉地予以回击……”〔1〕

报应主义经历了从神意报应到法意报应的嬗变。报应主义最早表现为神意报应，包括天罚论，即认为统治者（君主）惩罚犯罪是替天行道，罪犯的犯罪行为实际上是违反神意的，其受到的刑罚是神意所然。与天罚论相联系的还有西欧中世纪流行的赎罪论，即将世俗世界罪犯因犯罪受罚受苦的行为类比为人类因原罪而受苦赎罪的行为，因此接受刑罚就是一种对罪孽的救赎。报应主义在康德那里被发展为道义报应，即认为刑罚的根据不在于神（天或上帝），而在于对道德过错的谴责，犯罪人遭受刑罚是因为有罪过。黑格尔则进一步将刑罚的根据从道德过错转移到法律秩序上来，他认为犯罪是对法律秩序的否定，而刑罚是对犯罪的否定，因而是否定之否定，从而肯定了法律秩序。于是，刑罚的根据就从“天”转到“道”，从“道”转到“法”，构成

〔1〕［德］拉法格：《思想起源论》，王子野译，三联书店出版社 1963 年版，第 67 页。

了报应主义的发展历史。[1]

报应主义是一种向后看的观点，即报应的客体是做了错事的人，"作恶"在先，惩罚在后；作恶为因，惩罚为果。所以报应主义意味着刑罚一定是以"作恶"为前提的，它是作恶者应得的。报应主义又分为两种，其一认为作恶是刑罚的充分必要条件，即刑罚以作恶为前提，而作恶者也必然受罚，这被称为极端的报应主义；其二认为作恶是刑罚的必要条件，却不充分，也就是说刑罚以作恶为前提，但作恶的事实并不一定会招致刑罚。以极端报应主义为例，报应主义的原则可以简要概括为：一是报应的对象是已经发生的"恶行"；二是刑罚要与罪过相一致；三是作恶应当受罚。

报应主义在黑格尔之后便衰弱下去了，它遭到了功利主义者严厉的批评。首先，批评来自人们对"报复"一词的抵触，认为其只是一种野蛮的复仇情绪，并不能代表人类的理性，承认报复就是使人类重新回到了原始社会。其次，一个重要的批评来源于人们对"应得"的质疑。报应主义很难解释清楚什么是应得的，公平原则不过是一种形而上学的理念，其很难在实践中得到贯彻。最后，另一个有效的批评更为深入，其认为报应主义者只是独断地说"刑罚是罪过应得的后果"，"刑罚"与"罪过"因为因果范畴而被联结起来，但"为什么二者是因果关系"仍然值得追问。或者报应主义者将刑罚归为"正义"，但"正义究竟是什么"也不是一个可以轻松回答的问题，如果正义也是幸福的条件的话，报应主义只是绕了个圈子却回到了原地。

（三）功利主义

功利主义（Utilitarianism）是一种道德理论，最早可以追溯到古希腊伊壁鸠鲁的快乐主义学说。启蒙运动时期的经验论者霍布斯（Thomas Hobbes）、洛克（John Locke），唯物论者爱尔维修（Claude Adrien Helvétius）、霍尔巴赫（Baron Holbach）都可以看作是伊壁鸠鲁思想的复活，而最终的集大成者是19世纪的边沁（Jeremy Bentham）、密尔（John Stuart Mill），"功利主义"也是由密尔的一部著作而得以命名。[2]

---

〔1〕 参见邱兴隆："从神意到法意——报应论的理念嬗变"，载《湖南省政法干部管理学院学报》2000年第3期。

〔2〕 参见［英］约翰·穆勒：《功利主义》，徐大建译，商务印书馆1962年版。

功利主义的立论基础在于"趋利避害"的人性观：善就是快乐，人皆向往之；恶就是痛苦，人皆逃避之。边沁在《道德与立法原理导论》开篇的那句名言成为功利主义的一个象征："自然把人类至于两位主公——快乐和痛苦的主宰之下。只有它们才能指示我们应当干什么，决定我们将要干什么。"[1] 对功利主义者来说，只有功利（即幸福）才是最终的目的，其他一切的行为、制度都必须符合功利的目标才能被视为是正当的。"行为的对错，与它们增进幸福或造成不幸的倾向成正比"[2]，所以，怎样判断一个行为或制度是不是正当的呢？按照功利主义的设计，只要是善的总和大于恶的总和，快乐大于痛苦，那么就是正当的，否则其正当性就要受到质疑。而这样一种判断正当性的方法也被用在刑罚领域中。刑罚被边沁称为"必要的恶"，也就是说虽然它是带来痛苦的恶，但此恶可以阻止更大的恶的发生，从而以一种消极的方式促进了社会整体的善，因此它就是合理的、必要的。

与报应主义相对，功利主义是一种向前看的观点。它是以社会最大化的利益衡量为标准来判断刑罚的正当性的，即能够为社会最大多数人的利益带来好处的刑罚就是正当的，反之，有损于社会最大多数人的利益的刑罚就不该被施加。所以刑罚的价值是工具性的，并不是因为刑罚本身具有正当性，而是因为它只有带来一种好的结果才能被视为是正当的。功利主义的观点显然带有一种经验论的色彩，刑罚的根据在于我们对事实后果或可能后果的判断。功利主义又可以划分为威慑论和矫正论。

威慑论认为刑罚是一种威慑手段，根据其威慑的对象，又可以分为特殊威慑论和一般威慑论：前者将已经实施犯罪行为者视为威慑对象，刑罚的目的是通过对其施加痛苦使其以后不再犯罪；后者则将威慑对象扩展到潜在的罪犯，刑罚除了让受罚者本身不再违反法律，而且对可能实施犯罪的潜在罪犯产生威胁，使其因为畏惧而放弃犯罪。威慑论也可以被看作是预防论，后者更能反映出功利主义的本色，无论是罪犯本人主动放弃犯罪行为，还是潜在的罪犯放弃犯罪的意图，都是在善恶的天平上减少了恶的砝码，从而间接地促进了社会的善，带来了好的结果。这样的观点为西方许多哲学家所认同。例如柏拉图早就指出："施加这种附加刑并不是由于罪行（已经做了的事情是

---

〔1〕［英］边沁：《道德与立法原理导论》，时殷弘译，商务印书馆2000年版，第58页。

〔2〕［英］约翰·穆勒：《功利主义》，徐大建译，商务印书馆1962年版，第7页。

无法取消的)，而是着眼于未来：我们希望，犯者本人和那些看到他服刑的人，无保留地不去干不公正的事情，或者至少能使他从这种灾难性的疾病中明显地恢复过来。"[1]洛克说："处罚每一种犯罪的程度和轻重，以是否足以使犯罪觉得不值得犯罪，使他知道悔悟，并且儆戒别人不犯同样的罪行而定。"[2]贝卡利亚也认为："刑罚的目的既不是要摧残折磨一个感知者，也不是要消除业已犯下的罪行。……刑罚的目的仅仅在于：阻止犯罪再重新侵害公民，并规诫其他人不要重蹈覆辙。"[3]

矫正论与威慑论不同，它并不关心被惩罚的犯罪人是否害怕了，而是关心他能否被改造成一个好人。严格说来，矫正论实际上是一种刑罚怀疑论，也就是说矫正论并不认为带来痛苦的刑罚是正当的，刑罚可以被一种"类医疗手段"而取代，这种类医疗手段就是"教育"。矫正论之所以处于功利主义阵营，是因为其目的是为社会造福。事实上监狱制度就是矫正论的一个现实产物。监狱与"大牢"已是完全不同的两个东西，前者以改造而非惩罚为宗旨，希望借助于人性化的教育、有组织的劳动和科学化的管理来帮助罪犯改邪归正，成为对社会有用的人。20 世纪中叶，美国监狱协会更名为"美国矫正协会"就反映了这样一种矫正理念，"缓刑""假释"在美国曾一度流行。但消除了惩罚严肃性的矫正论并没有带来犯罪率降低、累犯减少的"社会福利"，甚至更多的人走进了监狱，以至于美国不得已将监狱的经营生意交给私人来缓解巨大的监狱支出。矫正制度在现实社会中遭到了巨大的瓶颈，但这是否意味着矫正论理念的破产还需要再讨论，此处不再展开。

从功利主义的理论基础中，研究者们挑出了一大毒刺——惩罚无辜者——这使得功利主义饱受诟病。按照功利主义的原则，任何经过善恶计算而最终结果显示为善的行为或制度就是正当的，那么其中就隐藏了一个极大的漏洞，就是有些"恶"可能是无法被轻易覆盖的。研究者们认为"伤害无辜"就是这样一种恶，无论其能带来多大的好处，都不能被看作是正当的。一个法官不能为了迅速结案、社会安宁或者抚慰被害人，就让证据存疑的无

---

〔1〕［古希腊］柏拉图：《法律篇》（第二版），张智仁、何勤华译，孙增霖校，商务印书馆 2016 年版，第 372 页。

〔2〕［英］洛克：《政府论》（下篇），叶启芳、瞿菊农译，商务印书馆 1964 年版，第 9~10 页。

〔3〕［意］切萨雷·贝卡里亚：《论犯罪与刑罚》，董风译，北京大学出版社 2014 年版增编本，第 36 页。

辜者做替死鬼，就像是一位医生不能为了挽救五个人的生命，而牺牲掉一个健康人的生命一样。这样一种只计功利不问良心的做法总会勾起许多人对法西斯侵略的痛苦回忆，那些号称带来全世界繁荣的杀人巨头也是采用了一种极端的功利主义做法。就算是凭借普通人的直觉，功利主义都是一个危机四伏的观点，完全以它作为刑罚的法理基础无法取得人们的认同。

此外，报应主义者认为，功利主义把犯罪人仅仅当做手段来看待，忽视了人的尊严。而功利主义的批评者往往会追溯到康德那句至理名言："刑罚永远不能为了他者或其本人的好处仅仅把罪犯作为手段，而必须是他犯了罪而施加于他，因为人决不能仅仅作为手段被用于一个他者的意图，被当作物权的那些客体来看待。"〔1〕如果刑罚的正当性仅仅在于某个功利的目的，那么犯罪人就被当作了达致这一目的的手段，黑格尔的用词更加犀利："如果以威吓为刑罚的依据，就好像对着狗举起杖来，这不是对人的尊严和自由予以应有的重视，而是像狗一样对待他"〔2〕。无论威慑或者矫正对犯罪人本身来说多么有益，按照报应主义的理解，都只不过是将其看作了低人一等的动物，这是功利主义者无法逃脱的窠臼。

（四）一种调和的努力

就像近代以来唯理论与经验论的针锋相对一样，报应主义与功利主义的对抗并没有彼此说服对方，却都被逼上了绝境：二者要想走出困境，就不能再极端下去，而是需要划定界限，各自为王。这便是后来的刑法学家选择的路径，例如哈特（Herbert Hart）就将刑罚的正当性证成与刑罚的合理分配区分开来，他认为刑罚的正当性还是在于它带来的有益的后果，而刑事责任的分配则要按照报应的原则进行："只要承认，既主张刑罚措施的总的正当目的是其有益的后果，又主张对这一总目的的追求因服从要求刑罚只因某一犯罪而施加于某一罪犯的分配原则而应受到限制或限定，这是完全一致的，便可以在很大程度上避免功利主义者与其论敌之间阴差阳错的无中生有的论争"〔3〕。

---

〔1〕 MM, p. 105. 康德：《道德形而上学》（注释本），张荣、李秋零译注，中国人民大学出版社 2013 年版，第 121 页。本书以下简称："《道德形而上学》张荣、李秋零译本"。

〔2〕［德］黑格尔：《法哲学原理》，范扬、张企泰译，商务印书馆 1996 年版，第 102 页。

〔3〕［美］哈特：《惩罚与责任》，王勇等译，华夏出版社 1989 年版，第 9 页。

这些企图调和纷争的和事佬真的成功了吗？表面上，他们是拯救了极端的报应主义，又让功利穿上了正义的外衣，但这样的一种调和背后还是一种功利主义的做法。哈特将这两大理念的冲突称为“无中生有”，是低估了报应主义的价值，而英美学界哈特的追随者们按照他的思路对报应主义理论进行了修正，实际上是颠覆了报应主义。而事实上，甚至有人用康德的只言片语构筑起一个功利主义的蜘蛛网，将康德解读为改良了的报应主义，从而暗度陈仓，将康德拉到了功利主义阵营。我们不得不惊讶，居然是这样的明争暗斗让康德的思想受到了关注。本书第三部分将要表明，康德其实并不否认刑罚有功利的价值，就像他从来没有否认独断一样，但我们不能就此就想当然地认为康德也是功利主义者或者独断论者。本书将直言不讳地指出，用现代的价值理念去捆绑康德是错误的，我们常常用一种巧妙的重构方法去曲解他，实际上是不负责任的。而英美学者为什么会陷入这样的一种误区，就在于他们身后浓重的功利主义传统，而这就是他们的有色眼镜。康德哲学如果一定要有背景色的话，首先是历史的本色，而不是透过有色眼镜被强行覆盖的色彩。本书将努力保持这样一种历史的客观去看待康德哲学，并尝试用一种更艰难、却更接近真理的方法，去讨论康德的刑罚学说。

三、本书的思路

报应主义与功利主义的争论在刑罚学说史中绵延不断，它构成我们研究刑罚问题的一个基本的背景。但本书仅仅在开头的地方做了这样一个简短的铺垫，而并不意欲展开二者精彩绝伦的论辩，看起来这种处理似乎是草率了些，但已足够。因为要充分阐明这两个传统本就是困难的事，而本书的重要阵地是为康德而留。虽然哲学家的惩罚哲学事实上的确对这两大传统的论争有巨大的影响，但后者并没有成为前者的初衷。所以，我需要将充斥在学说史上的两大阵营以白描的手法展示出来，却并不轻易地把康德扔到任何一个阵营中去。

我们会情不自禁喜欢直入主题、一针见血的论证，就像是喜欢直达目标的旅行一样，如果我能够在最短时间内让读者乘上飞机不走弯路直达目的地，那么无疑会赢得掌声。可事实上，我将展示的是一条盘山路，在直达目标之前我们需要更长时间徘徊在离目标不远的地方，但每一个步骤都是为了更加接近目标。所以我必须在旅行开始的时候，对这一路线做一个说明，以打破任何一蹴而就的幻想。

本书的第一部分是“批判哲学与形而上学体系”，我将启蒙运动作为康德哲学的一个契机来探讨，并表明启蒙运动的精神在他的哲学中占据怎样的位置，这一部分还将讨论康德批判哲学与其形而上学体系的关系，以及“法权学说”（*Rechtslehre*）与“德行学说”（*Tugendlehre*）的关系。这个部分是本书最困难、也是占用篇幅最大的，因为这需要一种更宏观的眼光，其是本书论证方法的亮点所在，但也是最不容易把握的部分。如果我的考察还算成功，那么之后的论证将是顺理成章的了。在这个部分我还将另起一章专门概述康德在《道德形而上学》（*Die Metaphysik der Sitten*）及相关政治哲学论文中体现出来的法权学说思想，因为本书的主题是康德刑罚学说，而刑罚是“法权学说”中的重要部分。“法权学说”的部分承上启下，既紧密联系于康德哲学的整体，又成为其刑罚理论的主要来源。

本书的第二部分是“康德的正义观”，在此我将梳理康德的刑罚正义观，它将为后文系统的刑罚理论探讨奠基，因为后者必将来源于他哲学中的正义观，是其正义观的具体化。

本书的第三部分是“康德的刑罚学说”，分为三章：第四章意在阐明康德对犯罪与刑罚的理解，它们都是基于自由概念而被确定下来，犯罪即是对自由的妨碍，刑罚则是对自由的恢复；第五章围绕着英美学界对康德刑罚立场之解读而展开，批判了以“角色分离”和“一机两翼”模式为代表的混合论，并提出了“双重身份”模式来化解康德在本书中的表面冲突；第六章则以“什么是正当性的刑罚”为主题，讨论康德对“该惩罚谁”、“怎样惩罚”和“如何量刑”等刑罚核心问题的回答。这三章将大体勾勒出康德刑罚学说的主要脉络，即一个正义的、尊重人性的、“报应主义”的图景，并回应传统上人们对康德报应主义理论的误解。本书的论证将会表明，任何一种对康德哲学的讨论都不能是分裂的，而是要站在康德整体的哲学观上去考察，就像康德说的有机体那样，整体是为了部分，而部分也是为了整体，他的整个哲学大厦也是如此。

本书的第四部分是“总结与前瞻”，其将以第三部分的讨论为基础，回答“康德能否提供一个完整的、融贯的刑罚理论”的问题，从而回顾性地总结康德对刑罚核心主题的观点。同时，本部分还承担着前瞻性的任务，即把既有的康德刑罚学说延伸到“全球化背景下刑法将往何处去”的议题中来，也再一次论证永久和平理念在当代国际刑法合作中的可欲性和可能性。

这四个部分构成本书的总思路，我将尽力做到完备而明晰。而所有的论证都将指向康德哲学的这个面向，即一种始于启蒙、终于和平的努力。无论是批判哲学，还是法权学说，以至于刑罚学说，康德都是在强调启蒙的重要性。人类凭借自己的理性为自己立法，在法则之下去认识、去行动、去交往，最终成为一个真正自由的人、建立法治的国家、形成全球的法治联盟，走向永久和平。这既是康德哲学的总路线，也是理解他刑罚学说必须把握的一条主线。

第一章

批判哲学与形而上学体系

本章将尝试在整体上概述康德的批判哲学和形而上学体系，将探讨作为启蒙思想家的康德与启蒙思想的关联，并以此为前提梳理康德在自然王国和自由王国的立法思想，指出批判哲学是形而上学体系的入门，其真正的形而上学体系由自然的形而上学和道德的形而上学组成，后者又包括“法权学说”和“德行学说”。

第一节　启蒙运动

在启蒙运动中，我们总会找到启蒙思想家共同的使命感，而这种使命感无疑影响了康德，尤其是他关于“什么是启蒙”的反思，实际上透露了潜伏于其哲学之下的一条主线——从自然状态走向永久和平。康德本人生活在那个思想大解放的年代，深深受到了那个时代的影响，甚至成为启蒙精神的德国代表，他对启蒙进行了深刻的反思，也在一个新的高度上诠释了什么是启蒙。

启蒙运动介于英国革命和法国大革命之间，而这期间，欧洲处在一种大变革中，资产阶级经济的发展、科学技术的进步、文学艺术的繁荣引发了思想界的大讨论，诸子百家各说各话。美国著名的历史学家盖伊（Peter Gay）在《启蒙时代》中将启蒙思想家称为“启蒙哲人”，这些启蒙哲人组成一个家族，他们由一种相似的思想方式而联系起来，而这种思想方式就是批判。

启蒙哲人共同的特点是“对古代的追慕、与基督教的矛盾以及对现代性的追求”〔1〕。在盖伊看来，康德应归于启蒙哲人的第三个阶段，而休谟（David Hume）和卢梭（Jean-Jacques Rousseau）则属于第二个阶段。康德被休谟从独断论的梦幻中叫醒，又通过卢梭真正认识了人的尊严，这已经是哲学界众所周知的事情。但康德毕竟是个德国人，这个一步都没有离开过哥尼斯堡的德国哲人，最直接的思想还是根植在本土的理性主义中。作为第二次思想大解放的启蒙运动，是康德哲学提出问题的出发点，康德为什么要在建立形而上学大厦之前对理性进行彻底的批判，就是来源于启蒙时代面临的思想困境。因此，要从总体上把握康德哲学，我们必须从启蒙出发，以那个时代的问题为原点，来探究康德是怎样提出和解决这些难题的。

一、批判——世俗的精神

基督教是一片沼泽地，这是启蒙哲人一致的看法，如果不用批判的利器割掉中世纪的毒瘤，启蒙的火光便很难传递给后人。然而摧毁一个旧的秩序绝非易事，启蒙思想家的年轻时代无处不浸润着基督教的酒香，在脱去那破烂袍子时，他们的不舍可想而知。此外，现实的生活中，这些思想家的亲人、朋友可能是虔诚的基督徒甚至牧师，这让思想每进一步都异常艰难。所以我们常说，启蒙是不彻底的，“他们更像是一批政治难民，回到自己幼时住过的城市，观看那一片废墟。他们兴奋地发现有大规模重建的机会，确信自己能够建造一座崭新的、更辉煌的城市，但是眼前的景象也让他们有些感伤，这个地方曾经非常丑陋、不健康、不友好，但毕竟与自己有关，想到自己曾帮助摧毁这个地方，让他们有点负罪感”〔2〕。康德也说：“任何个人要从自己已经习以为常的不成熟状态之中挣扎出来都面临极大的困难……只有很少数的人才能依靠自己精神上的斗争而摆脱不成熟的状态并自信地走出来。”〔3〕什么是启蒙思想家抓住的“救命稻草”，以便把自己从沼泽地中救出来？是知识和理性。这里的理性，与我们通常说的演绎推理能力的理性不同，它其实

---

〔1〕［美］彼得·盖伊：《启蒙时代》，王皖强、刘北成译，上海人民出版社2016年版，第5页。

〔2〕［美］彼得·盖伊：《启蒙时代》，王皖强、刘北成译，上海人民出版社2016年版，第123~130页。

〔3〕PP, p. 17. 康德：《历史理性批判文集》，何兆武译，商务印书馆1990年版，第24页。本书以下简称：“《历史》何兆武译本”。

"是指一种与宗教信仰和对天启的服从完全不同的思想方式"[1]。

像苏格拉底将美德等同于知识一样，启蒙思想家也希望用知识的光束照亮人们的心灵，17世纪牛顿物理学给他们带来了最好的证据，也是最值得借鉴的经验。他们认为，科学是迷信的克星，也是开启民智的救星，是科学的理性而不是"神的启示"让人们认识世界和认识自己。狄德罗（Denis Diderot）主编的《百科全书》（1750~1772）为启蒙运动树立起了一座丰碑，而这个思想大工程耗时22年，包括了17卷正文和11卷插图与图版，超过160位作者贡献了词条，可以说它包罗万象，似乎总结了当时全部有用的知识，甚至包含了如何制造肥皂的生产常识。《百科全书》的编纂倒不是纯粹为了某种词典编纂学的目的，而是希望借助这样的浩大工程将知识的光芒放射出来，改变人们旧的思维方式，以崇尚理性与科学。在启蒙哲人看来，这样一种知识不是别的，而是一种经验，一种对看得见摸得着的对象的认识，认识是我们感觉经验到的，而不是"天启"。通常我们认为，就是这样一种经验论开启了近代哲学的大门，然后近代哲学就是认识论。然而，观察启蒙哲学史的各个方面，我们会发现启蒙的精神不仅是在认识领域，而且在文学、政治、法律等各个方面都是用一种"世俗"的眼光代替了"上帝"的启示。皮希特（Georg Picht）认为："在宗教中，启蒙表现为良心和理性反对教权主义和正统，表现为争取宽容，拒绝迷信和宗教裁判。在政治中，启蒙表现为争取思想自由、平等权利和公共福利，反对特权者的任意妄为和专制。在自然科学中，启蒙意味着经验主义和机械论、技术以及科学的扩张。在一般意义的科学中，启蒙意味着把自然科学的思想形式和方法运用于对可知世界的全部考察中。在哲学中，启蒙表现为摆脱神学的监管，表现为抗拒教条主义和形而上学，表现为对意识的分析和哲学人类学。"[2]

但如果说启蒙哲人的批判矛头只指向基督教，那就是一种狭隘的想法了，这只是他们的一个起点，几乎所有的一切都要接受批判。康德在《纯粹理性批判》第一版序言中说："我们的时代是真正批判的时代，一切都必须接受批

〔1〕 叶秀山等：《西方哲学史》（第四卷），人民出版社2011年版，第3页。

〔2〕 格奥尔格·皮希特："什么是启蒙了的思维？"，载［美］詹姆斯·施密特：《启蒙运动与现代性：18世纪与20世纪的对话》，徐向东、卢华萍译，上海人民出版社2005年版，第379页。

判。"〔1〕而这批判的武器也一定会指向形而上学，我们在18世纪的英国和法国会看到到处都是嘲讽形而上学的声音，而讥笑的方式五花八门，有讲故事的，有说笑话的，有破坏者，有建设者。〔2〕康德认为，形而上学从女王的宝座上下来沦为婢女，说的正是这样一种"反形而上学"的潮流。但从根本上来说，理性主义的形而上学遭到批判，而经验主义又因为极端的怀疑论而不得不抛弃形而上学，实际上除了这两者的分道扬镳外，形而上学极力要模仿科学范式而发展的欲望才真的让形而上学溃败下来。本书将在"康德哲学的动机"中对此做详细的说明：科学本应是哲学的分支，但哲学却偏偏非要用科学的方法，这就像是妈妈非要使用宝宝的话语，结果弄得啼笑皆非。

如施密特所说，"什么是启蒙"这个问题可能比启蒙的其他问题还要复杂。启蒙就像是一个盐粒子被抛入一片水域，没人能说清咸味从哪来，但水已经无法恢复到以前的样子。康德将启蒙定义为"人类脱离自我附加的不成熟状态。不成熟状态就是如果没有别人引导，就无法运用自己的理性能力"〔3〕，因此启蒙运动的口号就是有勇气去运用自己的理性。很明显，如康德自己承认的，他主要将启蒙放在宗教的意义上来考察，因为在宗教领域的启蒙是最困难的。按照康德的理解，启蒙的前提就是自由地、公开地运用自己的理性，用人类自己的力量（即理性）来谋求进步。康德是对的，启蒙思想家们所宣扬的正是这样的精神，真理和自由不再从上帝那儿求来，而是从世俗的生活中、从人的实践中、从权利的斗争中得来。伏尔泰（Voltaire，原名François-Marie Arouet）在《老实人》中告诉我们栽培花园比空想要实在得多；狄德罗认为自然法不是上帝创立的而是理性的人类的总体意愿；卢梭认为国家的最高权力就是共同意志；孟德斯鸠（Baron de Montesquieu）则把政治体制归因于人性的统一和环境的差异。所有这一切都是一种破除了上帝权威的人的理性权威的胜利，"世俗生活"和"健全理智"被赋予了更多的意义，这就是启蒙的进行时状态，是18世纪几乎整个欧洲的主题。

---

〔1〕 CPR, pp. 100-101.《三大批判合集》（上），邓晓芒译，杨祖陶校，人民出版社2009年版，第3页。本书以下简称为："《批判》邓晓芒译本（上）、（下）"。

〔2〕 参见［美］彼得·盖伊：《启蒙时代》，王皖强、刘北成译，上海人民出版社2016年版，第64页。

〔3〕 PP, p. 17.《历史》何兆武译本，第23页。

二、哲学方法的变革

如果说世俗的精神取代信仰的权威是出现在各个领域的一种普遍现象的话，那么这一现象背后的“本体”是什么？18 世纪启蒙的时代又被称为“理性的时代”“哲学的时代”，那么这与 17 世纪的哲学又有什么不同？说到哲学思维方法上的变革，必须要对比的就是笛卡尔（Rene Descartes）和牛顿（Isaac Newton），正是这两个人，一个代表了 17 世纪，一个影响了 18 世纪。

（一）笛卡尔——数学的方法

我们固有的知识传统常把笛卡尔归为数学家，因为是他发明了解析几何。可正是这位法国的数学家用一句“我思故我在”开启了近代哲学理性主义的阀门，从而终结了经院哲学的命根，并带来了哲学方法上的大突破。

笛卡尔在早期从事的是数学和自然科学的研究，但他发现，除了数学外，几乎所有的知识体系都没有一个确定的基础。仅仅解决一些实用的具体的问题并不能扩展我们的知识，如果知识体系没有可靠的基础，那么整个知识大树就会因得不到营养而死。所以笛卡尔就是要寻求这样一种普遍的方法：找到确定的知识基础，从中推理出更多不容置疑的知识。他认为，一旦这样的方法被找到，那么任何科学领域的知识都能用这样的方法得出确定的普遍性的结论。那么，这样的方法存在于何处呢？

他首先在数学演绎的方法中找到了灵感。于是在其死后出版的早期手稿《探求真理的指导原则》[1]中，笛卡尔给出了 21 条规则（远远多于其《谈谈方法》中的 4 条规则）来说明这样一种方法。他首先指出，“研究的目的，应该是指导我们的心灵，使它得以对于世上呈现的一切事物，形成确凿的、真实的判断”[2]，所以只有能够获得确定性真理的知识才是值得研究的，因此数学知识是所有知识系统的范本。数学从公理出发，每一步都是由理性推导出来的，那么所有确定的知识也应该从一个确定性的基础出发，按照理性的法则推导出来。这便是笛卡尔方法的两个要素，一个是确定性的前提，一个是毋庸置疑的推理。理性的直观是笛卡尔认为的确定性的前提，但他对“直

[1] 这部手稿大概写于 1619 年至 1628 年间。

[2] [法] 笛卡尔：《探求真理的指导原则》，管震湖译，商务印书馆 1991 年版，第 1 页。

观”有不同的理解：“我用直观一词，指的不是感觉的易变表象，也不是进行虚假组合的想象所产生的错误的判断，而是纯净而专注的心灵的构想，这种构想容易而且独特，使我们不致对我们所领悟的事物产生任何怀疑”[1]。而那个毋庸置疑的推理便是演绎逻辑的有效论证。对笛卡尔来说，演绎逻辑已经为逻辑学家所证明，最关键要解决的是“确定的前提从何而来”的问题。笛卡尔在《探求真理的指导原则》指出，要分析那些模糊不清的命题，先要将其分解为较为简单的命题，然后再将简单的命题分析至最简单的、可以被理性的直观直接认识的原则之上，而这些原则就是推理的出发点。在《第一哲学沉思集》中，笛卡尔又补充了一种新的“普遍怀疑”的方法，即怀疑一切，“认真地、自由地来对我的全部旧见解进行一次总的清算”[2]。但这种普遍的怀疑并不是否定一切，而是去伪存真，从烂苹果中挑选出真正好的苹果。也就是说，笛卡尔的“怀疑”是为了得到最不能怀疑的东西，从而确定一切真理体系的起点。

所以我们可以将笛卡尔的思路概述如下：从复杂的命题中分析出最简单的元素，然后通过理性的直观得到确定的知识，最后通过演绎推理按部就班推出所有确定性的真理。这种思路也是贯穿于近代理性主义的基本思路，“这种方法从某种最基本的确定性演绎出其他命题，从而将可能的知识的整个链条加以延长，串联到一起。这根链条上的任何一个环节都不能挪离整体；没有一个环节能够从自身得到解释。要对任何一个环节作出真正的解释，唯一可能的做法，是说该环节是‘派生的’，是通过严密而系统的演绎，查明它在存在和确定性中的位置，从而确定它与这一源泉的距离，并且指明把它与这一源泉分隔开来的中间环节的数量”[3]。所以，我们可以看出，所有的知识系统都是一个“体系”，环环相扣、不可分离，演绎逻辑就是贯穿体系的一条暗线，而庞大的体系大厦就立足于最开始那个最高的确定性的起点之上。

笛卡尔后，马勒布朗士（Nicolas de Malebranche）、莱布尼茨（Gottfried Wilhelm Leibniz）、斯宾诺莎（Benedictus Spinoza）、沃尔夫（Christian Wolff）都是这样一个思路，理性主义成为近代哲学一条重要的支脉。康德本人就受

---

〔1〕［法］笛卡尔：《探求真理的指导原则》，管震湖译，商务印书馆1991年版，第10页。

〔2〕［法］笛卡尔：《第一哲学沉思集》，庞景仁译，商务印书馆1986年版，第15页。

〔3〕［德］恩斯特·卡西尔：《启蒙哲学》，顾伟铭等译，山东人民出版社2007年版，第5页。

到“莱布尼茨—沃尔夫”理性主义的影响，若不是休谟，他还在独断论的迷梦中陶醉着。

（二）牛顿与启蒙哲学

与笛卡尔不同，牛顿走的是另一条相反的路，他不是从一条确定的概念或公理出发去建立知识的大厦，而是从观察经验的材料出发，探寻现象背后可能的规律。所以，如果说笛卡尔采取的是一种从一般到特殊的“规定性的判断力”的话，那么牛顿无疑采用的是“反思性的判断力”。通常我们把这种方法代表的哲学定性为与理性主义形而上学相对的经验主义，培根（Francis Bacon）、霍布斯、洛克以及休谟便沿着这样的路径走下来。事实上，理性和经验一直都是交织着的，经验主义的方法到了休谟才走到了极端。18 世纪的哲学家之所以更加强调经验，是因为理性在他们心中是固有的，而经验才是“启蒙”的。

无情地抛弃体系癖，用事实的逻辑说话，这表现在启蒙思想家的著作中，也代表了启蒙哲学的方法论。伏尔泰在《形而上学论》中说：“绝不要制造假设；绝不要说：让我们先创造一些原理，然后用这些原理去解释一切。应该说，让我们精确地分析事物……没有数学的指南或经验和物理学的火炬引路，我们就绝不可能前进一步。”〔1〕孔狄亚克（Etienne Bonnot de Condillac）在《论体系》中说：“哲学家们从假定天赋观念出发，开头就铸成大错，是不能得到真正的知识的。他们那些应用在抽象名词上的原则，只能产生出一些荒唐可笑的意见，只能凭借那种必然围绕着它们的蒙昧负隅顽抗，抵制批判。”〔2〕狄德罗在《论解释自然》中说：“我们可以把那些在自然中没有任何基础的概念比之于北方的森林，其中的树木都是没有根的。只要一阵风，一个微不足道的事件，就把整个树木的森林即观念的森林推倒了”。〔3〕诸如此类的论述数不胜数。

通过与 17 世纪哲学方法的对比，我们可以看到“理性”在 18 世纪更前进了一步，或者说更“世俗化”了。17 世纪，笛卡尔也批判了经院哲学，他

---

〔1〕［德］恩斯特·卡西尔：《启蒙哲学》，顾伟铭等译，山东人民出版社 2007 年版，第 10 页。

〔2〕北京大学哲学系外国哲学史教研室：《十八世纪法国哲学》，商务印书馆 1963 年版，第 112～113 页。

〔3〕北京大学哲学系外国哲学史教研室：《十八世纪法国哲学》，商务印书馆 1963 年版，第 326 页。

模仿数学建立了达致确定性真理的科学范式，但他并没有从“天赋观念”中脱离出来。说得更明确些，16世纪的哲学是上帝把真理通过教士传递给我们；17世纪的哲学是抛弃教士的拐杖，用我们的理性直接从上帝手中拿过真理；18世纪的哲学则更进一步，人类的理智从大自然中、从我们自己的感官经验中拿来真理的材料，由理智加工成真理。康德说，启蒙意味着脱离了某种不成熟的状态，事实上哲学也是在这样一步步脱离不成熟状态中启蒙的。

17世纪到18世纪，启蒙不断朝前发展，人们对理性能力给予的厚望也越来越高。但是18世纪仍然是精英与大众严重分离的时代，虽然连法国贵族的主妇们也以阅读洛克为荣，但毕竟启蒙的光束只是照到了极少数的人。那些被理性之光照耀的精英们以为自己掌握了理性就无所不能：一方面他们认为在科学中得到验证了的理性可以成功用在所有的领域，甚至认为国家可以被构造，幸福可以被安排；另一方面他们认为被启蒙了的少数人可以承担起历史的使命，去教化大众。法国大革命从爆发到失败，与自认为持有理性的精英主义者的自大相关。以罗伯斯庇尔为首的雅各宾派按照他们设计的自由王国去推进各种改革措施，却用恐怖手段镇压民众，以“自由”的名义瓦解和摧毁了所有人的自由，最终引发外敌内乱，从而导致了革命的失败。康德对走向极端的“理性”进行了反思，他认为是时候给理性划定界限了，必须批判理性本身才能拯救疯狂的理性僭越，而这正是他批判哲学的一个出发点。马克思说康德的哲学是“法国革命的哲学理论”，但康德绝不是一个启蒙精神的彻底维护者，而是一个站在远方遥望批判的思想者。盖伊将康德放在启蒙的第三个阶段是合理的，他与其说是休谟和卢梭的传承者，不如说是他们的超越者，而他对极端的启蒙精神的批判就蕴含在他的哲学体系中。

三、康德对启蒙的总结

李秋零教授将康德的启蒙精神概括为“三自原则”，即自己思维、理性的自我批判和理性的自己立法，[1]这是非常有见地的看法。启蒙意味着人们要从“受监护状态”中挣脱出来，克服“懒惰和怯懦”，那么最先要做的就是运用自己的理智，不盲从最大的成见，即“迷信”。“对被动的理性、因而对

〔1〕 参见李秋零：“康德与启蒙运动”，载《中国人民大学学报》2010年第6期。

理性的他律的癖好就叫做成见；而一切成见中最大的成见就是，把自然想象成不服从知性通过自己的根本法则奠定为它的基础的那些规则：这就是迷信。从迷信中解放出来就叫做启蒙：因为虽然这个称谓应当归于从一般成见中解放出来，但迷信却是首先（in sensu eminenti［在突出的意义上］）值得被称为一种成见的，因为迷信置身于其中、甚至将之作为一种责任来要求的那种盲目性，首先使靠别人来引导的那种需要、因而使一种被动理性的状态清晰可辨”〔1〕。启蒙应该让大众得到的是运用理智的能力，而不是理性的知识成品。但理性不是万能的，如果不对理性自身进行批判，那么理性就会变成另外一个狂妄的主宰者，所以启蒙的第二步就是要对理性进行自我批判，这便是康德《纯粹理性批判》所要完成的任务。在这部著作第二版序言中，康德说：“人们在这里可以期待的，不是一种对书本和纯粹理性体系的批判，而是对纯粹理性能力自身的批判”〔2〕。此外，从“不成熟状态”中解放出来，不仅仅是思维的解放，还有行动的解放，人在行动上遵循的应该是理性自己的立法，而不是上帝的立法或者以幸福为名的道德规则。所以康德在《实践理性批判》中指出实践理性本身就是立法的，这也是人的特殊性——意志自由的真正体现。“三自原则”是康德对启蒙的总结和反思，也是对自己哲学的一种论证。本书认为，构成康德哲学基石的实际上是自由，而自由不是任意的，而是一种立法的能力，它是理性的前提。如果没有自由，理性就会僭越出自己的界限。所以康德哲学之所以能够被认为是启蒙哲学的总结者和超越者，就在于他并不是把自由当做一种行动口号，而是让自由成为每个人心中的立法能力，从而拯救了理性。

如我们看到的，启蒙运动撬开了人们长达一千年的神的枷锁，让理性成为科学、文化、政治、甚至是形而上学的主宰。但理性突破了自己的疆域，思辨理性的热浪溢出经验领域之外，在超验领域造成了混乱，理性的理念陷入二律背反，差点颠覆了理性的政权。一般的实践理性又禁不住经验领域的诱惑，时常用外来客的力量来对抗纯粹实践理性的立法，让道德领域陷入本不应该有的纷争中。作为使者的判断力周旋于经验领域与自由领域，本没有自己的领地，却常想把“暂住证”升级成“常住居民”，从而引起了两个领

〔1〕 CPJ, pp. 174-175.《批判》邓晓芒译本（下），第335页。

〔2〕 CPR, p. 150.《批判》邓晓芒译本（上），第17页。

域的激战。对康德来说，与真正陷入战乱的欧洲现实相比，形而上学处在这种没有理性立法的自然状态中，理性一旦没有批判自己，没有按照理性的立法行事，就无法从混乱的战争状态走出。只有为理性划界，让思辨理性和实践理性共同遵循理性的立法，实现友好的和平共处，才能够在旧的形而上学废墟之上重建新的形而上学秩序，保证哲学的永久繁荣。因此，康德在法哲学著作《论永久和平》中对现实社会寄予的希望，与他在批判哲学和重建形而上学体系上所做的努力都是一致的。如果我们不从康德对启蒙运动的反思入手，恐怕很难看清隐藏在他批判哲学背后的这条暗流，而这正是本书大费笔墨从启蒙运动开端的真正原因。

第二节　两个领域的两种立法

正如前文一再重申的，我的研究并不限于康德对刑罚的某些意见，并在这些意见中轻易找出某个有价值的意见，然后再重构康德的哲学来支持他这样的意见。这样的做法实际上是一种表达个人见解的方法，康德不过是一个手段而已。但本书放弃了在许多当代学者看来最为明智和简便的做法，而是尝试着从康德哲学整体观其大略，再拉近焦距，看清惩罚哲学在其哲学中的位置，从而思考他的刑罚立场“是”什么，而非“应该”是什么。上文在启蒙运动的历史精神中窥见康德哲学中蕴含的一种“立法”的倾向，而本节将按照这样的倾向说明，康德为哲学各个部分签订的停战协议是什么。第一，康德区分了经验领域和超验领域，这是人的心灵能力能够辐射到的两个领域。其中知性为前者立法形成思辨理性的领地，理性为后者立法形成实践理性的领地。判断力并不是立法者而是使者，在两片领地中拥有自己的暂住地。思辨理性不能僭越到超验领域去干涉实践理性的立法，而实践理性也绝不会受到经验领域的任何引诱。第二，康德认为批判本身只是知性与理性签订的某个契约，是不占有任何领地的，但它是在两个不同领地建立王国（自然的形而上学与道德的形而上学）的前提。第三，科学的形而上学在旧的形而上学的废墟上建立起来，它严格遵循理性的立法，其中道德形而上学又根据立法方式的不同，分为“法权学说”和“德行学说”，二者是道德形而上学之子，一个掌管着外在自由，一个掌管着内在自由。我所重点讨论的刑罚是在法权学说中得到阐释的，但它离不开道德形而上学与实践理性批判，我将在本章的后两节讨论它们。

一、哲学领地的划分

康德在《判断力批判》的导言部分中提出，通常将哲学划分为理论哲学和实践哲学，是因为二者对事物的理性认识的诸原则不同，从而为理论认识的诸原则指明了客体的概念也是不同的，这概念分为自然诸概念与自由概念。[1]反过来说，就是因为自然诸概念与自由概念所指向的对象分属于不同的领域，人类的心灵能力作用于这两个领域的诸原则也不同，哲学才有了两个不同部分的划分。

康德澄清了一种对实践哲学的误解，即按照自然诸概念进行的实践与按照自由概念进行的实践是不同的，只有后者才属于真正的实践哲学，而前者不过是理论哲学的一个补充。人们在一般意义上理解的实践是一种意志行为，行为是意志的表象，“由意志而成为可能（或必然）的”就是实践的。康德认为，这可以成为实践的，但却并不一定属于实践哲学，后者除了要求意志作为原因性之外，还要求规定意志原因性的规则的概念是自由的概念。“因为如果规定这原因性的概念是一个自然概念，那么诸原则就是技术上实践的；但如果它是一个自由概念，那么诸原则就是道德上实践的……前一类就属于理论哲学（作为自然学说），后一类则完全独立地构成第二部分，也就是（作为道德学说的）实践哲学。”[2]

自然诸概念可以规定意志，在这种情况下意志遵循的是规范（技术的实践规则），只有自由概念规定意志且排除了任何自然概念的规定时，意志所遵循的才可以是自由的规律。自然规范以感性为条件，自由规律脱离了感性条件的限制，在道德上自发的就是实践的。

自然诸概念和自由概念的对象分属于不同的两个领域（field），前者属于现象领域，后者属于物自体领域；前者是感性的世界，后者是超感性的世界。“该领域中对我们来说可以认识的那个部分，就是对于概念和为此所需要的认

〔1〕 CPJ, p. 59. 参见《批判》邓晓芒译本（下），第222页。

〔2〕 CPJ, p. 60.《批判》邓晓芒译本（下），第223页。

识能力的一个基地（*territorium*；territory）"[1]，在康德看来，这个基地上人类的认识能力占据着两大领地（*ditio*；domain），一个是自然诸概念的领地，由人类的知性进行立法；一个是自由概念的领地，由人类的理性进行立法。两种立法不能相互干涉，两大领地各自为政，但两种立法能力却可以在同一个主体（人）的身上共存。除了人的两种立法能力之外，人还具有感性能力和判断力，它们是不占用领地的，因为它们不是立法者，而属于在基地上没有立法权的部分。而在基地之外的超感官领域中，有一块地方是我们人类的认识能力无法达到的领域，知性与理性都不能为此立法，"这个领域我们虽然必须为了理性的理论运用以及实践运用而以理念去占领，但对这些理念我们在与出自自由概念的规律的关系中所能提供的无非是实践的实在性，所以我们的理论知识丝毫也不能由此而扩展到超感官之物上去。"[2]

如果我们将康德在哲学的划分中所做的努力白描出来的话，我们会看到这样一幅清晰的图案，它按照人的心灵能力形成了一个立体的结构：存在着两个不同的领域，即现象的领域与超感官的领域。全部现象的领域和超感官领域中关于自由概念的部分就是"基地"。而现象领域中被知性立法的部分就是自然诸概念的领地，其余部分就是感性和判断力的基地。超感官领域中能够被理性立法的部分就是自由概念的基地，其余的超感官的领域就是"非法地带"，既不能被知性所认识，也不能被理性所认识。这样的一种结构实际上也是康德哲学整体结构的一个投影。自然诸概念的领地是自然哲学（理论哲学），自由概念的领地是实践哲学，除此之外人类知性与理性所不能达到、只能以理念去临时占领的"非法之地"就是宗教。在理论哲学方面应该是自然的形而上学，而在实践哲学方面应该是道德的形而上学。所以康德所认可的哲学的学理部分实际上就只有自然的形而上学与道德的形而上学。那么如何看待他的批判哲学呢？

二、批判的位置

如果知性与理性分别作为立法者占有自己的领地，那么批判是一种什么角色呢？康德指出："就认识能力可以先天地提供的东西而言，对这些认识能

---

〔1〕 CPJ，p. 61.《批判》邓晓芒译本（下），第224~225页。

〔2〕 CPJ，p. 63.《批判》邓晓芒译本（下），第226页。

力的批判本来就不拥有在客体方面的任何领地：因为它不是什么学说，而只是必须去调查，按照我们的能力现有的情况，一种学说通过这些能力是否以及如何是可能的。这个批判的领域伸展到这些能力的一切僭妄之上，以便将它们置于它们的合法性的边界之内。但是那不能进入到这一哲学划分中来的，却有可能作为一个主要部分进入到对一般纯粹认识能力的批判中来”[1]。批判者与立法者不同，它可以对这个基地上的所有能力进行批判，无论是自身立法的（如判断力）还是对客体立法的（如知性和理性），如此批判者其实就是一种“学者”的角色，就是康德在《什么是启蒙》中提到的“公开运用自己的理性的自由”的代表，所以批判者是真正的“启蒙者”。而学者无国界，批判者是不能划分到任何领地中去的。

批判又分为三个部分，即纯粹理性批判、实践理性批判和判断力批判。这三个批判的目的就是为上文所说的两个领地确立各自的权限，避免二者陷入不必要的战争状态。我们知道，启蒙运动将理性的口号喊出来，理性由此从自然状态进入了文明状态，那么在这个文明状态中，人的理性不能为所欲为，它要为自己的各个部分分配领域并立法，理性要建立的是一个法治的世界。下文我将一一说明这三个批判是如何完成人类理性的这个任务的。

（一）《纯粹理性批判》

理性首先关切的是人的外部感官的领域，理性能否在这个庞大的世界中立法，以及由谁来做这个立法者，便是《纯粹理性批判》要解决的问题。

一切知识的来源是经验，我们是通过感官去感受这个世界的。理性主义的独断论者狂妄地认为一切领域的对象都可以为理性所把握，科学的任务在于让思想的秩序符合事物的秩序，上帝预定的和谐秩序成为自然合目的性的来源和保证。与之相反，启蒙思想家休谟则用怀疑论打碎了所有普遍必然性的秩序。他认为那些我们一直视作必然性的，只不过是概率较高的偶然性；那些我们一直视作具有因果联系的，只不过是一种习惯的经验而已。休谟的怀疑是有吸引力的，因为除了最终归为上帝之外，理性主义无法回答：一切秩序的最终的原因是什么？上帝是否存在？灵魂会不会死去？世界是无限的还是有限的？

---

[1] CPJ, p. 64.《批判》邓晓芒译本（下），第227页。

康德在《纯粹理性批判》第一版序言中就描述了人认识自然时在独断论统治下的“自然状态”：“最初，在独断论的管辖下，形而上学的统治是专制的。不过因为她的立法仍然保留了古老的野蛮的痕迹，这种统治逐渐因内战而沦为完全的无政府状态；并且怀疑论，就像一种憎恨一切在土地上的永久性耕耘的游牧民族，不时地要拆毁市民的联盟。”〔1〕。在康德看来，理性想统治（认识）一切，却发现能力不够而陷入了二律背反的种种幻想，从而使本有的理性联盟陷入彼此冲突的内乱中，而像休谟那样的怀疑论者便借内乱之际乘虚而入，企图摧毁整个认识王国。那么康德是怎样终结这场无休止的内战，并将怀疑论的游牧民族驱逐出境的呢？通常哲学界将康德在纯粹理性批判中做的工作称为“人为自然界立法”，确切来说，应该是“知性为现象立法”。

康德认为必须要在理性的认识领域发动一场大革命，把用思想秩序符合事物秩序颠倒过来，不是让主体围绕客体来“认识”，而是让作为对象的现象符合主体的立法，这就是我们熟知的“哥白尼革命”。那么康德为什么要发动这样的革命呢？他又是如何发现让哲学陷入战争状态的直接原因的呢？这就要从科学与哲学的关系说起。在古代，哲学就是科学，哲学家（如毕达哥拉斯、德谟克利特、赫拉克利特）本身就是科学家，他们研究世界的本原、事物的运动和静止、数量的计算，等等。但近代科学的发展，让科学的对象从哲学的对象中分离出来，科学凭借理性的工具在富饶的土地上耕耘，哲学便在这片原有的土地上丧失了优势，于是哲学希望找到新的大陆，用和科学同样的方式去海上冒险，却没想到大海是与陆地完全不同的领域，哲学不但没有找到新大陆，而且还处处陷入海市蜃楼的幻想。康德认为，哲学是不能离开原有的大陆的，哲学虽然不如科学那样勤于耕耘，但哲学应该在这片大陆上成为立法者和审判者，让科学服从自己的统治，同时避免任何想要海上冒险的冲动。这片大陆就是现象，而那充满未知和险恶的海洋就是物自体。

那么，在现象这片大陆上，谁才是合法的公民呢？康德认为，这要取决于理性的认识能力是如何立法的。理性分为感性、知性和理性，在知性和理性之间还有判断力，感性和判断力是不能立法的，理性用来认识的部分是知

---

〔1〕 CPR, pp. 99-100.《批判》邓晓芒译本（上），第2页。

性，它才是现象的立法者。只有那些能够进入人的感性直观，或者为知性概念——范畴——所规定的经验材料才能够被称为自然诸概念领地的合法公民。而那些无法进入时空的感性直观的“混沌”与处于物自体领域的“理念”都不是自然概念之王国的公民，知性不能为它们立法，它们也不受知性的控制。

康德在先验要素论中阐明了认识是如何发生的：第一步，现象的质料（感官的材料）与先验的时空的直观形式相结合，形成人的感性直观，从而“对象被给予我们”；第二步，知性主动作用于感性直观，通过“图型”（schema）将其组织到知性特有的概念系统（即范畴）中去，并通过先验统觉将其综合，形成对知识的判断，从而“对象被我们认识”。康德用了大量的篇幅对直观、概念和原理进行了演绎，蔚为大观，令人惊叹。从先验逻辑阐明了在认识中知性是怎样综合经验的杂多的这一点来说，康德完成了认识论的“哥白尼革命”。但这一革命的最终目的在于确立知性作为自然诸概念王国的绝对立法权，通过批判将那些不属于认识领域的理念清理出去，按照知性的立法，它们“无权”成为知识。

所以自然诸概念的领地是一个“有限的”“必然性”的王国，那些能够进入时空形式的感性的杂多才有可能成为这个王国的合法公民。而不属于现象领域的物自体因为无法进入时空的直观形式，因而无法成为经验的对象，也就不能被知性所认识。但是人类理性并不愿意局限在这个有限的、必然性的领地中，而是希望也能够作用于物自体的领域，自由地在理性所能思维到的所有领域中冒险。但是，如果还运用知性的立法来把握物自体，就是理性的“僭越”了，后果便是产生幻象。不过在物自体领域中，有一个部分是人类理性能够立法的，那就是自由概念的领地，这个领地不再由知性立法，而是由实践理性进行立法。如果说知性通过对自然诸概念的领地进行立法回答了“我们能够知道什么”的问题，那么实践理性通过对自由概念的领地进行立法则是要回答“我们应该做什么”的问题。此外，康德还提出了“我们能希望什么”的问题，而这个问题实际上处于物自体中无法为我们理性所把握的地方，康德将它留给宗教来解决，但这个问题并非不重要。康德在《实践理性批判》“至善论”的部分对这个问题进行了影射，并在《单纯理性限度内的宗教》（*Die Religion innerhalb der Grenzen der blossen Vernunft*）中着重进行了阐释。本书也将在“康德惩罚哲学奠基”这个部分对“我们能希望什么”

进行讨论，康德正是通过对这个问题的讨论才明确表现出他对“正义”内涵的理解。点此为止，我将在后文详述。

（二）《实践理性批判》

上文已经讨论过，康德对按照自然诸概念进行的实践与按照自由概念进行的实践作了区分，前者是属于理论理性的，因而是从属于知性立法的，而后者才是属于实践理性的，因而遵循实践理性自身的规律，即道德法则。在《实践理性批判》中，康德同样作了这样的区分，他认为幸福学说与德行学说居于不同的层次，那些以达致幸福为目的、以自爱为根基的明智的行为规范还都只是自然的规范，因为人的欲求能力由自然诸概念所规定，属于“动物性”的欲求能力。而只有遵守实践理性的普遍立法的规范才能成为道德的规范，欲求能力由自由概念所规定，属于“理性的人”的欲求能力。理性在自由概念的领地的立法，是为自己立法，为人本身立法，因此自由王国的公民与立法者是平等的，每一个理性的存在者都是目的，理性不允许把理性存在者当做手段，否则就是对自身尊严的诋毁。

理性存在者与自然诸概念的存在者是不同的，他们一个属于自由王国，一个属于自然王国，自由王国是理性自我立法的，自然王国则遵守知性立法取得合法性。自由王国因为是理性自身立法，所以是“启蒙”了的，它不受任何他律的限制，是完全自律的，因而每一个自由王国的公民都拥有至高无上的尊严。自然王国则不同，它的公民没有自由而言，受到自然规律和知性立法的限制，处在“不成熟”的状态。但是，如康德所言，启蒙是需要勇气的，不成熟状态虽然没有尊严，但可能是舒适的状态，人的懒惰和怯懦常常使人安于这样的状态中。所以《实践理性批判》就是批判理性的这样一种糊涂做法：理性存在者在自由的王国中常常羡慕受到知性立法和自然支配的自然王国的公民，羡慕他们可以懒惰地由他者支配命运，不用负任何责任。于是总会有来自自然王国的具有诱惑性的魔鬼来欺骗自由王国的公民，让他们聪明地服从某种规范以逃避责任，得到幸福。殊不知，理性存在者从自由王国进入自然王国，不但丧失了自由，也丧失了尊严，是一种由启蒙退回到不成熟状态的糊涂做法。

“我们应当做什么”是由纯粹实践理性自身作出回答的，而回答这个问题的前提是，理性存在者必须自我启蒙、拥有自由，能够自由地运用自己的理性。康德说:“道德法则是自由被认识的理由(*ratio cognoscendi*),自由是道德法则存在的理由(*ratio essendi*)”[1],他一语道破道德法则就等同于自由法则,二者是同样的东西。同时他也说明了,自由就是要成为一个有道德的人,而要真正成为一个有道德的人,就必须拥有自由。那么,怎样才能成为一个有德行的人呢?就是要遵守纯粹实践理性的基本法则,它是排除了经验质料的、纯粹按照形式来规定意志的,从而是适用并且仅适用于自由王国的公民——理性存在者——身上。

如我们看到,自然王国在知性立法之下扩展了人们的知识范围,随着科技的发展,知识的范围不断拓展,越来越多的现象成为知性立法所能控制的对象,从而自然王国不断强大起来。尤其到了21世纪,信息技术、生物科学、人工智能扩展了人的感官能力,那些曾认识不到的感官材料也渐渐成为我们认识的对象。那么,自由王国的目的何在呢?康德所在的时代与我们现在所处的时代有很大的相似性,都是自然王国异常繁荣的时代,从而人作为其意志也能够被自然诸概念所规定的理性存在者,往往就容易被自然王国的繁荣表象所迷惑,更倾向于幸福的学说和功利的智慧,忘记了有尊严的理性的存在者本身(即作为自由王国的公民)所应该奋斗的目标。

康德认为,理性存在者在自由王国应该向着“至善”(the highest good)不断前进,“至善”是一种永恒的真实的幸福状态,是自由王国的终极目标。而我们通常所说的“幸福”,是短暂的、幻象的幸福,只是一种经验欲求的满足。所以无论自然王国如何繁荣,它都无法为人们带来至善的永福,只有在自由王国,人们才能通过不断的努力具备“配享幸福”的能力,从而达致至善,得到永福,也只有在自由王国,人才真正得到了启蒙。

通过《实践理性批判》,康德明确了纯粹实践理性的立法地位,并得出了具有普遍性的自由法则,从而将自由王国与自然王国截然割裂开来。这两个王国是各自立法、互不接壤的,那些即便能够于一时规定我们意志的自然诸概念,对自由的理性存在者来说也只是来自另一个王国的诱惑,纯粹的实践理性足以克服这样的诱惑,严格遵守自由王国的立法,保持着作为理性存在者的尊严,并以最高的幸福“至善”为目标不断进步着。于是乎,在自然王

---

[1] PP, p. 140.《批判》邓晓芒译本(下),第16页。

国与自由王国之间就存在着一个无法逾越的鸿沟，随之而来的一个问题便是：和其他生命体一样存在于自然王国的人类，又是通过什么意识到，在浩渺的物自体领域还有一个自由概念的领地是可以被理性立法的呢？如果与自然界的其他生命体一样，我们都在自然的王国里遵守动物本能的趋利避害的自然法则，并只运用我们的思辨理性促进我们生存能力的不断发展，把幸福的蛋糕不断做大，从而增进大多数人最大的福利，不是很好的一件事吗？为什么我们还需要自由的王国，还需要修养我们的德行，还要追求那虚无缥缈的至善呢？康德说，我们与动物不同，我们还有作为有理性的被造物者的特殊使命，正因此我们才被赋予了意志的自由，才能够成为自由王国的公民。能够找到并真正成为自由王国的立法者和公民，人类才真正意义上是启蒙了，脱离了“不成熟状态”。所以，康德必须要在自然王国与自由王国间找到一座桥梁，使理性能够通过自然王国走向自由王国，也能够有可能用自由王国的理念来调节自然王国的知性立法。判断力，就是这样一座桥梁。反思性的判断力（the reflecting power of judgment）通过对美与崇高的鉴赏，通过对大自然之目的的洞见，使理性找到通往自由王国的路径。所以真正使人类获得启蒙力量的是判断力，而判断力并不是每个人都有的，按照康德的说法，它不是“习得的”，所以不是每一个有理性者都能够通过自己的判断力认识到自由，必须由那些拥有反思性的判断力的人最先获得启蒙，然后帮助更多的人通往自由的王国。所以一定要有判断力的批判，才能够将人类理性所及的所有领域完整地通过哲学语言表达出来。

（三）《判断力批判》

如果按照心理学解读，康德的批判哲学可以被看作是知情意的统一，纯粹理性批判说的是“知”，实践理性批判说的是“意”，判断力批判说的则是“情”——“能一方感受外界之刺激，一方又对之为反应者”。[1]判断力批判，就是说明纯粹感情的先验原理，即阐明那些不依靠对象和概念而能够直接引起我们愉快或不愉快的东西是什么。

引起我们情感上的愉快与不愉快的东西除了归结于一种经验上的“偏好”

〔1〕 参见中国科学院哲学研究所资料室：《资产阶级学术思想批判参考资料》，商务印书馆 1960 年版，第 373 页。

之外，有没有普遍性呢？我们常说“萝卜青菜各有所爱”“众口难调”，就是指那些引起我们情感上愉快或不愉快的东西往往是因人而异的，人们不可能产生同样的情感。但康德认为，诸如口味、偏好之类，也能够引发我们愉快或不愉快，但它们是由感官经验所决定的，不属于审美的范围，也就不能被判断力纳入某种普遍之下。而大自然的美以及艺术的美，之所以能够“要求”人们普遍认其为美，即具有引起愉快情感的普遍性，是因为这是一种抽离了经验的形式的美，其符合我们的想象力与知性关系的某种目的性（即形式的合目的性）(purposiveness of its form)。在这个意义上，康德区分了单纯的兴趣和形式美，因此也就抛弃了经验主义的审美学说，后者认为美感与感官的快感并无二致。

“一般判断力是把特殊思考为包含在普遍之下的能力”〔1〕。康德区分了两种判断力，即规定性的判断力与反思性的判断力：“如果普遍的东西（规则、原则、规律）被给予了，那么把特殊归摄于它们之下的那个判断力就是规定性的。但如果只有特殊被给予了，判断力必须为此去寻求普遍，那么这种判断力就是反思性的”〔2〕。换言之，规定性的判断力就是把事物归于某种客观的性质之下，而反思性的判断力则是表明主体对事物的主观态度。在自然王国（自然诸概念的领地），属于知性的判断力就是一种规定性的判断力，比如我们说“这朵花是植物”，就是将普遍的客观性质“植物”归于特殊的事物“这朵花”，这是知性的判断，是规定性的。而如果我们说“这朵花是美的”，则并没有将特殊的事物“这朵花”纳入到任何客观的性质之下（因为美并不是客观的确定性的范畴），只是说明了主体“我”对这朵花的主观判断，这是反思性的。这个区分则是沃尔夫的理性主义者所忽视的，他们将审美的反思性的判断力与知性的判断力完全等同起来，认为美的鉴赏也是一种认识。

康德对美的认识，既不同于经验主义者，又不同于理性主义者，他认为美是具有普遍性的，但又不是客观的规定性，而是主观的共通感，即“形式的合目的性”。于是康德得出，自然的形式的合目的性原则是反思的判断力的先验原则。

---

〔1〕 CPJ, p. 66.《批判》邓晓芒译本（下），第229页。

〔2〕 CPJ, p. 66.《批判》邓晓芒译本（下），第229页。

我们在《判断力批判》中可以看到康德是如何用这个合目的性原则来沟通自然王国和自由王国的，从而将批判哲学的整体统一起来，使得处在不同立法之下的两个王国不是处在对立中，而是处在永久和平的状态。这是审美判断力批判和目的论判断力批判的任务和直接目的。而这个任务是从方向相反的两个路径进行的。

第一条路径，康德在这两个判断力批判的论证中，阐明了理性存在者是如何通过对美和崇高的鉴赏以及大自然之目的的探究，发现了自由存在的可能性。康德认为，我们在审美活动中会感受到一种脱离时空的东西，从而唤起我们内心的某种类似于"敬重"的感情，而这使我们似乎从自然的东西上面"看到了"自由。例如，我们在欣赏悲剧题材的戏剧《罗密欧与朱丽叶》时，会被男女主人公克服层层障碍，甚至是超越生命也要相爱的那种"壮美"所感动，从而意识到人性的一种"自由"：爱情可以挣脱一切。"这个超感性之物的理念，我们虽然不能做进一步的规定（determine），因而也不能把自然当作它的表现来认识（cognize），而只能这样来思考（think），但这个理念在我们心中却通过一个对象被唤起，对这个对象的审美评判使想象力尽力扩展到它的极限，或者是范围扩张的极限（在数学上），或者是扩张加之于内心的强力的极限（在力学上），因为这评判是建立在对内心的某种完全超出了自然领地的使命的情感（道德情感）之上的，鉴于这种情感，对象表象就被评判为主观合目的性的（subjectively purposive）。"〔1〕

第二条路径，康德通过理性本身的实践倾向，论证了自由在经验世界表现出来（即实现终极目的）的可能性。"即使按照自由概念（及它所含的实践规则）而来的原因性的规定根据在自然中找不到证据，而感性的东西也不能规定主体中超感性的东西：但这一点反过来倒是可能的……"〔2〕就是说，虽然知性立法不能僭越到自由王国来规定自由概念，但是自由概念却可能（甚至必须）对自然王国产生影响，即实践理性必然要在现实中产生效果，而"按照自由的概念而来的效果就是终极目的，它（或者它在感性世界中的现象）是应当实存的"〔3〕，于是自然界中就必然有一种为实现这种目的而存在

〔1〕 CPJ, p. 151.《批判》邓晓芒译本（下），第 311 页。

〔2〕 CPJ, p. 81.《批判》邓晓芒译本（下），第 244 页。

〔3〕 CPJ, p. 81.《批判》邓晓芒译本（下），第 244~245 页。

的条件。在康德看来，这个条件的创造者就是判断力，后者通过合目的性的概念为自然诸概念和自由概念架起了桥梁，这样“在自然中并与自然规律相一致才能成为现实的那个终极目的之可能性就被认识到了”〔1〕。

正是通过这两条路径，判断力在自然王国与自由王国建立起一座桥梁，让这两个王国协调起来，既不干涉彼此立法，又能够友好地和平共处。

按照康德的预想，批判消灭了摧毁形而上学大厦的游牧民族，并赋予了理性各部分不同的立法职责，使知性为自然诸概念的领地立法建立自然王国，使理性为自由概念的领地立法建立自由王国，使作为使者的判断力严格遵守形式的合目的性原则为自己立法，并沟通前两个王国，使得人类理性所及的这片基地能够停止无休止的内战，由自然状态走向文明状态。至此，批判者就完成了它所有的任务。但这两个王国仅仅有立法还不够，还要按照立法建立自己的形而上学体系，建设好各自的领地，才能够保持文明状态和永久和平。而这建设的工作就要交给科学的形而上学去完成了。

三、科学的形而上学

批判者到底是谁？三大批判为理性所及的世界分配了立法者，使自由概念的领地和自然诸概念的领地在判断力这位使者的沟通中，终于走出了混乱的自然状态而进入到文明的状态。所以批判者虽然不占领任何领地，但却能够为人类理性本身立法，归根结底批判者才是最终人类知识的主权者。

康德认为，这个人类理性的立法者，不是别人，就是哲学家，而人类理性的立法本身就是哲学。于是，我们就看到了一个康德所谓的哲学的“世界概念”（cosmopolitan concept），完全不同于以前的哲学的“学派概念”（scholastic concept）〔2〕。而在这两个概念的区分中，我们才能参透什么是哲学上的启蒙。康德认为，那些本源上被给予的知识是一种历史的知识，这是一种“根据别人的理性来形成自己的知识”〔3〕，是一种模仿能力而不是生产能力。而真正客观上的理性的知识只能从理性的普遍源泉中去汲取，“按照理性的普

〔1〕 CPJ, p. 82.《批判》邓晓芒译本（下），第245页。

〔2〕 “学派概念，也就是一个知识系统的概念，这种知识只能被作为科学来寻求，而不以超出这种知识的系统统一、因而超出知识的逻辑完善性的东西为目的。”CPR, p. 694.《批判》邓晓芒译本（上），第551页。

〔3〕 CPR, p. 693.《批判》邓晓芒译本（上），第550页。

遍原则凭借某些正在着手的尝试来锻炼理性的才能"[1]，即做哲学的研究，而非学习哲学的知识。所以，康德认为，哲学也要进行一场启蒙，通过理性立法建立哲学的世界概念，培养真正的哲学家，而非学派的门徒或者理性的专家。

那么，哲学的世界到底是怎样的世界呢？它应该是一个理性的合目的的系统，"在理性的统治下，我们的一般知识决不允许构成什么梦幻曲，而必须构成一个系统，唯有在系统中这些知识才能支持和促进理性的根本目的"[2]，而这个系统符合纯粹理性的"建筑术"（architectonic），从纯粹理性中构想整个系统出来，这个系统以"纯粹理性的立法"为理念，以纯粹理性的两个支脉（纯粹思辨理性与纯粹实践理性）为基础，以人类的全部使命为终极目的而形成完整有机的哲学体系。

如我们在上文已经阐明的，人类理性分别在自然诸概念的领地和自由概念的领地立法，前者构成针对存有之物的自然哲学，后者构成针对应当存有之物的道德哲学。康德认为，固然由经验性的原则也可以产生理性的知识，但那不是纯粹哲学，后者研究的是由纯粹理性立法而来的理性知识。纯粹哲学又分为两个部分："纯粹理性的哲学要么是在一切纯粹先天知识方面检查理性的能力的一种入门（预习），即批判；要么其次，它就是纯粹理性的（科学的）系统，是出自纯粹理性并关联起来的全部（真实的和虚假的）哲学知识，也就是形而上学。"[3]批判是对纯粹理性本身的训练，是使其能够立法的前提，形而上学的体系才是纯粹理性的真正立法。这一立法又可以根据纯粹理性是思辨的运用还是实践的运用而分为自然的形而上学和道德的形而上学。而事实上，这两个形而上学就是建立于自然王国与自由王国之上的两种理性的知识大厦。

第一座大厦是自然的形而上学，它由先验哲学和纯粹理性的自然之学组成，"前者只考察在一切与一般对象相关的概念和原理的系统中的知性理性本身，而不假定客体会被给予出来（即本体论）；后者考察自然，即被给予的对

〔1〕 CPR, p. 694.《批判》邓晓芒译本（上），第551页。
〔2〕 CPR, p. 691.《批判》邓晓芒译本（上），第547~548页。
〔3〕 CPR, p. 696.《批判》邓晓芒译本（上），第553页。

象的总和，因而就是自然之学”[1]。自然之学又包含内在的自然之学和超验的自然之学，前者又根据外感官对象与内感官对象之分，被划分为合理的物理学和合理的心理学；后者则根据自然界的内部连接和外部连接之分，被划分为合理的宇宙论与合理的神学。

第二座大厦是道德的形而上学，它由自然诸概念的外在自由与内在自由之分，而分为外在的立法和内在的立法，前者是法权形而上学，后者是德行形而上学。

按照康德对纯粹哲学的划分，我们可以勾勒出这样一个知识之树的图型，它以被训练过的纯粹理性为根基生发出来。

于是，康德就在被怀疑论的游牧民族几乎摧毁了的旧的形而上学的废墟上建立起来这样两座纯粹哲学的形而上学大厦。它们与旧有的形而上学体系的不同之处在哪里呢？旧有的形而上学体系并没有将经验的哲学与纯粹的哲学分离开来，也就是说旧有的形而上学还处在一种“不成熟的状态”，不能清楚地看到纯粹理性这个先天的立法者，而将经验性的原则与先天的理性的原则混淆在一起，从而形成各种各样的独断论，陷入了无休止的战争状态中。康德说：“极为重要的一点是，要把那些在种类上和起源上与其他知识不同的知识分离出来，并小心地防止它们不要和另外那些它们通常在运用中与之结合着的知识混为一谈”[2]，指的就是这个意思。他认为，怎样把完全先天的知识要素与那些后天从经验中习来的知识的要素区别开来，是区分形而上学体系与其他知识系统的关键，而这个区分是不能建立在单纯的等级划分之上的（诸如“形而上学是一门关于人类知识的那些第一原则的科学”[3]的表述），必须以“起源的完全不同质性和差异性”[4]来划分形而上学与其他知识的界限。在此，康德不但区别了那些经验哲学的知识，而且也区别了一种与形而上学在起源上具有亲缘性的数学知识，后者是通过概念的构造来做判断的，形而上学却是出自概念的知识，二者具有不同质性。如此，形而上学系统就是一个由纯粹理性立法的独立的整体，它的知识大厦就通过建筑术而

[1] CPR, p. 698.《批判》邓晓芒译本（上），第555页。
[2] CPR, p. 696.《批判》邓晓芒译本（上），第553页。
[3] CPR, p. 697.《批判》邓晓芒译本（上），第554页。
[4] CPR, p. 697.《批判》邓晓芒译本（上），第554页。

被牢固地树立起来。所以在康德纯粹哲学（批判与形而上学）中，任何一个问题的讨论都离不开纯粹理性立法的整个系统。本书所要讨论的是康德关于刑罚的哲学思想，它也由这个纯粹理性的立法系统生发出来，与这个系统紧密相连，这是我们必须在以后更为细致的探讨中需时时注意的，因为一不小心，我们就可能会陷入误解的泥坑。为了弄清康德惩罚哲学究竟是如何从这个知识之树中生长出来，我们就必须把这样的工作放在前面来做：弄清纯粹的实践理性在自由王国的立法是什么，道德形而上学划分为两部分的根据在哪里，以及纯粹理性在人的外在自由立法中的基本法则是什么，康德关于惩罚的哲学思想是否仅仅是“法权学说”的一个分支，还是也来源于“德行学说”，等等。这便是本章其余部分所要解决的问题。

第三节　自由王国之立法

有一种怀疑始终伴随着：人类理性为什么要为自由王国立法？换言之，人类的全部使命是要在自然王国中实现还是在自由王国中实现？如果人类使命的全部意图在自然王国中便可以得到满足，那么人类理性意识到自由王国之存在就是冗余的，反而会引起人们对理性的憎恨。人与动物等无理性的生命体在生存的价值上来说就没有任何分别，那些可以称得上尊严的东西就可以被抛弃掉了。所以，作为有理性存在者的人类必然因为自由王国的存在而与其他物种区别开来，而人类的全部使命只应在自由王国中才能得到最高的实现。那这是一种什么样的使命呢？康德认为，这样的使命就是“至善”，也就是德福一致，人类的德行能够达到真正的配享幸福。

一、纯粹实践理性是唯一的立法者

在自由王国的立法之前，实践理性本身也要接受自我的批判来确认立法者的纯粹性，这在康德的道德哲学中总是时时被提醒，以防止进行纯粹哲学研究的人不小心忘记这个前提，即自由王国合法的立法只能来自纯粹理性。康德在《道德形而上学奠基》（*Grundlegung zur Metaphysik der Sitten*）中采取了三个步骤来逐步剥离出道德性的最高原理，从而说明了这个前提，这是一条逐步上升的路径：

第一步是“从普通的道德理性知识过渡到哲学的道德理性知识”。“清白无瑕”的普通人也能够通过普通的道德理性知识而认同善良意志具有绝对价值这一理念，即“唯一除了一个善良意志（good will）以外，根本不能设想任何东西有可能无限制地被视为善的”[1]。但善良意志这个概念本身的阐明却常处于迷雾之中，因为人们通常将合乎义务的行为看作是善良意志的行为，而没有把它与出于义务区别开来，后者才是真正的善良意志。出于义务的行动的道德性在于它表现了对规定意志的原则的敬重（排除了一切可能影响意志的偏好或恐惧），而合乎义务则可能掺杂着对意愿的结果的偏好。此外，普通理性也足够判定哪些行为是真正出于义务的，也是如果我们想成为一个道德上的善的人所应当愿意的，即使不需要特别的哲学知识或者对理性做某种扩展，也能够通过扪心自问是否愿意把自己行为的准则作为一条普遍的法则来遵守，从而获得准确的答案。但他们并不能找到敬重道德法则的根由何在，以为他们对法则的敬重也不过与日常经验中的某种偏好是一类的东西，评判行为的善恶成了一种不同偏好之间的权衡，从而陷入一种“自然的辩证论”（natural dialectic）[2]。所以，人们只有需要一种哲学的道德理性知识，才能够认识到义务的来源（规定意志的原则）是什么。

第二步是“从通俗的道德哲学过渡到道德形而上学”。人们要找到“义务来源于何处”，就需要道德哲学，因为通俗的理性知识无法帮助人们摆脱自然的辩证论。但是世俗的道德哲学却并没有为人们指出这一答案，道德的根据被指向各个不同的地方：“一会儿是人类自然本性的特殊规定（但有时也是关于某种一般的理性本性的理念），一会儿是完善性，一会儿又是幸福，这里是道德情感，那里是对上帝的畏惧，在一个奇怪的混合体里，从这弄一点儿，又从那弄一点，他们从来不会突然想到要问一问，是否能够哪怕在任何地方，从关于人类自然本性的认识中找到德行的原则”[3]，所以在此人们需要的不是从某种经验的抽象而来的道德规则（如那些通俗的道德哲学家所做的），而是需要一种先天的完全在纯粹理性中能够寻找到的道德法则，这只能由道德

---

[1] PP, p. 49. 康德：《道德形而上学奠基》，杨云飞译、邓晓芒校，人民出版社 2013 年版，第 11 页。本书以下简称为：“《奠基》杨云飞译本”。

[2] PP, p. 59. 《奠基》杨云飞译本，第 29 页。

[3] PP, p. 64. 《奠基》杨云飞译本，第 36～37 页。

形而上学来独自完成。康德强调，必须把道德的形而上学与沃尔夫所谓的"普遍的实践哲学"（universal practical philosophy）[1]严格区分开来，前者属于纯粹实践理性的立法，而后者则是夹杂了经验性原则的实践人类学的东西。康德对整个道德哲学的讨论都没有离开这个区分，就是这个区分鞭策着作为立法者的实践理性在自由王国的立法，立法的进程每走一步都可能面临不纯粹的陷阱，从而颠覆整个实践立法的全部工作。

既然自由王国是自由概念的领地，那么我们必须首先弄清楚作为这个王国立法者和公民的"自由"是什么。康德认为，自由王国的公民应该是"自由的意志"而非"自由的行为"，而自由的意志也是立法者，即纯粹实践理性，所以纯粹实践理性与自由意志是一回事。正因为自由王国的立法针对的是意志，而非意志规定的行为（后者仍然属于自然王国），所以它并不是经验的道德哲学中给出的那些数不胜数的道德诫命，诸如"不许说谎""禁止杀人"等教条，而是规定自由意志应该遵循的法则，这一法则构成以上那些道德规则的准绳，即道德法则。康德认为，自由意志对道德法则的遵守是一种实践上必然的遵守，像自然诸概念对自然法则的遵守一样。但是对于那些并非纯粹自由的意志而言，法则就构成一种命令，而就这一命令对自由意志规定的普遍必然性而言，这是定言命令。康德将作为定言命令的道德法则用三个公式表达出来，即普遍性公式、人性公式和自律公式，这三个公式实际上是道德法则的一体三面，也就是说"要把自己的准则作为普遍的立法原则"是意志为自己所立之法，意志的自律（积极的自由）就与道德法则的实在性联系在一起。道德法则是自由王国的立法原理，但这一立法原理（纯粹实践理性的必然性）又怎样能够在人类的现实生活中成为客观的现实性呢？这个问题仍然是被悬置的。但至此，康德回答了义务的来源问题，表明了纯粹实践理性是自由王国唯一的立法者，任何经验上的来源都不能取代定言命令的权威，正是这种立法的纯粹性保证了自由王国的尊严。

第三步是"从道德形而上学过渡到纯粹实践理性批判"。自由是意志的根本属性：在消极意义上，自由是意志独立于一切外在原因的原因性；在积极意义上，自由意味着意志只能按照自己的法则行事，即自律。而意志是每一

[1] 在《奠基》杨云飞译本中，"普遍的实践哲学"被翻译为"普遍的实践性人世智慧"。《奠基》杨云飞译本，第6页。

个有理性存在者都具有的，所以“自由必须被预设为一切理性存在者的意志的属性”[1]。一个有理性的存在者同时属于感性世界和理知世界，既受到必然性的自然规律的约束，又拥有意志上自律的自由。如果我们如其他无理性的生命体一样归属于感性世界，那么遵守存在于理知世界的道德法则就是一种幻念；而如果我们完全是理知世界的成员，拥有知性直观，那么道德法则就是客观必然性的。但是我们既不完全属于前者，又不完全属于后者，道德的法则对我们来说就既不是不可能，也不是必然有效，而是“应当”可能。所以，道德法则的定言命令之可能性的条件就是人的意志自律，而意志自律就是积极的自由。但自由只是在实践的意图中获得实在性的一个理性的理念，我们可以确信它、思维它，却不能通过知性而直观它。所以，通过这样一个自由的理念能够被证实的就是纯粹理性自身就是实践的，它能够为意志颁布道德法则，从而成为自由王国的唯一的立法者。

这样我们就可以看出，随着从普通的道德知识上升到哲学的道德理性知识，进而上升至道德形而上学和实践理性批判，一个“任意”便脱去了一切自然王国的束缚（消极的自由），遵守其本身的立法（积极的自由），而成为一个真正的“自由的任意”（自由意志），成为自由王国当之无愧的公民和立法者。

似乎在确立了自由王国的立法者之后，康德纯粹实践哲学就应当结束了，剩下的任务就是按照这个定言命令的道德法则去建立具体的形而上学体系。但康德认为，之前的工作只是解决了普通理性“自然辩证论”的问题，也即论证了自由理念在实践领域的运用是可能的，而并没有解决纯粹实践理性自身的辩证论。但这个辩证论是必然会被提出的，如果得不到解决，自由王国便成了漫无目的漂浮在海上的一艘船。同时，遗留在《纯粹理性批判》中还有两个理念（“灵魂不死”和“上帝存有”）仍然被悬置，既无法证实也无法证伪。所以一个自然的设想便是：在自由王国之外，在超感性领域中还存在另外一个王国，理性即使不能认识也无法在实践中得到确认，但很可能会进入到我们的思维中，并对我们产生意义。而且如果关于这个王国的假定是合理的话，人类的道德世界将获得从自然状态走向道德共同体的可能性，宗

[1] PP，p. 95.《奠基》杨云飞译本，第91页。

教也将成为哲学的一部分，从而将形而上学从神学的附庸处境中拯救出来。

二、纯粹实践理性的辩证论

自由王国的立法将道德法则作为一个“理性的事实”提出来，并将一个自由的意志与一个善良的意志等同起来，由此说明了道德法则能否规定意志决定了实践理性客体的“善”“恶”概念。所以康德认为，不是要先去定义一个善恶概念来判定什么是善良意志，而是要颠倒过来，通过善良意志来判定善的概念。如普通理性知识都能认可的，善良意志是唯一的、根本的善（即康德所说的最高的善），但康德认为这个最高的善还不是人的意志能力的对象，后者还要求“至善”，即德行与幸福的统一。因为最高的善（善良意志）只是让人具有了配享幸福的条件，却并没有真正地按照德行的比例来配享幸福，只有“至善”概念才包含这一点。

所以至善这个概念就包含了两个规定，一个是德行，一个是幸福。而这两个规定的结合要么是分析的，要么就是综合的。换句话说，要么德行与幸福是一体的（具有逻辑上的同一性），要么就是由一个推出另一个（具有因果关系）。而显然证明二者是同一个东西是不可能的，因为德行意味着按照道德法则去行事，而幸福意味着享受某种生活带来的快适，他们显然不是一回事。那么，至善若要可能就必须以德行与幸福的因果联系为前提，而这种因果联结的方式却陷入了无休止的争斗中，即“实践理性的辩证论”：正题是“意识到自己的导致幸福的准则，这就是德行”[1]，反题是“意识到自己的德行，就是幸福”[2]，前者是伊壁鸠鲁派的观点，而后者则是斯多亚派的观点。

以经验的幸福为根据，把德行看作是追求幸福的结果，这条路是走不通的。“把意志的规定根据置于对人的幸福的追求中的那些准则根本不是道德的，也不能建立起任何德行”[3]，这将意味着降低人的尊严，抛弃人的意志自由，从而否定理性的实践可能性，因而是绝对错误的。但通常，我们会把那种愉快的心情（也即幸福的那种东西）看作是规定我们行动的根据，而不是意识到纯粹理性对我们意志的规定才是引发愉快的根据。例如，有德行的

---

〔1〕 PP, p. 229.《批判》邓晓芒译本（下），第124页。

〔2〕 PP, p. 229.《批判》邓晓芒译本（下），第124页。

〔3〕 PP, p. 231.《批判》邓晓芒译本（下），第126页。

人有时把行善看作是引起愉快的一种方式，也就是“以行善为乐”，从而误以为“乐”是“行善”的动因。但事实上，我们是以对所做的行为评判为有德行为前提的，是因为意识到了这样一种德行（以道德的法则作为意志的规定根据），从而才产生了愉快的感情，但作为我们德行之动机的却不是这个愉快。康德认为，如果能够给理性提供根据的也存在一种感情的话，那只能是对道德法则的敬重，而不是别的诸如幸福的东西。

但把德行作为根据，把幸福看作是德行的必然结果，在经验中是无法实现的，大量的实例也表明有德行的人并不必然能够得到幸福。“因为在现世中作为意志规定的后果，原因和结果的一切实践的联结都不是取决于意志的道德意向，而是取决于对自然规律的知识和将这种知识用于自己的意图的身体上的能力，因而不可能指望在现世通过严格遵守道德法则而对幸福和德行有任何必然的和足以达到至善的联结。”〔1〕康德认为，反题之所以也是错误的(但不是绝对错误的)，是因为二者将德行与幸福做了经验上的联结，而它们应该是先天综合的。也就是说，我们除了将幸福理解为此生感官世界中的幸福外，我们还可以从一种脱离时间的本体意义上来理解幸福的涵义。这也就意味着，除了在现世的感官中存在，我们也可以“把我的存在也设想为一个知性世界中的本体”，这样德行作为原因，就能够期待“未来的幸福”，而这便是灵魂不死的理念。正因为人同时属于感性世界与理知世界，所以我们才能够期待这种本体意义上的幸福概念，从而使得在现世中德行与幸福的偶然的联结，在现世之外成为必然的。

但怎样去理解这样一种本体意义上的幸福概念（永福）呢？康德提出了一种近似的“智性的满足”（intellectual contentment）〔2〕的概念。这个概念与对偏好的审美的满足截然相反，“偏好是变易的，是随着我们让其受到的宠幸而增长的，并且永远还留下一个比我们已想到去填满的要更大的壑洞”〔3〕，所以偏好对一个理性存在者来说就是一种累赘。而“智性的满足”则意味着对这些偏好之累赘的独立性，其根源于自由，是伴随着德行意识而产生的。在这样一种满足中，我们能感受到作为理性存在者的人格的满足，也就是感

〔1〕 PP, p. 231.《批判》邓晓芒译本（下），第 126 页。

〔2〕 PP, p. 234.《批判》邓晓芒译本（下），第 130 页。

〔3〕 PP, p. 235.《批判》邓晓芒译本（下），第 130 页。

受到从现世的、感官世界的枷锁中挣脱出来的轻松感和愉悦感，这种“消极的愉快”才是真正的满足，而那种积极的感官上的愉快（无论它具有多么高雅的形态）都是一种无法获得满足的愉快。康德认为，是意志自由赋予我们“智性的愉快”，所以“自由本身以这样一种方式（即间接地）就可以是一种享受，这种享受不能称之为幸福，因为它不依赖于某种感情的积极参加，严格说来也不能称之为永福，因为它并不包含对偏好和需要的完全的独立性，但它毕竟和永福是近似的”〔1〕。

所以，在这个“智性的满足”概念中，我们就可以获得一种德行和与德行应当配享的幸福的间接联系，“在实践原理中，在德行意识和对于作为德行的后果并与之比例相当的幸福的期望之间，一种自然的和必然的结合至少是可以设想为可能的”〔2〕。康德认为，在至善概念中，德行是居于第一位的根本的善，作为至善第二要素的幸福要以德行为条件，并成为德行的必然结果。“只有在这种隶属关系中至善才是纯粹实践理性的全部客体，纯粹实践理性必须把至善必然地表象为可能的，因为尽一切可能促使至善的产生是它的一条命令。”〔3〕但是这样一种间接的联结要成为必然的直接的联结，还需要两个基本的实践理性的“公设”（postulate），即“灵魂不朽”与“上帝存有”。

三、纯粹实践理性的“公设”

“公设”这个概念是康德的独创，它是为了与那些对上帝存有的本体论论证方式区别开来。他认为安瑟尔谟（Anselmus）等人对上帝存有的本体论论证方式都是一种以同一律为基础的逻辑上的“证明”，但并没有“证实”上帝的存在。但若从思辨理性的角度去“证实”上帝存在又是不可能的，因为思辨理性所及的只有现象，而上帝存有只是一个理念。所以，康德此处的“公设”，既不是逻辑上的证明，也不是经验上的证实，“就其推理的必然性来说，类似于逻辑的证明，就其有对象来说，又类似于经验的证实；它不具有思辨推理的推理的必然性，而具有实践理性的推演的必然性”〔4〕。

〔1〕 PP, p. 235.《批判》邓晓芒译本（下），第131页。

〔2〕 PP, p. 235.《批判》邓晓芒译本（下），第131页。

〔3〕 PP, p. 236.《批判》邓晓芒译本（下），第131页。

〔4〕 叶秀山：《启蒙与自由：叶秀山论康德》，江苏人民出版社2013年版，第153页。

自由王国的目的是实现至善，而实现至善的至上条件是“意志中意向与道德法则的完全适合”〔1〕，即绝对自由的意志。它要求纯粹实践理性，是受感官世界刺激的理性存在者无法完全实现于现世的某种完善性。这种完善性要求我们必须脱离感官世界所有偏好的累赘，完全进入到自由王国，拥有绝对的自由意志才行。但是，脱离感官世界就要脱离时间空间的限制，也就意味着从有限的时空进入无限的时空，所以，纯粹实践理性对至善的追求，必须要把时间的无限设想为可能的。只有时间上的“未来”是可能的，纯粹理性的不断地向善的无限追求才能成为可能，这对人类来说就意味着把肉体的死亡看成是只是现在时间的终结，而对未来的无限时间能够有所希望，即“灵魂不朽”。因此，是道德法则将灵魂不朽的公设提出来了，从而作为至善第一要素的德行的完整性成为可能。

而作为至善的第二要素，即以德行的完整性为前提的幸福，要成为可能，就必须提出“上帝存有”这第二个公设。我们知道，德行是配享幸福的条件，既然如此，为什么不能在现世中就按照比例让有德行的人享有幸福？按照康德的思路，道德法则是完全独立于自然的自由法则，它对意志的规定成为一种定言命令。而感官世界一切结果的发生都依赖于自然的法则，我们的意志接受自由法则的命令，能够通过实践的行为将意志的规定在不违背自然法则的情况下尽可能实现出来，但却无法决定这一行为能够享受的福祸，后者完全遵循自然的法则，而不会按照自由法则的要求去分配福祸。“所以在道德法则中没有丝毫的根据，来使一个作为部分而属于这个世界因而也依赖于这个世界的存在者的德行和与之成比例的幸福之间有必然的关联，这个存在者正因此而不能通过他的意志而成为这个自然的原因，也不能出于自己的力量使自然就涉及他的幸福而言与他的实践原理完全一致。”〔2〕

即使我们把灵魂不朽作为公设，也仍然无法保证幸福被公平地按照德行的比例进行分配。因为即使我们能够获得永久的生命，我们仍然有这样的希望来获得公正的对待，而如果没有最终的裁判者来分配福祸的话，我们对幸福的希望就不会实现。所以这就需要第二步的公设，即在自然王国和自由王国之外，还有一个无论是思辨理性还是实践理性都无法立法的领域，就是

---

〔1〕 PP, p. 238.《批判》邓晓芒译本（下），第 134 页。

〔2〕 PP, p. 240.《批判》邓晓芒译本（下），第 136~137 页。

“神的王国”，也就是“上帝存有”。道德需要上帝，自由王国无法实现公正的审判，不能让那些做了应当做的事情的有德行的人得到应得的幸福，也即“善有善报”，所以必须需要这样一个神圣的裁判者来作出公正的判决。只有这个对上帝存有的公设，才能够把自然与自由统一起来，才能够使“应当”成为“必然”。

神的王国是为了自由王国追求至善目标的需要而在主观上假设为必要的，但不是一种客观的必要，也就是说，自由王国完全是自足的，而不是神的王国创造了自由王国。换句话说，对道德法则的遵守成为我们的义务，是因为我们意志的自律（即自由王国的立法），而不是为了获得在神的王国中得到的永福（他律）。是因为我做了我应当做的，才能够希望我应当得的，而规定我应当做的是道德法则，即纯粹理性自身的立法。所以康德说：“尽管在作为一个整体的概念的至善概念中，最大的幸福和最大程度的德行的（在被造物中所可能的）完善被表象为在一个最精确的比例中结合着，而我自身的幸福也一起包括在内：但毕竟不是幸福，而是道德法则才是被指定去促进至善的那个意志的规定根据”〔1〕。他在《单纯理性限度内的宗教》一书的开头再次明确了这一点：“既然道德是建立在人这种自由的存在者的概念之上的，人这种存在者又正因为自由而通过自己的理性使自己受无条件的法则的制约，那么，道德也就既不为了认识人的义务而需要另一种在人之上的存在者的理念，也不为了遵循人的义务而需要不同于法则自身的另一种动机。”〔2〕

通过这两个公设，康德就完成了对道德至善之追求的可能性的阐明的任务，从而也使得他在《纯粹理性批判》中悬置起来的三个理念“自由”“灵魂不朽”和“上帝存有”获得了应有的位置：“自由”归属于纯粹实践理性，“灵魂不朽”和“上帝存有”归属于理性的信仰。所以虽然道德必然导向宗教，但是“神的王国”是为“自由王国”的需要而存，因此人才是这个目的秩序的目的本身。康德说道：

在种种目的的秩序中，人（以及每一个理性存在者）就是目的本身，也

---

〔1〕 PP, p. 244.《批判》邓晓芒译本（下），第141页。

〔2〕 RR, p. 33. 康德：《单纯理性限度内的宗教》，李秋零译，商务印书馆2012年版，第1页。本书以下简称为：“《宗教》李秋零译本”。

就是说，人永远不能被某个人（甚至不被上帝）仅仅当作手段来使用，而不同时自身就是目的本身。因此，我们人格中的人性对我们来说必然是神圣的，这是从现在起自行得出的结论，因为人是道德法则的主体，从而使那种就自身而言神圣的、一般来说某种东西只是因为它并且与它相一致才能够被称为神圣的东西的主体。因为这种道德法则乃是建立在他的意志的自律之上的，作为一种自由的意志，他的意志按照自己的普遍法则必然能够同时与它应当服从的东西协调一致。[1]

因此，哲学应该把宗教包含于其中，从纯粹理性的限度内去理解宗教的意义，而不是如旧的形而上学那样，让哲学成为神学的附庸，从而让人仅仅成为上帝的手段。如康德在《什么是启蒙》中不断强调的，人要摆脱不成熟的状态，既不能只成为自然界的机械因果关系中的一环，也不能只作为上帝的子民而终身为赎罪而活。同样，形而上学（哲学）也要摆脱这样的状态，既不能完全按照科学的范式来让知性为自由立法，也不能按照神学的要求让自由听命于迷信的安排。形而上学首先要批判理性能力，让知性为现象立法，让实践理性为自由立法，让信仰限制于理性的需要之内，从而成为自然科学、道德学、神学的最高统治者。

四、贯穿始终的自由概念

如果我们把康德哲学看作一个有机的生命整体，那么自由概念就是这个生命体的神经中枢，它是贯穿其三大批判的核心概念，而且道德形而上学体系也是以这个概念为根基而生发出来的。

康德首先在《纯粹理性批判》第三个二律背反中提到了“自由的先验理念”，他说道：“必须假定有一种因果性，某物通过它发生，而无需对它的原因再通过别的先行的原因按照必然律来加以规定，也就是要假定原因的一种绝对的自发性，它使那个按照自然律进行的现象序列由自身开始，因而是先验的自由”[2]。在这里自由只是作为一个独立于自然因果规律的“原因性”的理念而提出的。因为按照充足理由律，一个有条件者必须要向前追溯无条

---

〔1〕 PP, pp. 245-246. 参见《批判》邓晓芒译本（下），第 143 页。

〔2〕 CPR, p. 484.《批判》邓晓芒译本（上），第 328 页。

件者，但在自然界中这样的追溯是无止境的，必须要找到那个第一个起作用的原因的东西，而这个就是先验的自由。但这样一种自由的概念是脱离时间限制的，它不是时间序列上绝对第一开端，而是从原因性上说的。在此康德以人完全自由地从椅子上站起这个动作为例，这个行为事实上开启了一个因果序列，但究竟是什么推动“我”从椅子上站起来呢？实际上这已经暗示了一种意志的自由，只是没有明确说出来。在《纯粹理性批判》中，先验的自由是与自然因果性相对而被提出来的理念，从而说明在感官世界外还存在另外的一个世界有这样一种原因性，它不受自然因果性的限制（消极的自由），并且能够自发地开启一个因果系列（积极的自由）。

这样一个先验的自由理念的提出并不是没有意义的，但它的意义并不在现象领域，“思辨理性只能把这个无条件者概念悬拟地、而不是作为不可思维的提出来，并不保证它的客观实在性”〔1〕，也就是说自由的理念在自然王国中只是一颗启明星，它预示着还有一个自由王国的存在，自由在实践的理解中才被赋予了真正的内涵。“自由的概念，一旦其实在性通过实践理性的一条无可置疑的规律而被证明了，它现在就构成了纯粹理性的、甚至思辨理性的体系的整个大厦的拱顶石（keystone），而一切其他的、作为一些单纯理念在思辨理性中始终没有支撑的概念（上帝和不朽的概念），现在就与这个概念相联结，同它一起并通过它而得到了持存及客观实在性”〔2〕。正如我们在本章中所看到的，先验自由的理念在自由王国中成了道德法则这个理性事实的前提从而获得了实在性，而自由王国至善的目标又不得不将上帝和灵魂不朽的理念作为公设，由此在《纯粹理性批判》中被悬拟的三个理念就在自由的王国中被实现出来。

康德根据实践的不同层面而将自由分为两类，一是自由的任意（der freie willkür），二是自由意志。人的自由的任意区别于动物的任意，虽然人与动物一样能够被感性的动因所刺激，但动物必然会受这个感性动因的强迫（例如，一只饥饿的狗面对骨头时一定会因为本能而扑过去），而人则具有一种独立于感性动因的自行规定自己的能力（例如，人可以克服饥饿感不食嗟来之食），这便是自由的任意。人之所以有自由的任意，是因为人的行为具有意向性，

〔1〕 PP，p. 139.《批判》邓晓芒译本（下），第 15 页。

〔2〕 PP，p. 139.《批判》邓晓芒译本（下），第 15 页。

也就是说人可以为自己设定目的，并按照目的而选择达到目的的手段。行为为意念所规定，但意念又由准则所规定，人只有在把道德法则作为自己意念的准则时，才是自由意志。自由的任意只表明人具有一般的实践理性，而自由意志才是纯粹实践理性本身，后者不但排除了感性冲动的强迫，也将感性的动因一并排除了。自由的任意是说我们可以做那些我们自己选择的事，而自由意志则意味着我们必须做那些我们应当做的事，在这个意义上，自由意志才是纯粹的、必然的自由。

自由概念在自由意志中才得到了真正的体现，而自由意志本身则是通过纯粹理性的道德法则被认识到的，从而先验自由的一个理念经由它而变成了一个实践意义上的具有实在性的概念。康德对自由意志的理解是具有独特性的，他既没有把自由意志看作是上帝赐予的（如奥古斯丁），也没有把它当成是人的本性（如卢梭认为人是生而自由的），而是把自由与理性自行选择行为准则等同起来。也就是说，理性在选择自己意念的准则时是自由的，他可以选择除了直接的感性冲动外的任何其他目的作为准则（自由的任意），也可以选择纯粹理性自身的立法（道德法则）作为准则（自由意志）。康德认为，这种自由是一个具有健全理智的人必然具有的，它并不是产生于道德教导中，而是只需要被启蒙。人们应当把道德法则作为自己的行为准则，这才是自由的成熟状态，是纯粹的实践理性。而把欲求的感性对象作为准则就是一种未成熟状态，是需要被启蒙的一般实践理性。康德认为，我们在经验中看到的自由的任意既可以选择遵循法则，也可以选择违背法则，这只是一种假自由，而真正的自由就是自由意志，偏离道德法则不是可以选择的，而仅仅意味着自由的缺失。“自由永远不能被设定在这一点上，即有理性的主体也能够作出一种与他的（立法的）理性相冲突的选择……与理性的内在立法相关的自由本来只是一种能力；背离这种立法的可能性就是一种无能。”〔1〕

自由意志就是意念与道德法则的一致性，而这种一致性是由自由作为纯粹理性原因性而演绎出来的，道德法则就是出于自由的原因性的一条法则。所以自由意志是道德法则的前提条件，而道德法则又是所有有关义务的道德规范的基础，因此义务也就必然以自由为前提。也就是说，因为人的自由的

〔1〕 MM, pp. 18-19.《道德形而上学》张荣、李秋零译本，第24~25页。

任意可以独自开启一个因果系列，所以自由的任意就成为一个行为及在其意向范围内的后果的原因，行为和后果就可以归责于这个拥有自由的任意的主体。同时，道德法则的定言命令对人的自由的任意构成一种强制，迫使其按照命令的要求规定自己的行为，使自由意志从可能性变为现实性。而正是因为自由意志是可能的，定言命令才能有这样的要求，以义务为质料的责任也才能一直追溯到自由的任意的原因性来找到归责的主体。正是在这个意义上，道德的学说也被康德称作义务的学说。

自由的任意在按照准则去选择行为时，实际上就引发了一种有目的的行为，这个目的可以是纯粹理性立法即道德法则，也可以是其他的外在的目的。但自由的任意还可能是无目的的，却能产生一种无目的的合目的性，这在审美判断中更明显地体现出来。邓晓芒教授将其称为“自由感”而列为自由的第三个层次，认为这是自由在感性中体现出来的一种自由的感情，这是非常有见地的说法。“反思的判断力不是去规定客观对象，而是要由一个对象的合目的性形式反思到主体的各种认识能力的协调活动；这些认识能力在这种活动中不是为了认识，也不是趋向于某个确定的目的，而只是相互配合来做游戏，造成一种‘无目的的合目的性’，由此引起人们一种普遍可传达的愉快的情感（‘共通感’）。”〔1〕不过这种自由感归根到底还是一种自由的任意的表现，只是把自由的任意之明确的目的变成了一种直接的愉快的情感。我们在审美判断力中对自由本体的反思，是对我们自由意志的一个暗示，成为从自然王国向自由王国前进的一座桥梁。我们由自由意志而产生的智性的满足感，和由审美判断而产生的自由的愉悦，实际上都是同一种感情不同层面的表现。

自由概念经由自由的理念到自由的任意，最后到自由意志，是一个层次不断上升的过程。最高的自由概念就是自由意志的概念，因而自由意志能够成为立法者，成为自由规律即道德法则的前提。人类一切的道德规范都是以自由意志本身的立法为基础的，道德法则不仅仅是自由意志的规律，也是一切人类立法的源泉。这些立法按照其能否形成外在的法则，而分为外在的立法和内在的立法，前者与外在自由（自由的权利）有关，而与动机无关，后者则要求内在动机与法则的一致。这一区分又导致了道德的形而上学体系分

〔1〕邓晓芒：“康德自由概念的三个层次”，载《复旦学报》2004年第2期。

为法权形而上学和德行形而上学。所以，自由概念在批判哲学中演变的逻辑路线，也为形而上学体系的构建奠定了基础。

第四节　法权学说

1797 年，康德先是分别出版了《法权学说》（包含双重导论即《道德形而上学导论》《法权学说导论》）和《德行学说》，然后又以书名《道德形而上学》将二者合起来出版，并在 1798 年印行第二版。康德以这本书兑现了早在 1767 年就准备提出关于人类义务的完整体系的承诺。[1]从这部著作的编排方式来看，道德形而上学体系包含法权形而上学和德行形而上学两个部分，这两个部分既相互区分，又有统一之处。

通过《道德形而上学奠基》与《实践理性批判》这两部著作，康德明确了其道德哲学的基本范围（这个范围在《判断力批判》中更加明确）。他把实践哲学限定为对自由概念的原则及其推论的学说，并把以自然概念规定意志的技术上实践的规范排除了出去。在《道德形而上学》中，康德再次说明实践哲学“不是以自然，而是以自由的任意为对象”[2]，它包含道德形而上学与道德的人类学，前者是以自由概念为基础的先天的知识体系，后者则包含“人的本性中贯彻道德形而上学法则的主观条件”[3]。在“德行学说导论”部分，康德把伦理学、道德论、义务的学说等同起来，认为它们是一回事，并说道：“总的义务学说的体系现在就被划分为能够有外部法则的法权学说体系和不能有外部法则的德行学说体系”[4]。但近年来许多英美学者对康德实践哲学的划分提出了异议，认为“法权学说”并不应当属于实践哲学的一部分。因此，在讨论“法权学说”与“德行学说”的区分之前，我将首先

---

〔1〕 康德在 1767 年 5 月 9 日《致约翰·戈特弗里德·赫尔德》的信中说道：“目前，我正在研究道德形而上学。在这个领域，我相信自己能够提出显明的、蕴意丰富的基本原理和能够说明问题的方法。按照这些原理和方法，那些尽管非常可行，但在大多数情况下却毫无成效的努力，如果它们想提供什么教益的话，就必须以这种知识方式建立起来。”参见［德］康德：《康德书信百封》，李秋零译，上海人民出版社 2006 年版，第 25 页。

〔2〕 MM, p. 10.《道德形而上学》张荣、李秋零译本，第 15 页。

〔3〕 MM, p. 10.《道德形而上学》张荣、李秋零译本，第 15 页。

〔4〕 MM, p. 145.《道德形而上学》张荣、李秋零译本，第 165 页。

为传统的观点做一辩护，从而说明法权学说并没有脱离出实践哲学的范围，然后再转到“法权学说”上去。

一、“法权学说”与实践哲学（道德学说）的关系

韦拉塞克（Marcus Willaschek）在一篇论文中把对法权学说归属于道德论的异议总结为对两点的质疑：第一，定言命令可以充分展示出法权基本原则的规范性效力；第二，法权基本原则的规范性效力需要定言命令作为条件。[1]他认为，关于定言命令与法权基本原则的关系问题，是构成异议的关键，持异议的学者要么同时否认这两点（如伍德［Allen Wood］），要么否认其中任何一点（博格［Thomas Pogge］否认第二点，韦拉塞克否认第一点）。我国学者在这方面还缺乏相应的研究，吴彦博士在其《批判与形而上学：康德法权学说的体系位置》[2]一文中详细分析了定言命令与法权基本原则的关系，并在一定程度上支持了韦拉塞克的观点，认为定言命令是法权基本原则有效性的必要条件，但不是充分条件。

然而，值得注意的是：这样的一些质疑是否误解了康德的意思。从康德《道德形而上学》文本中，我们可以缕出康德是如何从道德学说中进入到法权学说的。他首先分析了人的欲求能力，将其分为受外在客体规定的欲求能力（动物的任意）和不受外在客体规定的欲求能力，后者又分为自由的任意、愿望和意志：欲求能力与产生客体的行为能力的意识相结合就是任意；如果不与这样的意识相结合就是愿望；欲求能力的规定根据直接就是纯粹实践理性本身，那就是意志。[3]康德将自由的任意描述为：“它虽然受到冲动的刺激，但不受它规定，因此本身（没有已经获得的理性技能）不是纯粹的，但却能被规定从纯粹意志出发去行动”[4]。自由的任意是自由的消极概念的体现，也就是说它能独立于感性冲动，直接被纯粹意志所规定。由此，自由的任意又与意志有了不同，前者是可能被纯粹理性所规定，而后者是必然被纯粹理性所规定（意志就是实践理性本身）。自由意志的立法对自由的任意来说是客

[1] See Marcus Willaschek, “Right and Coercion: Can Kant's Conception of Right be Derived from his Moral Theory?”, *International Journal of Philosophical Studies*, Vol. 6, Issue. 1, 2009 , pp. 49-70.

[2] 吴彦：“批判与形而上学：康德法权学说的体系位置”，载《人大法律评论》2014 年 1 期。

[3] MM, p. 13. 参见《道德形而上学》张荣、李秋零译本，第 11~12 页。

[4] MM, p. 13. 《道德形而上学》张荣、李秋零译本，第 12 页。

观的原因，但主观原因的准则又不一定（只是可能性）自动地与客观原因相一致，所以自由意志的立法法则对自由的任意来说就意味着强制的命令。然后，康德将这些对自由的任意构成强制的命令（即自由法则）分成法律的法则和伦理的法则，[1]从而区分了合法性与道德性。与法律的法则相关的自由是任意的外在应用的自由，与伦理的法则相关的则不仅是外在应用的自由，也是内在应用的自由。“无论是在任意的外在应用中，还是在其内在应用中来考察自由，其法则作为一般自由任意的纯粹实践理性法则，都毕竟必须同时是这任意的内在规定根据，虽然它们并非总是可以在这种关系中来考察”[2]。至此，康德都并没有涉及“法权学说”，而是把出自纯粹理性的法则分成两种，并认为任何一种都是任意的内在规定根据（客观原因），只是法律的法则从任意的外在应用来考察自由，伦理的法则从任意的内在应用中来考察自由而已。随后，在“道德形而上学导论”中，康德论证了建立道德形而上学的必要性，对伦理的立法和法律的立法作了进一步的区分，并讨论了实践哲学的一些概念。直到“法权学说导论”，康德才将法权学说阐释为“可能有一种外在立法的那些法则的总和”[3]，将其分为法权机智（Inrisprudentia）和法权科学（Iurisscientia），前者是从经验的事例中了解外在法则的知识，后者则是法律的立法原则的系统知识。

那么，法权学说与道德学说的关系是怎样的呢？通过康德在《道德形而上学》中的论证思路我们可以知道，他并没有从道德法则的定言命令与法权的普遍原则出发来论述二者的关系，而是以构成法权学说的法则的来源为索引，从而把法律的法则从道德的诸多法则中分离出来。所以在康德文本中，我们看到的是这样一条路线：纯粹实践理性立法=定言命令→规定自由的任意的诸多法则→法律的立法（人的任意的外在应用的自由）→法权学说→法权的普遍原则。这条路线是从抽象到具体再到抽象的过程，而不是从抽象直接到抽象（定言命令→法权的普遍原则），所以定言命令与法权的普遍原则之间不是一种同一律的关系，而是一种原因性的关系：我们不能武断地说定言命

[1] “就这些法则仅仅涉及纯然外在的行动及其合法则性而言，它们叫做法律的；但是，如果它们也要求，它们（法则）本身应当是行动的规定根据，那么，它们就是伦理的。”MM，p. 14. 参见《道德形而上学》张荣、李秋零译本，第 12 页。

[2] MM，p. 14.《道德形而上学》张荣、李秋零译本，第 13 页。

[3] MM，p. 23.《道德形而上学》张荣、李秋零译本，第 27 页。

令是法权的普遍原则的前提条件，或者从定言命令中可以直接推导出法权的普遍原则，而是说法权的普遍原则是对法权学说的法则的“普遍性”概括，而法权学说的法则就是法律的立法，它们是从规定自由的任意的诸多法则中分离出来的，而后者又以定言命令为根基。于是我们可以并且应该认为“法权学说”是道德学说的一部分，因为法权的法则是道德诸多法则的一部分，但为什么不能够从定言命令直接分析出法权的普遍原则呢？而且康德也说“理性把这说成是一个根本无法进一步证明的公设”[1]，是不是就意味着这个普遍原则就直接规定了法权学说的全部法则，从而根本不需要定言命令作为法律的法则的基础了呢？要解决这些难题，我们必须要弄清上文提及的这个从抽象到具体再到抽象的过程与抽象到抽象之间到底有什么不同。韦拉塞克所提及的那种质疑实际上是对康德“法权的普遍原则”的一个误解，这个被康德同样赋予“公设”之名的普遍原则并不是来源于先天的法权概念，而是来源于法律的法则的直观的抽象。换句话说，康德并不是说，根据这条原则法律的法则才产生出来，而是说根据法律的法则被产生出来的方式而归纳出了这样一个原则。法权的普遍原则帮助我们区分了“什么是合法的”和“什么是正当的”，前者的判断只是需要看看行为是否符合实在法律的规定即可，而后者则需要判断哪些法则才是真正意义上来源于纯粹实践理性的法律的法则，在此意义上，法权的普遍原则就是法律的法则的识别原则，而非来源原则，法律的法则最终只能来源于纯粹实践理性的立法。

因此，“法权学说”是属于道德学说的一部分的，因为法权学说的那些法则是诸多道德法则的一部分，而诸多道德法则又来源于纯粹实践理性的立法。康德将道德学说分为“法权学说”和“德行学说”两个部分，我将在下文对二者的区别有序地展示出来。

二、“法权学说”与“德行学说”的区分

康德在《道德形而上学奠基》《实践理性批判》《道德形而上学》以及一些论文中都提及了“法权学说”与“德行学说”的区分，这些散落在不同地方的论证使得这个区分变得复杂起来，似乎二者之间有说不完的不同之处。

---

[1] MM, p. 25.《道德形而上学》张荣、李秋零译本，第29页。

在此我们首先要明确几对建立在“外在与内在”之区分基础上的概念，它们构成了划界的基础。

康德关于外在与内在的阐释首先出现在《纯粹理性批判》中，即空间与时间：“空间是一切外部直观的纯形式，它作为先天条件只是限制在外部现象。反之，一切表象，不论它们是否有外物作为对象，毕竟本身是内心的规定，属于内部状态，而这个内部状态却隶属在内直观的形式条件之下，因而隶属在时间之下，因此时间是所有一般现象的先天条件，也就是说，是内部现象（我们的灵魂）的直接条件，正因此也间接地是外部现象的条件。”〔1〕空间是外部的，时间是内部的，前者是外直观，后者是内直观，这是在现象领域中的内外区分，它是以人的外感官与内感官为标准进行的划分。

康德所谓的内外之别，实际上是肉体与灵魂的区别，是作为现象的人与作为本体的人的区别。那些被称为外在的东西，是能够被我们外感官所获得的东西，比如物体的外延、外在的行为。而内在的东西则存在于感官所及的范围之外，即超感官的领域，比如内心的感受、行为的动机等。

如果我们以自由的法则为讨论对象，就会发现有一些法则可以是纯然外在的法则，它们可以规定我们外在的行为而不问动机是什么，从而保证我们的行为“看起来”合乎法则的规定。而另外的一些法则，却不能只规定我们的行为就能达到法则的要求，而是必须也考虑我们的动机是否也是出于法则的。

如果我们以自由的任意为讨论对象，那些我们可以外在地为他人的外感官所获知的自由就是外在的自由，而那些除了我们自己能够感受到、其他人无法通过外感官获知的自由就是内在的自由。很显然，外在的自由就是行为的自由，即可以被别人听到、看到、触摸到的外在表现，而内在的自由则是我们内心的动机。

如果我们以对行为的强制为讨论的对象，那么能够被外在力量所施加强制的只能是外在的行为，而人的动机是不能施加外在强制的，只能是自我强制。比如，对于罪大恶极之人，我们可以被强制不去杀害他，但却无法被强制不去产生杀死他的欲望。

---

〔1〕 CPR, pp. 180-181.《批判》邓晓芒译本（上），第33页。

如果我们以行为的动机为讨论的对象，那些外在的动机就是我们的感性欲望，而内在的动机则是出自对义务法则的遵守。

总结来看，法权的法则就是外在的法则，仅以任意的外在运用的自由（外在行为）为对象，而可以容纳外在的动机为行为的动机，其义务可以被外在的力量所强制遵守，法权的义务只能是对他人的完全义务。德行的法则只能是内在的法则，它以任意的内在运用的自由（行为的准则）为对象，只能以法则规定的义务为行为的动机，只能被自我强制去遵守，德行的义务包含了所有人与人之间的义务。

因此，“我们为什么需要法权”这个问题的根源在于人是内在与外在的合体，即人既是有理性的存在者，纯粹理性可以脱离现象界的影响而自由立法，同时人又是现象界中的一员，对另一个有理性的存在者来说，其他人的现象的存在与自己的现象的存在必然会交互在一起，那么如何保证这种现象的存在是和睦的共存的状态，而不是相互冲突从而陷入战争状态，以至于最终消灭了人在现象界的实存，就是法权学说所要解决的问题。所以为现象中彼此相互影响的人本身的立法就是法权的法则，它是人为自己立法的一个部分，另一个部分则是人为自己的本体立法，即德行的法则。

三、为什么是“法权学说”

“对于涉及外部感官之对象的自然科学来说，人们必须有一些先天原则，而且把这些原则的一个体系以一种形而上学的自然科学的名义置于被运用到特殊经验上的自然科学亦即物理学之前，是可能的，甚至是必要的”〔1〕，与物理学相对，自然的形而上学是研究外部感官对象的先天原则的体系，所以在《纯粹理性批判》之后，康德写了《自然科学的形而上学基础》（Metaphysische Anfangsgründe der Naturwissenschaft）。康德认为，在实践哲学领域也应该有这样的一种对应，也就是说把经验的东西留给实践人类学，而把那些以自由的任意为对象的先天原则的体系交给道德的形而上学。

以自由的任意为对象的实践哲学，包含着人与人之间所有义务的原理，也就是关于我们应当做什么的原理，这些原理不能来自后天经验，后者是一

〔1〕 MM, p. 9.《道德形而上学》张荣、李秋零译本，第13页。

种幸福的学说，而不是道德的学说。义务的原理是建立在人的纯粹理性之上的，也就是建立在自由意志之上，它对每一个健全的理性都提出要求。“法则中的教诲不是取自对他自己和他心中的兽性的观察，不是取自对世事的知觉，即发生了什么以及如何对待它，而是理性要求人们应当如何应对，即使还没有发现这样做的榜样，理性也丝毫不考虑这样做会给我们产生的利益。”〔1〕这些义务法则的最终来源是纯粹理性的自我立法，即道德法则的定言命令，它是必然的、无条件的。与之相反，幸福的原理则是偶然的、有条件的熟巧性的劝告，不能作为义务法则的基础，而“仅仅当做一个对反面误导的制衡来使用”。〔2〕所以康德说“一种道德形而上学不能建立在人类学之上，但却可以被应用于它”〔3〕。

“法权学说”与“德行学说”既然都属于并完整地组成道德形而上学体系，那么二者的根基也在于自由意志，它们都是理性立法的先天原则的体系，而不是某种指向幸福的普遍经验原则的杂多。更进一步说，“法权学说”是法权科学，是以来源于纯粹理性立法的法权法则的先天原则为研究对象的，它不同于法权机制，后者以法权在经验中的运用为研究对象。康德将纯然经验性的法权学说比作是“一颗可能很美、只可惜没有脑子的头颅”〔4〕。但是对法权的研究又不能脱离开经验，甚至法权的划分也必须依赖于经验的划分，所以法权学说即使不能把经验纳入到体系中来，也必须考虑经验的事例。康德在《道德形而上学》的序言中对此进行了阐明：“既然法权概念是一个纯粹的、却被建立在实践（出现于经验之中的事例上的运用）上面的概念，因而一个法权的形而上学体系在其划分上也必须考虑那些事例的经验性的多样性，以便使划分完备（这对于建立一个理性体系来说是必不可少的要求），但对经验性的东西进行划分的完备性是不可能的，而且在人们尝试获得这种完备性时（至少是为了接近它），这样的概念不能作为不可缺少的部分进入体系，而是只能作为实例进入说明，所以，对于道德形而上学第一部分唯一恰当的表述就是法权形而上学基础”〔5〕。根据这个阐释，法权学说就由正文和附释两

---

〔1〕 MM, p. 10.《道德形而上学》张荣、李秋零译本，第14页。

〔2〕 MM, p. 10. 参见《道德形而上学》张荣、李秋零译本，第15页。

〔3〕 MM, p. 10.《道德形而上学》张荣、李秋零译本，第15页。

〔4〕 MM, p. 23.《道德形而上学》张荣、李秋零译本，第27页。

〔5〕 MM, p. 3.《道德形而上学》张荣、李秋零译本，第3页。

个部分组成，其中附释则与经验性的事例相关。于是，道德形而上学的这个部分，在康德的著作中，就不是以法权形而上学和德行形而上学的划分而展开的，而是由“法权学说”和“德行学说”组成。

小 结

通过上文所有的努力，我们似乎是总览了康德哲学的全貌，但这终究是不可能的，因为康德思想体系之庞大、之吸引力、之深刻都是我们穷尽一生恐怕都无法彻底看清的。所以这短短几万字，只是以康德哲学上的启蒙观点为基础，顺着他的纯粹理性知识之树的主干进行了一番草率的鸟瞰，以防止在下文的讨论中断章取义，走入自己设置的迷宫之中。值得注意的是，“启蒙”不仅仅是康德在一篇文章中阐明的概念，更是贯穿在他整个哲学体系中的一条主线。只运用我们自己的理性，从依赖他人的“不成熟”状态中走出来，这是启蒙的真谛，同时也是康德哲学的智慧。启蒙思想的力量延伸到康德著作的每一个部分，不单批判哲学，甚至在“法权学说”和“德行学说”中，它都若隐若现。

更重要的是，这样一种全景式、描述性的章节不应被认为是画蛇添足，而更类似一张导游图。如果我们在讨论刑罚问题之前，把康德哲学的整体图景丢失了，那么，一切精细的讨论都如盲人摸象一般，必将陷入独断的、无休止的争论中。所以，把康德的纯粹哲学整体以这样粗糙的方式摆在这儿，是为了我们对其刑罚学说的探索不至于迷失了方向，也是为了能够辨识在这个领域中的究竟哪些尝试才走对了路子。

第二章 法权学说及其划分

本章将以《道德形而上学》第一部分“法权学说”为核心，具体地讨论康德在这部著作以及与政治哲学相关的论文中，是如何在批判的基础上阐明法权这个概念的。法权虽然与外在自由相关，与人们的经验生活相关，但它仍然是一个先天的理性概念，不能与那些经验性的概念混淆起来。本章还将涉及私人法权与公共法权的划分，并扼要地阐释它们的具体内容，这些将构成我们讨论刑罚权问题的重要的理论依据。

第一节　什么是法权

法权即使是一个与经验紧密相关的概念，我们也不能从经验中阐明什么是法权，因为经验只能回答的是“什么是合法的”，而不能回答“什么是正当的”。后者需要“离开那些经验性的原则，仅仅在理性中寻求那些判断的源泉，以便为一种可能的实证立法奠定基础”〔1〕，而前者只需要在经验中判断行为是否符合实在法的规定就可以作出判断。

一、法权概念的阐明

作为从纯粹理性立法中产生的先天的法权的概念，康德对其做了三点阐明：第一，法权只涉及外在行为相互影响的两个人格之间的外在关系。第二，法权仅仅意味着行为人之间自由的任意的关系，而排除了任意与他人愿望的

〔1〕 MM, p. 23.《道德形而上学》张荣、李秋零译本，第27页。

关系。第三，法权只考虑任意关系中的形式，而不考虑质料。〔1〕

按照康德的解释，自由王国的立法被分为两种，一种是对现象中的人的立法，一种是对本体中的人的立法。前者就是法权的法则，后者则是德行的法则。而现象中的人的行为虽然也是由人的意念所引起的意向性的行为，但是法权单纯只考虑其表现出来的现象，所以就像每个物体都外在地占据一定的空间一样，外在自由的任意也被人们分割成不同的空间，每个人都占有自己的那个部分，他们之间行为的影响就好像是两个物体之间的碰撞一样，法权只考虑那些能够直接或间接碰在一起的人的行为关系，并且不问他们行为的动机是什么而只考虑行为本身。所以法权概念就排除了人与人无法通过外在行为而产生关系的心灵的关系，也排除了一方的行为与另一方的单纯愿望的关系，因为这两者无论能够在心灵之间产生多大的共鸣或者冲突，都不会在现象中以相互影响的行为表现出来。例如，两个相互憎恨的人，即使恨得咬牙切齿，只要没有在外在行为上产生冲突，就不是法权概念的客体；一个人因为另一个人的行为产生了极大的仇恨，但只要他没有把这种仇恨以行为表达出来，那么就不关法权之事。康德在对法权概念的阐明中，依然清晰地划分了现象与本体的界限，所以法权虽然是个先天的概念，但其关涉的对象却永远只能在现象中存在。

对康德来说，法权的必然性并不是为了维护某种社会利益或者促进人们的幸福，而仅仅在于外在自由的共存，这是与法权法则来源于理性对现象中的人的立法相一致的。于是，判断一个人的行为是否正当，仅仅在这个法权的普遍原则：“任何一个行动，如果它，或者按照其准则每一个人的自由的任意，都能够与任何人根据一个普遍法则的自由共存，就是正当的。”〔2〕这个普遍原则正是说明了外在自由的共存才是法权概念的目标，虽然它也要求一种责任，但并没有要求把这样的一种责任作为动机，而只是要求外在的行为符合这个自由共存的表象即可。此外，外在自由的共存也是在一种普遍自由法则之下的共存，而不是无序的共存，这与运动着的物体在“作用与反作用相等”这个普遍的自然法则之下的共存是一个道理。

〔1〕 MM，pp. 23-24. 参见《道德形而上学》张荣、李秋零译本，第28页。

〔2〕 MM，p. 24.《道德形而上学》张荣、李秋零译本，第28页。

二、法权与强制

为了更清楚地展示法权概念及其普遍原则，康德以一个更直观的“强制”概念对法权概念进行了构造，“严格的法权也可以被表现为一种与每个人根据普遍法则的自由相一致的普遍交互强制的可能性”〔1〕。“严格的法权，即不掺杂任何伦理性因素的法权，就是除了外在的规定根据之外不要求任意的其他固定根据的法权……一种严格的法权，人们只能称之为完全的外在的法权”〔2〕。康德认为，如果我们把规定自由的任意的动机中完全排除德行的动机，也就是把法则也作为行为的准则的话，那么法权概念就是一种纯粹的、不掺杂德行的严格的法权，而这样一个法权就是一种在普遍法则下的交互强制的权限。

把法权等同于强制的权限实际上并不是对法权概念的定义，而是一种概念的构造。在这里，康德把法权与数学概念做了一个类比，通过在一个普遍自由法则之下交互强制的可能性的说明，就是对法权概念一个更为直观的“图型”，就像是为了解释三角形的概念而在纸上画出一个三角形那样。他在《纯粹理性批判》中解释了什么是概念的构造：“构造一个概念就意味着：把与它相应的直观先验地展现出来。所以一个概念的构造要求一个非经验性的直观，因而后者作为直观是一个个别客体，但作为一个概念（即一个普遍的表象）的构造而仍然必须在表象中表达出对一切隶属于该概念之下的可能直观的普遍有效性”〔3〕。按照这样的理解，这个概念构造只是法权的一个先验的直观展示，却不是从概念中分析出来的，但任何一种法权的经验运用都可以在这个“强制的权限”的直观构造中得到解释。

贯穿在“法权学说”中的法权概念就是靠这个“强制的权限”的构造展示出来的，从而排除了没有强制的法权和没有法权的强制，前者是公道，后者是紧急法权。这两种被排除在严格法权之外的情形，实际上是现象中一种意外因果链条的切入，让原本按照自由法则而发生的事情发生了巨大的改变，而这种意外的现象的因果链条，是不能归责于人格本身的。以公道为例，一

〔1〕 MM, p. 25.《道德形而上学》张荣、李秋零译本，第29页。

〔2〕 MM, p. 25.《道德形而上学》张荣、李秋零译本，第29~30页。

〔3〕 CPR, p. 630.《批判》邓晓芒译本（上），第482页。

个家丁在年终时拿到了工资，但货币却严重贬值，原有合同中的金钱已经与年终时的金钱价值完全不对等了，所以货币贬值作为一个意外切入的因果链条，是不能由这个合同行为而归责的，家丁按照“公道”可以要求法庭支持他获得同样价值的货币数额。同样，一次意外的沉船，使得一个人为了活命不得已将另外一个人从其赖以活命的木板上推开，沉船作为意外切入的因果链条使得自由的共存成为不可能，所以在自由的共存不可能时，一个人基于一种明智的选择（为了保存自己）而作出的行为，是可以免除处罚的。〔1〕

除了这两种例外情形，康德对法权概念的构造都是普遍适用于经验中的任何一种法权的。这种例外就好像我们在对三角形的构造中，任何三条相互相交的直线都可以构造出一个三角形，而把它们相交于一点排除了出去一样。所以，在法权的所有划分中，法权概念和强制的权限都是一回事，那些在“每个人根据普遍法则的自由相一致的普遍交互强制”中适用的原理，也必然适用于经验中所有的法权。

三、法权的划分

法权意味着对他人自由的任意的外在运用划定界限，从而拥有某种法权也就是拥有强制他人承担义务的能力。这种能力分为天生具有的和后天获得的，前者就是内在的“我的”和“你的”，后者则是外在的“我的”和“你的”。

生而具有的法权只有一种，就是自由。“就它能够与另一个人根据一个普遍法则的自由并存而言，就是这种唯一的、每个人凭借自己的人性应当具有的法权”〔2〕，这里的自由是指自由权利，如言论自由便是其中一种，是一种消极的自由，它指人们可以在与他人自由可以共存的前提下，自主选择自己的言行，而不受到外在的强制。康德认为，这样的一种自由权利也可以像那些明文写出来的法权条款一样，在法庭上得到引用。“人们之所以把这样一种划分引入自然法权体系（就它与生而具有的法权有关而言），其意图在于：一旦对获得的法权发生了争执，出现了问题……否定自己具有这种责任的人，

---

〔1〕 此处对本例的分析只是表面上的，详细的本质性分析参见本书第四至六章。

〔2〕 MM，p. 30.《道德形而上学》张荣、李秋零译本，第35页。

就可以在方法上像依据不同的法权条文那样援引他生而具有的自由法权。"[1]人之所以有这样一种自由权利，是因为作为有理性的存在者的人格本身就具有尊严和绝对的价值，"人以及一般的每一个理性存在者，都作为自在的目的本身而实存，不仅仅作为这个或者那个意志随意使用的手段，而是在他的一切不管指向自己还是指向其他理性存在者的行动中，都必须总是同时被看作目的"[2]。这些自由权利在现代国家宪法中已经成为必不可少的一部分，但在 18 世纪的启蒙时代，自由权利还只是以口号的形式为人们所知。

后天获得的法权又分为私人法权和公共法权，前者是自然的法权，后者是公民的法权。最早把法分为私法和公法的人是古罗马法学家乌尔比安，"公法是有关罗马国家稳定的法，涉及城邦的组织结构，私法调整公民个人之间的关系，为个人利益确定条件和限度，涉及个人福利"[3]。康德也是以乌尔比安关于私法和公法的划分为基础的，这体现在他对乌尔比安有关义务的三个公式的分析中，这三个公式分别对应着康德划分的三个法权。一是"做一个正派的人"对应着生而具有的法权，即自由，康德认为这个公式突出了人格价值，是将人格作为目的而不是手段的表达；二是"不要对任何人做不正当的事"，即不要伤害任何人，对应着私人法权；三是"进入与他人的社交，在其中要能够维护每个人他自己的东西"，对应着公共法权。[4]第一个公式是对自己的义务，也就是把自己作为有尊严的价值存在者来看待，保持自己的自主和对外在强制的独立性；第二个公式是对他人的义务，即不伤害任何人，包括不侵害他人的身体和不侵占他人的物；第三个公式是使自由的共存成为现实性的义务，即与他人一起进入共同体的义务。所以私人法权就是为个人与个人之间划定界限的法权，它在形成共同体前就能够存在，即便只是暂时的。而公共法权则是必须建立在共同体之上的法权，是共同体为维持自由的共存所拥有的法权。

---

〔1〕 MM, p. 31.《道德形而上学》张荣、李秋零译本，第 36 页。

〔2〕 PP, p. 79.《奠基》杨云飞译本，第 62 页。

〔3〕［意］彼德罗·彭梵得:《罗马法教科书》，黄风译，中国政法大学出版社 1996 年版，第 9 页。

〔4〕 MM, pp. 29-30. 参见《道德形而上学》张荣、李秋零译本，第 34 页。

第二节　私人法权

自然状态中的法权主要关涉的是一个人与其外在对象的关系，而这种外在对象包含三种：一是无理性的事物；二是有理性的人格；三是由有理性的人作出来的行为。一个人与外在于他的这三者的关系，就构成自然状态中的法权，即“占有”——“使用（对象）的可能性的一般主观条件”〔1〕。

一、经验占有与理性占有

我们通常理解的占有是一种经验的占有，即持有。例如当我手中握着一个苹果，我可以说我占有它，这就是典型的经验占有状态。但康德认为，除了这种占有外，还有另外一种形式的占有是可以脱离持有的状态而理性地占有，理性占有构成了自然状态中法权占有的基础。

为什么仅仅有经验的占有是不够的？这还是源于人是自由的存在者。自然状态绝不是把人看作动物存在的状态，即使在没有共同体、没有公共法律的状态下，人也是自由的理性存在者，而不是弱肉强食的动物。在康德看来，经验的占有与动物的占有无异，如果占有仅仅意味着持有，那么强权就是法权，人就会与动物一样陷入无休止的争夺战中。狮子与豹子为了争夺一只羊而进行的残忍厮杀便表明了这一点，强者为王是动物界的秩序。如果强者为王也是人类的秩序的话，那么人便没有自由可言了，完全与动物一样在自然的法则之下运用本能而获得生存。

更甚者，人类可能比动物的争夺更残忍，因为人的理性可以设想出比动物更恐怖的手段来达到战争的目的，单就各种新式武器的发明就足以说明这一点。二战期间纳粹集团设计的惨绝人寰的方案便揭示了人类在科技发展中的骄傲是如何毁了人类自身：“奥斯威辛是现代工厂制度的世俗的延伸。它不生产物品，原材料是人类，而终端产品是死亡。每天有那么多生产单位仔细地标在管理者的生产表上。烟囱，现代工厂制度的象征，排放着由燃烧的人肉发出的刺鼻烟味。天才般地铺设起来的现代欧洲铁路网将一种新型的原材

〔1〕 MM, p. 37.《道德形而上学》张荣、李秋零译本，第40页。

料运往工厂。这与运送其他货物并无二致。在毒气室，受害人吸入由氢氰酸药丸产生的有毒气体，后者是由德国先进的化学工业生产出来的。工程师设计了焚化炉，管理者设计了一种让更落后民族羡慕的以热情与效率运转的行政制度。即使是总体计划本身也反映了已走上岔路的现代科学精神。”[1]在经验的占有中，我们只能预想到的是人类的大屠杀，它首先是消灭了人的自由，然后便会消灭整个人类的存在。

此外，我们怎么可能设想严格的经验的占有呢？如果外在对象意味着是“处于空间或时间中的另外一个地方的对象”的话，[2]一个人在地球上占据的空间就只是他的身体所在的空间。所以从实质上讲，他只能占有他自己，哪怕是外在的一个苹果被他拿在手上，如果不是他吃下去了的话，都不算是“他的”。如此一来，人除了占有自己的身体（内在的“我的”）之外，便不能占有任何外在的东西，这便与占有概念产生了矛盾。我们与外在对象的关系不能只是空间的内外关系，外在的对象不过就是与我有别的对象，是我能够从知性上控制的东西。“占有是按照知性概念，不是按照经验性概念，而是按照能够先天地包含着占有的条件的这样一些概念来思考的。”[3]“我占有一块土地，虽然它是一个与我实际所在完全不同的场所。因为这里所说的只是与对象的一种理智关系，只要我能控制它（占有的一个独立于空间规定的知性概念），而对象是‘我的’，乃是因为我那自己规定自己去随意使用的意志并不与外在自由的法则相抵触”。[4]只有这样，不把我与外在对象看作是空间的对立关系，而是看作意志可以控制对象的关系，一种有意义的占有概念才能成立。

所以，理性的占有便是这样一种理念：即使我并没有有形地持有某物，我也能从法权上占有它，从而对此物侵占就是对我的伤害。它是一种人的本体意义上的占有，也就是脱离时间空间条件的控制某物：“我把一个苹果称为‘我的’，并不是因为我在手里拿着它（有形的占有），而是只要我能够说：

[1] ［英］迈克尔·曼：《民主的阴暗面：解释种族清洗》，严春松译，中央编译出版社 2015 年版，第 304 页。

[2] MM, p. 37. 参见《道德形而上学》张荣、李秋零译本，第 40 页。

[3] MM, p. 43.《道德形而上学》张荣、李秋零译本，第 47 页。

[4] MM, p. 43.《道德形而上学》张荣、李秋零译本，第 47 页。

即便我从手中丢掉它，无论丢到哪里去，我仍然占有它”[1]。只要我在法权上占有某物，哪怕我并没有在现象中也就是某物所在的空间范围内持有它，那么我都可以主张任何没有经过我允许而对它的侵占就是对我的法权侵害，从而要求侵害者承担责任。例如，我拥有某座房产，即使我很多年都不在其中居住，但进入这座房子中实施破坏的人，都应当视作是对我的占有的侵害而应承担责任。理性的占有在法学中往往被认为是理所当然的，然而却具有很深厚的哲学基础。它之所以是可能的，就在于它是人的自由之外在体现。自由的任意使人可以脱离自然因果链条，按照自己设定的目的自主行为，并能够“使用”外在的对象来达致这个目的，所谓“理性自身就是实践的”就是这个意思。正是因为有了理性占有，我们才能把经验占有带来的无序状态变成有序，强制人们有责任不去侵害别人的占有，也同样拥有平等的占有自己之物而不受他人侵害的权利。

二、理性占有是如何可能的

为了使占有概念不陷入自相矛盾，也与动物性的占有（强者为王）区分开来，作为自由存在者的人必须承认理性占有的必然性。理性占有不是从占有的概念中按照矛盾律分析出来的，而是超出了经验占有的限制性条件，是一个先天综合的法权命题。那么这个先天综合命题是如何可能的呢？如果我们只是从经验占有的不可能性来论证理性占有的必然性，那么这只是消极的证明，无法说明理性占有是怎样开始的。

康德以土地的占有为例，对这个占有的先天综合命题进行了演绎。而这个演绎的前提是他对实践理性的法权公设的阐明，这个公设是：“把我的任意的任何一个外在对象作为我的来拥有，这是可能的”[2]。这个公设预设了自由的人的一种能力，即我有物理能力去使用某个不同于我的对象（这一点已经为经验所证实，比如我有吃掉一个苹果的物理能力），同时也具备使用这个对象的权限，即先天的不存在对我使用某个对象的禁令。也就是说，在我“可以”使用某个对象之前，必须预设我“能够”使用它。我们一旦预设了这个能力，就不能把任何对象看作是无主的，否则就先天设立了对使用某个

---

〔1〕 MM，p. 38.《道德形而上学》张荣、李秋零译本，第42页。

〔2〕 MM，p. 40.《道德形而上学》张荣、李秋零译本，第40页。

对象的禁令，从而排除了我能够使用某个对象的能力。所以对地球上所有可以被我当做对象的东西来说，唯一的一种可能就是共同占有，即所有的对象属于所有人，并且在此之上还要允许个人能够按照某个普遍原则而取得某种私人占有，这个普遍原则在自然状态中就是先占的原则。“占有一块孤立的土地就是私人任意的一个行为，但毕竟不是专横的。占有者所依据的是对土地的与生俱来的共同占有和先天地与之相应的、在同一块土地上的一种被允许的私人占有的普遍意志，而且占有者通过第一次占有而原初地获得一块确定的土地，因为他有权抗拒任何会妨碍他私自使用这块土地的他人。”〔1〕康德认为，这种源始的共同占有（*communio fundi originaria*）的理念是从实践理性的法权公设中必然推导出来的，具有实践上的客观实在性，不同于一种基于契约之上的虚构的初始共同占有（*communio primaeva*）。〔2〕后者“必须是一种建立起来的共联性，而且必须产生自契约，通过契约所有人都放弃了私人占有，而且每个人都通过把自己的占有和每一个别人的占有联合起来而使私人占有转变为共同占有”〔3〕，这是把私人占有作为共同占有的基础，而不是相反。在康德看来，按照实践理性，共同占有应当是私人占有的前提，只有在共同占有下我们才能设想私人占有的权限，否则私人占有就只能解释为人类对无主物的强行夺取。

在土地的这样一个源始的共同占有中，如何取得私人占有的有效性呢？康德认为，在自由的普遍法则之下的第一次持有行为（如在土地上第一次耕种）就宣告了私人占有的有效性，“妨碍一块土地的第一个持有者使用这土地，就是一种伤害”〔4〕。“而‘占有者是有福的’，因为没有人有责任去查明他的占有，这个命题就是自然法权的一条原理，它把第一次的占有确立为获得的一个法权根据，每个第一次占有者都能够以此为据”〔5〕。于是，一个先天综合的法权命题是如何可能的，就这样得到了解答：因为实践理性的公设，一个人不但有物理能力去控制某个外在的对象，而且也有这样的权限去控制它。所以所有的对象都不是无主的，而是在所有人的共同占有中。私人在自

〔1〕 MM, p. 40.《道德形而上学》张荣、李秋零译本，第44~45页。
〔2〕 MM, p. 40. 参见《道德形而上学》张荣、李秋零译本，第45页。
〔3〕 MM, p. 40.《道德形而上学》张荣、李秋零译本，第45页。
〔4〕 MM, p. 41.《道德形而上学》张荣、李秋零译本，第46页。
〔5〕 MM, p. 41.《道德形而上学》张荣、李秋零译本，第46页。

由的普遍原则之下，从这样的共同占有中通过第一次持有的行为而获得了对某个对象的私人占有，于是个人便可以说获得了对该对象的法权上的占有。之后的任何人都不能妨碍第一个占有者对该对象的使用，否则就是对他的伤害。

三、自然状态向公共状态的转向

根据对法权概念的构造，“严格的法权也可以被表现为一种与每个人根据普遍法则的自由相一致的普遍交互强制的可能性”〔1〕，占有也就表现为：“如果我（用语词或者通过事实）宣布：我希望某种外在的东西应当是‘我的’，那么，我就是在宣布每个他人都有责任放弃我的任意的对象……在这种非分要求中同时就承认：就外在的‘他的’而言每个他人彼此间都有责任作出同等程度的放弃”〔2〕。也就是说，我们每个人都应当承认他人对他外在的对象的占有的有效性，并不去伤害任何人，同时也可以同样要求别人不能伤害自己，这也是乌尔比安第二个公式的涵义。

但是，在自然状态下，这种对交互的强制如何能得到保障呢？自然状态中的冲突是无法避免的，这种冲突表现在：即使人们之间有不去伤害彼此的义务，但对违背这种义务的人，人们却只能以他们自认为正确的方式去回应伤害。因为自然状态并没有公共的法庭，每个人都是自己的法官。同时，对同一个对象的先占方式毕竟是不同的，谁也无法证明自己对某个对象的占有方式就是正当的。正如有的人是通过插下一个旗子来表明这块土地为我所有，而有的人则认为必须付出劳动才能获得土地的占有，毕竟没有一个公共的立法来统一标准。在每个人以单方面的意志来强制他人时，即使按照理性是正当的，却无法保证这样的强制能够真正实现出来，除非人们能够形成契约。而这样的契约如果没有进一步的保证其必然得到履行，契约行为也是没有效果的。只有把所有人都纳入到这样的契约中来，才可以设想一种普遍的有效性。所以，按照法权的普遍原则，每个人都与他人在普遍的自由之下建立自由的共存，在自然状态中就是人们在普遍自由之下彼此占有自己应得的部分，这固然是法权的应然状态，是由实践理性所决定的自由的法则的必然性。但

〔1〕 MM, p. 25.《道德形而上学》张荣、李秋零译本，第29页。

〔2〕 MM, p. 44.《道德形而上学》张荣、李秋零译本，第49页。

是，这种法权的应然状态要获得实然的效果，还欠缺一种对应得的占有法权的保障，后者必须要在共同意志的立法中才能实现。如果人们可以停留在第二个公式，如康德所述，尽量避免进入社交，那么人们可以自由地维持在自然状态。但作为现象的人的欲望是无限的，地球上所能够承载的资源却是有限的，因此人们在自然状态中对和平状态的假想根本不存在，人必须进入社交。

所以，人们一旦进入社交，就必须要形成共同体，以共同意志对所有外在对象的共同占有为基础形成共同体的立法，保证私人的占有是安全的，在受到伤害时由共同体进行正义的审判，从而确保每个人的应得。而这样的共同体的状态就是公共法权的状态。乌尔比安第三个义务公式要求“维护每个人他自己的东西”，即是指在公共法权状态下一种分配正义的原则。康德认为，这第三个公式对人们进入公共法权状态提出了义务性的要求，即人们应当进入这个政治的共同体，而不能有例外。因为维护人们在自然状态中的理性占有，使每个人应得的占有不是偶然的、暂时的，而是现实的、永久的，必须需要公共法权。而人的理性占有又是人的自由意志之可能性必须预设的前提，所以公共法权不是来源于经验的需要，而是理性的需要。康德对政治共同体的论证就是这样一个理性论证的思路，与启蒙时代的其他哲学家有很大的不同。在他看来，进入共同体不是为了保命（如霍布斯），也不是为了财富（如洛克），只是为了理性存在者自身的尊严和价值（第一条公式），最终为了自由。

私人法权是一种自然状态中假定的法权，它存在于应然的意义之上，而法权普遍原则的实现只有在所有人进入共同体之后才能获得。换一种说法，就像是经验的杂多使原本应该有规律的知识成为无序的，必须要经过知性的范畴和理性的引导，而成为有序的科学的知识。理性占有在应然意义上是占有概念的本质，但是这个占有却因为经验占有的杂多而成为无序的状态，必须要通过公共法权（共同实践理性的立法）来保证这样的应然状态成为客观上实在的。

第三节　公共法权

人们的法权在两种状态中究竟有什么不同？康德认为，不同的并不是法权的质料，而只是法权的形式。他说："这种公共法权所包含的人的义务并不多于或者不同于在前一种状态中所能想到的；私人法权的质料在两种状态中是同一种质料。所以，后一种状态的法律只涉及其共处的法权形式（宪制），就这形式而言，这些法律必不可免地被设想为公共的"〔1〕。也就是说，乌尔比安的第二条义务公式"不要伤害他人"已经穷尽了人与人之间可能产生的所有义务，第三条义务公式的目的就是为了使第二条公式得到切实的实现，它所关涉的不再是个人与个人之间的法权关系，而是共同体与个人之间的关系，即"为保证自由的共存的共同意志应当是怎样的"。

一、公共法权的公设

公共法权的公设是："你在和所有他人无法避免的彼此共存的关系中，应当从自然状态走出而进入一种法权状态，亦即一种具有分配正义的状态。"〔2〕康德认为，这个公设可以通过法权概念的分地得到阐明。

法权与在普遍自由原则之间的交互强制权限是同一个意思，所以自然状态中私人法权的概念就是指，在普遍的自由原则下，"任何人都没有义务放弃对他人的占有的干预，除非他人也同样给予他保证，将对他恪守同样的节制"〔3〕。但事实上，人性禀赋中的自爱原则产生的偏好，使得这样的相互节制在现实中只能是一种奢望，人与人之间在自然状态中体现出来的不是友好而是敌意，甚至人们无须在现实中去遭遇这样的敌意而获得对人之作恶倾向的认识，只要反思自身就可以意识到这一点。康德在《单纯理性限度内的宗教》中对人的原初禀赋进行了阐述，他认为人作为有理性的存在者具有一种人性的禀赋——比较而言的自爱，即在与他人的比较中来判定自己是否幸福。"由这种自爱产生出这样一种偏好，即在其他人的看法中获得一种价值，而且最初仅仅是平等的价值，即不允许任何人对自己占有优势，总是担忧其他人追求这种优势，最终由此产生出一种不正当的欲求，要为自己谋求对其他人的优势。——在这上面，即在嫉贤妒能和争强好胜之上，可以嫁接这样一些极大

〔1〕 MM, p. 85.《道德形而上学》张荣、李秋零译本，第100页。

〔2〕 MM, p. 86.《道德形而上学》张荣、李秋零译本，第100页。

〔3〕 MM, p. 86.《道德形而上学》张荣、李秋零译本，第100页。

的恶习，即对所有被我们视为异己的人持有隐秘的和公开的敌意”[1]。

正是在我们本性中存在的这样一种对异己的敌意，使人们之间自发的交互强制变得不可能，甚至于自爱的人们可能会相互攻击，而自然状态中这样的报复的暴力虽然没有分配正义，却不能视为不法，反而是彰显了正义。“敌人在一个被包围的要塞被攻陷时并不老老实实地实施其投降，而是在其撤离要塞时还毁坏它，或者除此以外还撕毁这个条约，然如果他的对手有时也同样地捉弄他的话，他就不能抱怨不正当了。但是，他们一般而言都在最高程度上行为不法，因为他们剥夺了法权概念本身的任何效力，似乎是合法地把一切都交给野蛮的暴力，这样就颠覆了一般而言的人的法权。”[2]法权概念是一种合法的强制，而不是非法的暴力。所以自然状态中无法的自由状态是最不自由的，人们必须由这种野蛮的自由状态进入理性的自由状态，也就是有分配正义的公共法权的状态。

因此，人们决定由自然状态进入公民状态，不是基于经验的需求，而是基于法权概念本身的无矛盾性，使法权的普遍原则即自由的共存成为现实的和永久的。因为“在达到一个公共的法律状态之前，个别的人、民族和国家永远不可能在彼此之间的暴力行为面前是安全的”[3]。

公民状态是自然状态必然发展的更高层次的社会状态，是一个有分配正义的法权状态，在这样一个状态下的法律体系就是公共法权。“公共法权是对于一个民族以及一群人而言，或者对于一群民族而言的一个法律体系，这些民族处在彼此之间的交互影响之中，为了分享正当的东西而需要在一个把他们联合起来的意志之下的法权状态，需要一种宪制。”[4]公共法权又分为国家法权、国际法权和世界公民法权三种，国家法权是就国家与其成员的关系而言，国际法权则是就不同的国家关系而言，而世界公民法权则是就生活于世界上所有国家的公民与他国及其公民而言的。

二、国家法权

所有的人为了自由的共存的真正实现，必须形成一个在法权状态之下的

〔1〕 RR, p. 51.《宗教》李秋零译本，第 22 页。
〔2〕 MM, p. 86.《道德形而上学》张荣、李秋零译本，第 101 页。
〔3〕 MM, pp. 89-90.《道德形而上学》张荣、李秋零译本，第 102 页。
〔4〕 MM, p. 89.《道德形而上学》张荣、李秋零译本，第 101 页。

意志的联合体，而这个联合体就是国家的理念，它建立在纯粹的法权原则之上，是人们从自然状态进入公民状态的理性选择。

（一）国家正当性的来源——理性的社会契约论

与近代的契约论者一样，康德也是在自然状态到公民状态的对比中论证国家的正当性的。他也认为人们是通过一个契约行为而构建了自己的国家，但是他却采取了另外一种进路来阐述契约，而与这些传统的契约论者区别开来。我们先来看传统的契约论者是如何建立各自的国家学说的。

霍布斯认为在自然状态中的野蛮人是自私自利、残暴好斗的，人与人的关系就像狼与狼的关系一样，人们处在持久的战争状态。但自然法赋予人们自由平等的自然权利，人们为了追求和平安定和幸福的生活，相互签订社会契约，同意把这些自然权利统一交给一个第三方，大家绝对服从他的统治，这个第三方就是主权者。根据霍布斯的观点，国家的建立不是来自上帝的安排，而是来自人的需要，因此也体现出了某种启蒙的观念。

洛克与霍布斯不同，他认为自然状态是"一种完备无缺的自由状态"〔1〕，人们在自然法的范围内，享有自由、平等和财产权，只是自然状态中有某些人们无法忍受的不便，比如缺少裁判纠纷的标准和公正的裁判者，使得人们不得不与政府签订一个社会契约，交出自然状态中的部分权利，但"人们联合成为国家和置身于政府之下的重大的和主要的目的，是保护他们的财产"〔2〕。

卢梭则认为，在自然状态中存在诸多不利于人类生存的种种障碍，人们靠个人的力量是无法克服这些障碍的，必须要联合起来形成集体的力量。通过社会契约，"每个结合者及其自身的一切权利全部都转让给整个集体"〔3〕，"我们每个人都以其自身及其全部的力量共同置于公意的最高指导之下，并且我们在共同体中接纳每一个成员作为全体之不可分割的一部分"〔4〕。在卢梭看来，个人是要服从于国家立法的，但是这种服从并不是服从于某个外在的意志，而是服从自己的公共意志。因此，国家成立的基础是人民的自由协议，而一旦人民的自由受到剥夺，人民便可以通过革命重新夺回自己的自由。

---

〔1〕［英］洛克：《政府论》（下篇），叶启芳、瞿菊农译，商务印书馆 1964 年版，第 5 页。

〔2〕［英］洛克：《政府论》（下篇），叶启芳、瞿菊农译，商务印书馆 1964 年版，第 77 页。

〔3〕［法］让-雅克·卢梭：《社会契约论》，何兆武译，天津人民出版社 2014 年版，第 20 页。

〔4〕［法］让-雅克·卢梭：《社会契约论》，何兆武译，天津人民出版社 2014 年版，第 21 页。

我们看到，启蒙的契约论者们通过对自然状态某种不适宜的描述，而确立了公民状态的某种合理性。人们订立社会契约联合成国家的目的就是摆脱自然状态中的不幸福，而希望在公民状态中得到更大的幸福。看起来，康德也是这样的一个思路，人们通过社会契约由缺乏分配正义的自然状态进入到公共正义的法权状态，这与传统的契约论者并没有不同。康德与他们根本的不同在于：传统的契约论者把自然状态看作是真实的历史状态，社会契约以人们的生命、财产和现实权利为目的，从而公民状态的需要实际上就是一种幸福的需要。而康德则完全否认自然状态的真实性，他认为自然状态和社会契约不过都是理性的一个假设，源始的社会契约建立的只是国家的理念，它的目的仅在于论证共同体的合法性，而公民状态不是为了人们幸福的需要，而是为了人们理性的义务。

康德在“论通常的说法：这在理论上可能是正确的，但在实践上是行不通的”一文中，便撇清了他与所有建立在经验基础上的契约论的干系：

> 这一契约作为人民中所有的个别私人意志的结合而成为一个共同的和公共的意志，（为了纯然合法权的立法的缘故，）却绝不可认为就是一项事实(这样一项事实是根本就不可能的)，竟仿佛首先就必须根据以往的历史来证明曾有过一族人民，其权利和义务是作为后裔的我们继承下来了的，竟仿佛这族人民确实曾经有一度完成过这样一桩行动，并且还一定得在口头上或书面上留下给我们一项确凿无疑的有关通告或工具，好使我们尊重自己所要受到的那种既定的公民体制的束缚。〔1〕

康德认为，国家合法性的根源是不能从任何历史的既定事实中去寻找的，因为发生了什么并不能推出应当发生什么。而同样也是不能从人们的幸福的需要中去找寻，“因为幸福可能在一个卢梭所声称的自然状态或者在一个专制统治的政府中更容易地达到”〔2〕，幸福只是建立国家而产生的可能结果，却不是国家的前提。国家的合法性来源于法权概念本身的自洽性，法权的普遍原则在于人们外在自由的共存，即确保人们外在的你的和我的，自然状态中

〔1〕 PP，p. 296. 参见《历史》何兆武译本，第 194~195 页。

〔2〕 MM，p. 95.《道德形而上学》张荣、李秋零译本，第 108 页。

由于缺乏公共的分配正义，这种外在的你的和我的就只是偶然和短暂的，必须进入公民状态建立国家才能从根本上保证每个人的外在自由，所以国家是为了法权状态而存在的，而法权状态是人们外在自由的必然要求，因而也是实践理性本身的要求。在这个意义上，国家是人的纯粹实践理性立法，即定言命令的要求，是人的义务所在。因此国家不是满足某种外在目的的手段，而是本身就具有人格性，是目的本身。

国家作为一个人格，它的意志是人们的共同意志的联合体，源始契约并没有让人们因为某个目的而放弃什么，只是让人民的外在自由能够获得共存，使人们真正地生存在自己的立法之下（自律），从而让自由的私人法权的状态进入到公共法权的状态后，从个人独立的自由扩展为更广泛的在交互关系中可以共存的自由。因此，康德说道：“他完全放弃野蛮的、无法的自由，以便在一种法律的依附性中，亦即在一个法权状态中一点不少地重新获得自己一般而言的自由，因为这种依附性产生自他自己的立法意志”〔1〕。

所以，我们也能够把康德归为一个契约论者，因为他把国家合法性基础建立在源始契约，但他却不是经验的契约论者，而是一个理性的契约论者。与这个理性的源始契约相关的，是一个国家的人格（国家的形式），而不是经验意义上的国家。同时，作为联合意志的人民的公共意志也就是这样一种理念上的假定，而没有哪个团体或个人可以声称代表了这样的一个公共意志。

（二）国家的三重人格

康德将国家人格看作是由三种权力组成的三重人格，即统治权、执法权和司法权，与之相应的有立法者、治理者和审判者，这三种代表国家身份的权力是从国家的理念中必然产生出来的。“它们包含着一个总的元首（按照自由法则来看，他只能是联合起来的人民本身）与作为臣民的人民的分散群体的关系，亦即命令者与服从者的关系。”〔2〕

统治权来源于人民联合的共同意志，“只有所有人的一致的和联合的意志，就每个人关于所有人，并且所有人关于每个人决定同样的事情而言，因

〔1〕 MM, p. 93.《道德形而上学》张荣、李秋零译本，第106页。

〔2〕 MM, p. 92.《道德形而上学》张荣、李秋零译本，第106页。

而只有普遍联合起来的人民的意志，才能是立法的"[1]。执法权则拥有最高的强制力，为臣民在特定情况下服从法律制订规则，"根据这些规则，人民中的每个人都能够按照法律（通过把一个案件归摄到法律之下）获得某种东西或者保持'他的'"[2]。司法权是判断人们的行为是否是合法的，在特定案件中把每个人的"他的"进行正义的分配。从人格身份上看，"立法者在涉及外在的'我的'和'你的'的事情上的意志是不容非议的（irreproachable），最高执政者的执行能力是不可违背的（irresistible），最高法官的判决是不可变更的（irreversible）"[3]。

康德将国家的这三重人格分别比拟为大前提、小前提和结论，从而我们可以认为分配正义在国家法权中的实现就是一个三段论推理，虽然最终的结论是由司法者作出的，但实际上，分配正义体现了三重人格的共同作用，并最终来源于人们的自由意志立法。

而国家法权也是法权的一种，按照法权概念的构造，法权等同于强制的权限，国家法权就是国家人格对组成其成员的公民人格的强制权限，这个强制权限最高体现为国家的执法权，而具体又包括征税权、监督权、分配职位和尊荣的权力、刑罚和赦免的权力等。康德在"附释"中对这些具体的法权进行了讨论，其中刑罚权就是其中最核心的部分。

康德认为，这三重人格是相互并列又相互隶属的，即它们不能一方取代或者篡夺另一方的职权，却又同时隶属于更高的人格，即国家人格。这三者必然是分立的，因为按照源始契约的精神，唯一合法的宪制就是纯粹的共和国的宪制，也就是说行政权与立法权必须分离，否则人民的共同意志（立法）便成为统治者私人的意志，人们的外在自由便消失了。因为外在的自由"乃是不必服从任何外界法律的权限，除了我能予以同意的法律而外"[4]，如果国家的立法是统治者私人的意志，那么人们又怎么能完全同意一个由他者意志所决定的法律呢？此外，在自由之共存为普遍原则的法权概念又预设了一种交互的普遍强制，即一种法权上的平等地位，"没有人可以合法地约束另一

---

〔1〕 MM, p. 91.《道德形而上学》张荣、李秋零译本，第 104 页。

〔2〕 MM, p. 93.《道德形而上学》张荣、李秋零译本，第 107 页。

〔3〕 MM, p. 93.《道德形而上学》张荣、李秋零译本，第 107 页。

〔4〕 PP, p. 323.《历史》何兆武译本，第 109 页。

个人而又不自己同时也要服从那种以同样的方式反过来也能够约束自己的法律”〔1〕，因此如果立法者同时是拥有最高强制力的摄政者的话，由于最高强制者不存在被强制的可能性（否则就陷入了自相矛盾），那么这个同时是立法者的摄政者就取得了不受法律约束的特权，从而公民之间基于法权原则的平等也就不存在了。所以，一个按照外在自由而可能的政权形式必然不是专制的，而是共和主义的：“只有这种形式才使得自由成为原则，甚至成为一切强制的条件……这是唯一常驻的国家宪制，在它里面法律是专断的，不依附任何特殊的人格；一切公共法权的最终目的就是这个状态，只有在这种状态中，才能永久地给予每个人他自己的东西”〔2〕。

（三）公民的法权

国家是由其成员联合起来而建立的共同体的独立的人格，而构成国家整体的公民人格也因为与共同体的关系而具有了独特的法律属性。康德将公民的法律属性分成三种：一是合法的自由，二是公民的平等，这两种是属于内在自由的应有之义，是人生而具有的法权；第三种是公民的独立，“即不能把自己的生存与维持归功于人民中的另一个人的任意，而是归功于其自己作为共同体成员的法权和力量，因而是公民的人格性，即在法权事务中不可为任何人所代理”〔3〕，它意味着公民不是消极的国家成员，而是积极的国家成员，有对国家重要法律事务进行表决的法权。

公民拥有在自然状态中的所有法权，公共法权状态并未剥夺他的任何法权，而只是用公共法权保证了他在自然状态中的外在自由。但同时，因为作为共同体的积极成员，公民又必然增添了一些特有的法权，这些法权建立在公民的独立之上。例如表决权，公民可以决定立法法案的命运，而这也是最高立法权来自于公民共同意志的一个体现。

此外，公民还可以被人民选举为议员，从而真正代表人民全体进行立法，成为决定共同体法权行为的重要组成部分。“任何真正的共和国都是并且只能是人民的一个代议制系统，为的是以人民的名义，通过所有的国家公民联合

〔1〕 PP，p. 323.《历史》何兆武译本，第109页。

〔2〕 MM，p. 112.《道德形而上学》张荣、李秋零译本，第130页。

〔3〕 MM，p. 91.《道德形而上学》张荣、邓晓芒译本，第104~105页。

起来，借助其议员（代表）来照管国家公民的法权”〔1〕。

从国家人格与公民人格的关系来看，它们是两个不同的道德人格，因此任何一方不能剥夺另一方的人格，要相互把对方看作是目的，而不是手段。康德认为，这是所有人的义务，是纯粹实践理性的立法的必然要求。那些被我们称为人格的，具有至高无上的价值，与仅仅作为手段的事物不同，人格是有尊严的。因此，国家统治者不能为了任何外在目的而仅仅把公民作为达致目的的手段。比如在战争中拿公民的生命做冒险，除非这样的冒险是基于公民经由其代表作出自由的赞同。

> 这种法权根据（它大概也会模糊地浮现在君主们心中）虽然在能够是人的一种财产的动物方面当然有效，但却绝对不要被运用到人，尤其是作为国家公民的人身上，国家公民必须始终被视为共同立法的成员（不单单是作为手段，而且也同时作为目的本身），而且因此，公民不仅一般而言对于进行战争，而且对于任何特殊的宣战，都必须借助其代表作出自由的赞同，唯有在这一限制条件下，国家才能支配他那充满危险的兵役。〔2〕

基于同样的理由，公民无论是个人，还是联合起来，都不能把国家人格作为达致自己某种外在目的的手段，更不能消灭国家人格本身。就前者来说，人们从自然状态中单个的个人联合起来组建国家，不能是为了自己的生命、财产或者任何经验的幸福，而毋宁只是为了履行纯粹实践理性提出的绝对的义务，为了实现真正的自由。

就后者来说，国家这个共同体的人格是由全体公民的共同意志决定的，作为完整的人格，“国家通过这些权力（指立法权、执法权、司法权）而拥有自主性，亦即按照自由法则自己塑造自己和维护自己”〔3〕。任何公民甚至是全体人民的代表的联合，都不能破坏作为国家人格的整体，这意味着公民没有反抗权。“人民对最高立法本身的反抗，永远必须被设想为违法的，甚至被设想为摧毁整个合法的宪制的”〔4〕，康德认为，公民如果有反抗权的话，就

〔1〕 MM，p. 112. 《道德形而上学》张荣、邓晓芒译本，第 130 页。

〔2〕 MM，p. 116. 参见《道德形而上学》张荣、邓晓芒译本，第 134 页。

〔3〕 MM，p. 94. 《道德形而上学》张荣、邓晓芒译本，第 108 页。

〔4〕 MM，p. 97. 《道德形而上学》张荣、邓晓芒译本，第 110~111 页。

必须有这样的立法来允许他反抗，而这样的立法必然只能从最高立法中派生出来或者就是最高立法本身，而事实上现有的立法就是最高的立法，因此不可能存在赋予公民反抗权的法律，而公民也必须没有这样的反抗权。

对有理性的单个人格而言，道德的定言命令为他成为一个德行的人规定了道德的义务，他有权自己自由地修正自己的准则从而遵守纯粹理性的立法。对一个具有全体公民的共同理性的存在者而言，国家也以纯粹理性的立法——源始契约为自己的道德法则，统治者通过自身的变革来完成国家宪制的不断向善。“那种源始契约的精神却包含着制定宪法的义务，亦即使政府性质适合那个理念，而且即便不能一下子完成，也要把政府性质逐渐地和不断地改变下去，直至它与唯一合法的宪制，亦即一个纯粹的共和国的宪制在效果上协调一致”〔1〕，因此，只有国家人格本身自己自由地向着更好的方向前进，任何公民、公民团体以及其他的国家人格都不具有这样的法权。

综上所述，康德虽然并没有如霍布斯那般为国家找到如“利维坦”这样形象的比喻，但实质上，他是将国家作为一个庞大的人格来看待的。这个“人格”从组成它的成员的共同意志中获得意志，并因为管辖一定的疆域而具有了自己的肉体，立法意志指引着他所有的行动，也使他不断向善。对内，他维护其组成成员（即公民）的所有自由，并赋予他们在共同体中的特有法权，这些成员却不能基于任何目的而破坏共同体的人格，否则任何暴力的革命都意味着打掉这个国家人格的头颅，截断他的四肢，使其归于消灭而不是改善。但公民却可以主张自己的言论自由、出版自由等与生俱来的自由法权，来影响和建议统治者，使其自觉到源始契约的精神，向着纯粹的共和主义的理想奋进。对外，这个国家人格与其他国家人格、不构成人格的部落、其他在它以外的单个人格，也同样处在一种自由的自然状态中。因为没有公共的立法，这种自由的自然状态就是一种战争的状态，要么是在准备战争、要么就是处在战争中，或者处在战后短暂的和平中。国家及其公民在对外关系中的法权，便是国际法权。

三、永久和平

启蒙时代也是一个纷争不断、战乱不断的时代，且不说各国反抗主权者

〔1〕 MM，p. 112.《道德形而上学》张荣、邓晓芒译本，第130页。

的内战，单就欧洲长达三十年的战争来说，就足以令人头疼了。康德在一封致友人的信中，把自己的《永久和平论》戏称为一部“梦幻曲”，[1]也恰恰反映了当时的人们对既憧憬又无法确信的永久和平的复杂心态。因为频发的战争似乎把人类限制在永久的自然状态，而现世的一切政治都指向一种不断扩张的强大帝国的目标，似乎和平的愿望只能是在这样的宏伟目标实现之后才有可能实现。

1795年，康德写下了《永久和平论》，以再次论证他在1784年“世界公民观点下的普遍历史观念”中关于“世界公民状态”的观点。两年后出版的《道德形而上学》又通过国际法权和世界公民法权的阐明而重申了一种永久和平的可能性——人类在世界公民状态中得到永久的和平。

永久和平是否是一种幻想？甚至在21世纪，我们都轻易地相信，国家之间除了利益关系再无其他关系：地区间的战争并没有停歇，各国都保有着强大的军备力量，核武器时刻威胁着人们，等等。而这种状况在18世纪只会更糟，历史和现实的经验总是重复着战争状态的进行曲，和平的梦幻曲往往只是短暂的插曲而已。人们能在历史中期待的只是两次战争之间的短暂的和平，一种永久的和平不过是痴人说梦。

但人的自由却必然要求一种和平的状态，不但是一国之内的人与人之间的外在自由的共存，而且是更广泛的整个世界的外在自由的共存。因为如果国家之间陷入无休止的战争状态的话，那些外在的“你的”和“我的”都不可能实现，人格本身就会仅仅成为各国战争目标的手段，这是和有理性的人的自由和尊严相矛盾的。

究竟是历史错了，还是人的理性错了？康德认为，是人们对待历史的态度错了。历史是一个不断向前发展的过程，人们能够认识的只是过去和现在，未来是什么样的却无法通过思辨的理性来把握。时间是无限的，我们不能限于经验的现在而妄测未知的未来。但这并不是说未来是不可期的，因为我们可以通过反思的判断力意识到历史的一种和平规划的可能。康德在大自然的合目的性中反思到一种永久和平的可能性，他认为自然和已有历史中发生的一切已经把人类引向了一个最终目的，即永久的和平状态。

---

〔1〕 参见李秋零：《康德书信百封》，上海人民出版社2006年版，第222页。

首先，大自然为人类安排了一种可能导向和平的境况：

1. 在大地上的每一个地方都照顾到人类得以在上面生活；

2. 通过战争把他们驱逐到各个方向，甚至于是最不堪居住的地方，使他们得以居住；

3. 通过这同一个办法迫使他们进入或多或少的法律关系。[1]

大自然对人类这种境况的安排就在于，使人类必须在同一个星球上产生联系，而不能因为战争逃避到其他星球上去。但战争无论如何都没有毁灭人类的生存，而让他们产生了法权关系，因此法权就是自然指引给人类走向和平的金钥匙。

为什么这么说呢？康德做了三点论证：

第一，战争的威胁为建立国家共同体提供了外部原因，因为只有把内部的人民联合起来形成国家才能够作为一个更强的力量来对抗外部战争的威胁，自然似乎是逼迫着人们进入国家法权的状态。

第二，“大自然采用了两种手段使得各个民族隔离开来而不至于混合，即语言的不同和宗教的不同”[2]，因为不存在统一的世界语和统一的信仰，不同的国家之间无法形成真正统一的立法，而是必须处在一种外在的相互竞争的平衡中。因此，任何国家想通过侵吞不同的国家而形成强大的帝国来结束战争状态的想法，都必然与自然合目的性的这个安排相违背。

第三，有一种真正的超越于国家权力的势力的发展，可能会导致所有人理性地选择和平而不是战争，这就是金钱的势力。康德看到了民族国家与商业繁荣的同步，而作为一种可能跨越国界的贸易自由，可能是在人们意料之外维系和平的东西。

正是通过这三点对自然合目的性的反思，康德把历史前进的目标确定为永久和平的希望。但这一历史的终极目标并不是一种自然的机械目的，也就是说，永久和平状态不是人类听之任之就能够达到的状态，而是人类有责任去实现的状态。自然的合目的性与人类的纯粹实践理性的并轨，并不是在理

〔1〕 PP, pp. 332-333. 参见《历史》何兆武译本，第 124 页。

〔2〕 PP, p. 336.《历史》何兆武译本，第 130 页。

论上而言的，而是具有实践的意义。既然自然机制为人类提供了走向永久和平的保证，那么人类就应该并且能够为这样一个最终目的而付出努力。

康德指出，国家之间自然的自由状态必将是战争的状态，但这并不是世界的永恒状态，而是人类必须走出的状态。但即使在自然状态中，国家及其人民也享有国际法权，包括准备战争的法权、战争之中的法权和战争之后缔结合约的法权。这些法权必须要指向永久和平的目标，而不是相反。据此，国际法权更多的是一些禁令，比如不能采用阴险的手段，“这些手段会摧毁为将来建立一种持久和平所必须的信任”〔1〕；不能掠夺人民私人的财产；不能进行惩罚战争；不能把战败国的臣民作为奴隶来对待。

《永久和平论》一书就为永久和平的理想目标做了哲学上的规划，就像野蛮的自由人必须通过建立国家的共同体走出自然状态一样，人类也可以通过某种世界法治走出战争状态。虽然永久和平只是一个理性的理念，就像绝对自由的理念一样，对感性世界的人类来说遥不可及，可是这个理念却是具有引导性的，它可以指引人们不断接近这样的目标。

首先，“每一个国家的宪制都应该是共和制”〔2〕。共和制除了是建立在源始契约的必然要求之上，还是唯一可以导向永久和平的公民体制。因为如果是全体公民自己来决定是否进入战争，他就必须考虑各种可能导致的痛苦而做出谨慎的抉择。比如“自己得作战，得从自己的财富里面付出战费，得悲惨不堪地改善战争所遗留下来的荒芜；最后除了灾祸充斥之外还得自己担负起就连和平也会忧烦的、（由于新战争）不断临近而永远偿不清的国债重担”〔3〕。这样，全体公民即使仅从自利的角度考虑，而不用意识到纯粹实践理性的道德法则，就能够放弃一切可以避免的战争。而如果决定是否进入战争的人是一个专制者（他不是公民的一员，而是所有公民的统治者），就只能期待他体察民意，却不能要求他这样做，那些原本应当避免的战争也可能会因为专制者的冲动而暴发。所以必须是一个共和制的政权形式，由公民共同的意志决定是否把自己拖入一种危险状态中，而不是由公民以外的人强制他们如此，才能够最大限度地减少战争发生的机率。

〔1〕 MM, p. 117. 《道德形而上学》张荣、李秋零译本，第135页。

〔2〕 PP, p. 322. 《历史》何兆武译本，第108页。

〔3〕 PP, pp. 323-324. 《历史》何兆武译本，第110页。

其次，“国际法权应当建立在自由国家的一种联盟制度上”〔1〕。康德认为，建立超级大国的帝国梦必将是破灭的，因为自然的机制（语言和宗教的不同）阻止了统治权不断延伸的欲望。但是，相邻的国家可以建立和平的联盟，联盟并不是战后的一个和平条约，它的目的不仅是要叫停当前的战争，而是要结束一切战争。但这样的联盟又是随时可以解散的消极的联合，而不是像形成积极的国家那样统一于一个宪制之下。国家与国家基于和平的共同目标而聚在一起，相互独立，又彼此依赖，就像在银河系中聚在一起的行星一样，永久和平就是它们之间的万有引力，而它们又因不同的利益相互排斥，最终形成一种稳定的结构。

最后，“世界公民法权将限于以普遍的友好为其条件”〔2〕。地球上的任何两点之间都能够产生联系，这意味着居住于其上的人们处在自然的交互作用中，这种世界的普遍关系通过国际贸易而变得更加频繁。所以如果人们要走向永久和平，就不能敌视毫无敌意的陌生人的来访，而要保持友好。

如此，人们就不仅仅是在愿望上憧憬和平，而是把和平作为一个可以不断接近的理念，通过全体人类实践的努力，建立共和制的国家，组成国家间自由的联盟，在现世中向着永久和平的终极目标前进。这样的努力并不是为了躲避什么（战争灾难），或者获得什么（利益），而是为了履行纯粹实践理性为我们确立的道德法则。康德说道：“道德实践理性在我们心中宣布了其不可抗拒的否决：不应当有战争。不仅在自然状态中的我和你之间，而且在作为虽然内部处于法律状态，但外部（在彼此关系中）却处于自然状态中的国家的我们之间，都不应当有战争”〔3〕。

因此，我们为什么必须建立法权的形而上学，而不是从经验中取得例证来获得什么是最好的政治的证明，就在此得到了说明。康德告诉我们，是出自纯粹理性的法权理念指引人们应当选择什么样的政治生活。无论是在国家内部形成稳定的宪制结构，还是在国际关系中形成稳定的和平状态，都不是某种已经发生的历史经验劝导着我们如何趋利避害。同样，我们需要的是法权形而上学，来证明什么才是正当的，而不是一种实证的法权机制，来说明

〔1〕 PP, p. 325.《历史》何兆武译本，第113页。

〔2〕 PP, p. 328.《历史》何兆武译本，第118页。

〔3〕 MM, p. 123.《道德形而上学》张荣、李秋零译本，第141页。

什么是合法并有益的。

小 结

康德在“法权学说”中的论证，沿着从私人法权、国家法权、国际法权、世界公民法权的路径，为我们展示了一幅从自然（战争）走向永久和平、从野蛮走向文明的图景，也是一个从不成熟状态逐步走向成熟状态的哲学规划。我们看到，上一章所揭示的康德哲学中的“立法”倾向，在这一章又鲜明地表现出来。在私人法权中，“理性占有”正是人的知性能力的体现，因而也凸显了人运用自己的理性的效果。从自然状态进入文明状态的过程，正是由人的理性立法能力所推进的，源始契约这个理念所蕴含的，正是人们共同的纯粹理性，它体现了理性立法的精神。同时，国家宪制理念、永久和平理念、世界公民理念，都是在源始契约下的进一步推演。所以，“法权学说”并没有为我们提供一个关于实证法律的叙事，而是告诉我们，在我们彼此交往的日常生活中，纯粹理性的立法能力是如何起作用的。这便是法权学说与批判哲学的一脉相承。在康德看来，我们应当选择怎样的政治生活，并不是内外压力下的被迫的、明智的抉择，而是人在纯粹理性的引导下作出的决策。政治意义上的启蒙，就意味着我们在法治下安排宪制，这种法治不是简单的自利之治，而是纯粹理性的规则之治。

第三章
康德的正义观

在进入完整的康德刑罚学说之前，我们需要这样一个奠基，来深入理解康德的正义观。康德的刑罚正义观是其刑罚学说的一条根脉，我们要在弄清康德是如何看待刑罚之前，先弄清康德是如何看待正义的。而他的正义观又与他整个哲学思想密切相关，于是我将其安排在这里承上启下应该是合适的。

谈到康德的正义观，总是不得不提罗尔斯对康德正义观的阐述。其在《正义论》第四章第40节“对作为公平的正义的康德式解释”中，将正义原则与康德的定言命令做了联结，“按照正义原则行动也就是按照定言命令行动”〔1〕，而“原初状态可以被看成是对康德的自律和定言命令观念的一个程序性解释”〔2〕。但是从康德的文本中，我们却很难发现他将正义和定言命令联系起来的踪迹，甚至康德除了在论述法权状态和刑罚权时提到了“正义”这个词，我们在任何著作和论文中都很难见到这个词的影子。

我国有些研究者认为，“正义”与“法权”是一回事，康德所谓的“法权学说”就是正义论。〔3〕导致这样一种理解可能与文本的翻译存在差异有关，很明显，单从康德在《道德形而上学》中用“recht”来表示“法权”，以“Gerechtigkeit”来表示“正义”就可以知道，康德实际上对法权和正义作了区分。

那么，我们不禁要问：为什么康德没有去阐释正义的概念，而这个概念

---

〔1〕［美］约翰·罗尔斯：《正义论》，何怀宏等译，中国社会科学出版社2001年版，第252页。

〔2〕［美］约翰·罗尔斯：《正义论》，何怀宏等译，中国社会科学出版社2001年版，第256页。

〔3〕例如：李梅在其著作《权利与正义——康德政治哲学研究》中就持这样的观点。参见李梅：《权利与正义——康德政治哲学研究》，社会科学文献出版社2007年版。

无论在古代（柏拉图和亚里士多德）还是在近代（如休谟）都得到了哲学家们的青睐？康德在有限的关于正义的思想碎片中是否表达了他特定的正义观？如果是，又与其他那些哲学家有什么区别和联系？

对这些问题的讨论，面临很大的困难。因为康德文本中提到正义的地方实在太少了。但是我们又不得不做这样的努力，去找出康德自己对正义的态度，而不是某种康德主义的态度。此外，把握康德的正义观是理解其刑罚学说的重要步骤，因为正义是惩罚的内核，这是康德一个核心的判断，而这个判断的根据就蕴含在他对正义的理解中。

本章就将围绕着三个关系，正本清源，来探讨真正的康德正义观到底是什么。

第一节 正义与法权

从文本上看，康德仅在《实践理性批判》“纯粹实践理性的诸原理”部分和《道德形而上学》“法权学说”部分提及了正义，但他并没有明确为正义下定义，而是夹杂在其他论证之中。在他所有可见的伦理学著作中，并没有见到“正义”这个词，这似乎宣告了把康德正义观与他的定言命令联系起来的所有论证的破产。不过，如果我们仔细去对比康德在“法权学说”中的正义概念，和他在《纯粹理性批判》和《实践理性批判》中的“至善”概念，便会发现它们具有亲缘性。在康德道德哲学中，“德行学说”关涉内在自由的概念，德行是最高的善，在至善的理念中，德行的结果就是幸福；法权学说关涉外在自由的概念，犯罪是最大的恶，犯罪的结果就是惩罚。可是这个规定罪罚的理念是什么呢？一个最合理的猜测，就是正义的理念。在下论断之前，我们需要先看看他是如何表述“正义”概念的，再来确认这与他道德哲学中对至善概念的阐明是否有联系，以及二者的关系究竟是什么。

一、正义的分类

康德明确提到正义的部分主要集中在公共法权部分，他指出了许多不同的正义概念，我将按图索骥，找出在这些零碎的表述中，康德是如何运用正义这个概念的。

在第41节，他对“公共正义”做了一个定义：“法权状态是人们相互之间的一种关系，这种关系包含着一些条件，惟有在这些条件下，每个人才能分享他自己的法权，而这种状态的可能性的形式原则，按照一个普遍立法的意志的理念，就是公共的正义。”[1]这个定义明确说明了：第一，公共正义是一个形式的原则，而不是实质的原则。正义概念被抽掉了所有可能的质料，只保留了一种普遍的形式；第二，法权状态要成为可能，必须以公共正义为前提，也就是说公共正义是法权的必要条件，没有公共正义就不可能有公共法权；第三，一个普遍立法的意志的理念是衡量现实的法权状态是否符合公共正义的标准。法权状态并不一定是绝对的正义的状态，还要看这个状态是不是完全符合普遍立法的意志，换句话说，只有一个国家的宪制形式符合人民的共同意志，才可能是正义的；第四，与公共正义相对，应该还有一个私人正义，或者公共正义是公共法权状态的形式原则，而私人正义是私人法权状态（自然状态）的形式原则。

“它（公共正义）可以要么与根据法律占有对象（作为任性的质料）的可能性相关，要么与其现实性相关，要么与其必然性相关而被划分为保护的正义（*iustitia tutatrix*）、交换的正义（*iustitia commutativa*）和分配的正义（*iustitia distributiva*）。”[2]可能性、现实性和必然性属于模态范畴，康德在《纯粹理性批判》中指出了它们各自的图型：“可能性的图型是各种不同表象的综合与一般时间的条件相一致（例如相对立的东西不能在一物中同时存在，而只能依次存在），因而使一物在任何某一个时间里的表象的规定”[3]，“现实性的图型是在一个确定的时间中的存有”[4]，“必然性的图型是一个对象在一切时间中的存有”[5]。因此，可能性、现实性、必然性反映了一种发生概率的递进序列，这与我们的或然性判断、实然性判断和必然性判断一一对应。而在此处，康德按照这三种模态范畴的分类类比于正义的分类是想说明，保护性正义和交换正义下的占有都只具有偶然性，只有在分配的正义下的状态才是真正的法权状态，根据法律占有对象才具有必然性。

---

[1] MM, pp. 84-85.《道德形而上学》张荣、李秋零译本，第99页。

[2] MM, p. 85.《道德形而上学》张荣、李秋零译本，第99页。

[3] CPR, p. 275.《批判》邓晓芒译本（上），第125页。

[4] CPR, p. 275.《批判》邓晓芒译本（上），第126页。

[5] CPR, p. 275.《批判》邓晓芒译本（上），第126页。

那么这三种正义各自的含义与彼此的关系又是什么呢？恐怕我们必须从康德之外的某处去寻找线索。比尔德（Sharon Byrd）将这个线索归为霍布斯的《利维坦》，他认为关于交换正义与分配正义的区分，霍布斯显然对康德影响最大。[1]而这的确是个有益的发现。

霍布斯认为，我们通常把正义分为交换正义和分配正义，是对行为而言的。而当我们说一个行为是正义的，就是指这个行为合乎理性，而不正义则意味着行为不符合理性。交换正义与分配正义的区别在于被评判行为的主体："交换的正义是立约者的正义，也就是在买卖、雇佣、借贷、交换、物物交易以及其他契约行为中履行契约；分配的正义则是公断人的正义，也就是确定'什么是合乎正义'的行为"[2]。按照这个区分，交换正义是市场的正义，而分配正义是法庭的正义。康德应该是同意这样的一个区分的，交换正义就是私人法权的正义，而分配正义是公共法权的正义，它们的区分关键在于参与到法律事务中人的不同，以及法律关系发生的情境不同。交换正义是发生在两个个人之间的市场行为，诚信地履约就是正义；而分配正义则发生在法庭上，是法官的行为，他基于一种公共的信任，作出判决，合理地把应得的部分分配给每个人。

霍布斯提到了一条自然法，即"正义各方应将其权利交付公断人裁决"[3]，而康德在其1784年的讲座中将这条自然法扩展成为："进入分配正义的状态"[4]。康德认为，分配正义通过一个公共的法律程序来决定什么是每个人应得的，在这里有公共的立法和民选的法官，并且有共同体的强制力保证正义的实现；而交换正义则是由契约的双方来各自决定什么是正确的，正义唯一的强制力来源于个人，因此交换正义的状态很容易变成战争的状态。所以，在《道德形而上学》中，他将分配正义看作是区分法权状态和非法权

---

〔1〕 See B. Sharon Byrd and Joachim Hruschka, *Kant's Doctrine of Right: A Commentary*, Cambridge University Press, 2010, p. 71.

〔2〕［英］霍布斯：《利维坦》，黎思复、黎廷弼译，杨昌裕校，商务印书馆1985年版，第115页。

〔3〕［英］霍布斯：《利维坦》，黎思复、黎廷弼译，杨昌裕校，商务印书馆1985年版，第120页。

〔4〕 B. Sharon Byrd and Joachim Hruschka, *Kant's Doctrine of Right: A Commentary*, Cambridge University Press, 2010, p. 73.

状态的关键，非法权状态即自然状态（*status naturalis*），是没有分配正义的状态，而法权状态就是有分配正义的公民状态（*status civilis*）。

以上只提到了交换正义与分配正义，却没有说到保护性正义。比尔德认为，这个保护性正义是康德的一个补充分类。因为根据康德在“法权学说的划分”中所言，“法权学说”要讨论三个对象：一是立法者的法律，二是人民的权利，三是法律秩序。这三个对象就分别对应着三个正义的划分，立法者的法律给予每个人以权利的保障，因此是保护性的正义；人民的权利对应人民在公共的市场中实存的交换的权利，因此是交换的正义；法律秩序则对应法官在法庭中按照既有法律和公民应当享有的权利进行审判，因此是分配的正义。康德就是为了分别对应这三个对象，用保护性的正义来说明立法者的法律的功能。〔1〕

本书认为，康德关于交换正义与分配正义的区分的确如比尔德所说，这种区分是建立在霍布斯的区分之上的，只是有更大的改进，不但将其区分为不同人的正义，而且区分为不同的状态的正义。但是关于第三种正义，即保护性的正义，什么才可能是康德最认同的观点，可以有另一种更佳的解释方案，而这个方案或许也与他整个正义观相一致。

二、对正义分类的最优解释方案

康德在“法权学说的划分”中引用了乌尔比安的三个公式，本书已经在第二章第一节做了介绍。这三个公式分别对应着康德所划分的那三个正义，而且也满足于康德对这三个正义的解释：“法律在这里首先只是说明，什么样的行为内在的就是正确的；其次，什么作为质料还外在的是能够合法的，亦即其占有状况是有法权的；再次，什么亦即在一个法庭上关于什么的判决在已有法律下的一个特殊案例中是正当的”〔2〕。

乌尔比安第一条公式是“做一个正派的人”，康德将其解释为对自己的义务，即“不要让你自己成为他人的纯然手段，要对他们来说同时是目的”〔3〕，

〔1〕 See B. Sharon Byrd and Joachim Hruschka, *Kant's Doctrine of Right*: *A Commentary*. Cambridge University Press, 2010, p. 75.

〔2〕 MM, p. 85.《道德形而上学》张荣、李秋零译本，第 99 页。

〔3〕 MM, p. 29.《道德形而上学》张荣、李秋零译本，第 34 页。

这也对应着人与生俱来的法权“自由”。自由意味着我们把自己当成目的，自主决定无损于其他人的所有事情，不受他人强制，而这也就是“自己保护自己”。一个人如果能够按照康德所说，自己捍卫自己作为人格的自由权利，那么就是实现了保护性的正义，这个正义是属于所有有理性存在者的。

第二条公式是“不要对任何人做不正当的事”，也即不要伤害任何人。这是在人与人的交往中出现的义务，是对他人的外在的义务。从另一个角度来说，这个义务要求人们做对他人正当的事情，那就是在他人履行约定的时候也要同样履约，当从他人的“他的”获得自己的“我的”时要付出等值的回报（如一方给付金钱，另一方交付物品）。同时，如果一个人侵犯了自己，在没有公共法律的时候，他可以用自己的力量进行反击。这种存在于双方之间的正义，可以成为“交换的正义”。

第三条公式是“进入与他人的社交，在其中要能够维护每个人他自己东西”，这是公共法权的义务，即“进入一种状态，在其中能够针对每一个他人来保证每个人他自己的东西”[1]。所有人都应当进入公共法权状态，由公共的强制力来保障他们所有的应得，这个是唯有法庭能够实现的，把每个人应得的分配给他们，便是“分配的正义”。

综上，康德在对公共正义的三个划分中，实际上是区分了两种状态、三种不同角色所承担的义务。保护的正义是每个人格具有的义务的目标，而在自然状态下，个人的力量实在太有限了，只有强者才可能保证自己的自由，但强者也不是永恒的，于是这种保护的正义只具有可能性。交换的正义是人与人交往中一种现实的正义，以恶制恶是自卫原则，以善扬善是契约原则，这两种原则在人们的相互关系中是实存的，交换的正义具有现实性。分配的正义是由法庭所实现的正义，这种正义因为有体现全体意志的立法和体现公共强制力的执法，所以具有了必然性。

与这个划分相关，康德还间接说明了正义与法权的关系。他说道：“虽然他的自然状态并不会因为彼此仅仅根据其强制力的纯然尺度相遇就是一个非正义的状态；但是，它毕竟是一种无法权的状态，在这种状态中，一旦法权有争议，就找不到一个有权威的法官作出有法权效力的判决”[2]，这说明法

〔1〕 MM, p. 29.《道德形而上学》张荣、李秋零译本，第 34 页。

〔2〕 MM, p. 90.《道德形而上学》张荣、李秋零译本，第 103 页。

权与正义不是完全对等的关系，正义是法权的必要条件（以上的分析已经提到），但是不是充分条件。换句话说，有法权的状态一定是有正义的状态（分配正义），而有正义的状态（可能为保护正义和交换正义）却不一定是有法权的状态。“法权”只与“分配正义”共存，却不是与所有正义都共存，但是没有法权的状态，正义的实现还需要附加更多的条件（如力量要足够强大），只是偶然的事情。

第二节　正义与德行

罗尔斯为什么会认为定言命令就是正义本身呢？康德在《道德形而上学奠基》中对定言命令的提法，只是表明了什么是善的，却没有说明什么是正义的。除非我们认为正义的就是善的，或者善的就是正义的。而这样，不仅仅康德的“法权学说”可以被称为正义的形而上学，连他的德行学说也可以被称为正义的形而上学了。

一、正义是一种善

那么，正义是不是一种善呢？在哲学思想史中，“正义便是美德”是流传很久的说法，我们可以从古希腊找到最初的较为完整的观点。近代启蒙思想家（包括康德）受古典哲学的影响很深，而他们对正义的理解也很多源自古希腊，“如洛克、孟德斯鸠等提出的代议制、分权制即三权分立和相互制约的学说都可以上溯到《法篇》”〔1〕。限于篇幅，我在此仅以柏拉图和亚里士多德为例，说明正义与善的某种联结。

柏拉图和亚里士多德都将正义看作是一种善，他们认为正义是城邦和个人都不可缺少的善，只是柏拉图从城邦正义出发阐述了个人的正义，而亚里士多德恰好相反，把正义讨论的起点放在了个人美德之上。柏拉图在《国家篇》中表达了他的正义观：就城邦来说，组成城邦的三类人统治者、卫士和劳动者，分别应当具有智慧、勇敢和节制这三种美德，他们分别做好各自分内的事情，就达到第四种美德即正义。正义是城邦最重要的美德，“每个人就

---

〔1〕 汪子嵩等：《希腊哲学史》（第2卷），人民出版社1993年版，第1108页。转引自邓晓芒：“中西正义观之比较”，载《华中科技大学学报（社会科学版）》2015年第1期。

各自有的智慧、自制和勇敢为国家做出最好的贡献，也就是各人做分内该做的事而不干涉别人，这就是正义的原则”[1]。就个人来说，每个人的灵魂都有三个部分，即理性、情感和欲望。与之相对应的有人的三种美德，即智慧、勇敢和节制。这三种美德也是相互关联的：勇敢是对情感的理性控制，而节制则是对欲望的理性控制。此外，还存在第四种美德，就是正义。当灵魂的各部分都能充分发挥它的功能时，它们就形成了和谐的秩序，这就达到了正义美德的要求。正义是最全面的美德，它意在灵魂的每个部分各司其职，和谐共处。简而言之，柏拉图把正义不仅仅看作是城邦的美德，而且认为个人的灵魂与城邦是异质同构的，因此正义也就是个人的美德，这种美德意味着属于整体的每个部分做好应做的事情，得到应得的份额。

亚里士多德的正义观则集中体现在《尼各马可伦理学》的第五卷和《政治学》。他认为正义就是像“健康”一样的个人的道德品质，这个品质包含两个要素，一个是守法，一个是平等。“所有的合法行为显然都在某种意义上是公正的，因为这些合法行为都是经立法者规定为合法的，这些规定都是公正的”[2]，正义首先意味着个人守法；其次，正义还意味着在与他人的关系中保持平等，“公正是一种与他人相关的德行，所以在所有美德中，只有公正被看作是对于他人的善”。简单来说，亚里士多德把正义看作是个人的美德，但是这个美德要通过正义的法律得到实现。同样，关于城邦的正义，亚里士多德也是把法律与正义联系起来，“城邦以正义为原则，由正义而衍生的礼法，可以判断是非曲直，正义恰恰是梳理适合社会秩序的基础”[3]，正义也是城邦的重要美德，“政治学上的善就是‘正义’，正义以公共利益为依归。……正义包含两个要素——事物和应该接受事物的人；大家认为相等的人就该配给到相等的事物”[4]。亚里士多德对个人品德的正义与城邦的正义进行了更为深入的分析和分类，本书将不再赘述，但至少有一点是得到确认的，即他也认为正义就是一种美德，无论是对个人还是对政治共同体都是如此。

---

〔1〕 汪子嵩等：《希腊哲学史》（第2卷），人民出版社1993年版，第777页。转引自邓晓芒：“中西正义观之比较”，载《华中科技大学学报（社会科学版）》2015年第1期。

〔2〕 ［古希腊］亚里士多德：《尼各马可伦理学》，王旭凤、陈晓旭译，江西教育出版社2014年版，第77页。

〔3〕 ［古希腊］亚里士多德：《政治学》，商务印书馆1965年版，第9页。

〔4〕 ［古希腊］亚里士多德：《政治学》，商务印书馆1965年版，第148页。

把正义作为美德，是传统伦理学上的一种观点，这种观点是否也同样是康德的观点，恐怕还需要更进一步的探究，因为在康德关于正义的阐述中并没有表达这样的思想，并且他也没有通过引用任何类似的观点作为自己的论据。为了更清楚地看清正义与德行的关联，必须更进一步地分析正义在康德哲学中的真实内涵是什么。

二、正义概念的本质

我们在本章的第一节讨论了正义与法权的关系，正义与法权关系的厘清固然必要，但并不能指出正义的真正内涵，保护的正义、交换的正义和分配的正义，包括康德提到的惩罚的正义，这些所有冠以正义之名的概念，它们所共享的概念的本质是什么呢？

首先，正义是一种形式的原则，这是前文已经分析过的。我们谈论“正义是什么”，不是在谈论正义的质料，或者说在不同的情境中正义的表现，比如“契约中不能有欺诈”“法官判案不能收受贿赂”等，这些都是促使正义成为现实的手段，却并没为正义自身确定一个性质。就犹如我们在谈论“爱情是什么”时，常常会说爱情意味着“不能有欺骗”“要爱这个人而不是爱他的钱”等，但真正爱情的性质是什么却并没有说清楚，只有我们说“爱情就是无论如何都要和这个人在一起的感觉”时，才是对爱情的一个形式化阐释。因此，“正义是什么”，也需要这样一个明确而形式的阐释，康德的确为我们暗示了这个“形式”。他说道：“是哪种方式的惩罚和什么程度的惩罚使得正义成为原则和准绳呢？不是别的，就是平等的原则，即（在正义的天平上指针的状态中）不偏不倚”〔1〕，这是说正义体现出某种平等。他又说道：“这里没有任何抵偿物来满足正义，在一种哪怕如此忧愁的生命和死亡之间没有任何相似性”〔2〕，这是说正义意味着某种相似性。另外，在交换正义中，一方给予金钱，另一方交付物品，这里也体现出一种等值的对价。保护正义中，人格对自身的保护，总是限制在自身力量所及范围内，超出范围变成了对他人的侵犯，正义在此显示了力量上的均衡。正义所能体现出来的这种形式很明显是一种正向的数量关系，按照“范畴表”，由正义所规定的这种数量

〔1〕 MM, p. 105.《道德形而上学》张荣、李秋零译本，第121页。
〔2〕 MM, p. 106.《道德形而上学》张荣、李秋零译本，第122页。

关系应该是“关系范畴”。“关系范畴”又分为“依存性与自存性”“原因性与从属性”和“协同性”三种，后两者的区别在于交互的两对实体是否有时间上的相继关系，“原因和一般事物的因果性的图型是那种实在之物，只要愿意设定它就总是有另外的东西接踵而来。所以这个图型就在于杂多之物的相继状态，只要这种相继状态服从某种规则”〔1〕，“协同性（交互作用）的图型，或者诸实体在偶性方面的交互因果性的图型，就是一个实体的规定和另一个实体的规定按照一条普遍规则而同时并存”〔2〕。正义所规定的数量关系，应该是因果关系，也就是行为与后果的关系。以交换正义为例，在契约关系中，契约的一方诚实履行契约为在先行为，正义的原则要求在后的后果应该为效果相同的诚实履约行为。同样，在分配正义中，先前发生的法律纠纷（一方违法行为在先）是因，法官后来对行为的评价为果，判决结果要以某种数量比例适合违法定性才算是正义。总而言之，如果可以为正义下一个形式化的定义的话，那就是：正义就是让原因与结果保持均衡的数量关系。

其次，正义代表一种价值。康德在《道德形而上学奠基》中区别了两种价值，一种是外在的价值，一种是内在的价值。他说道：“与普遍的人类爱好和需要相关的事物，具有一种市场价格；而甚至不以需要为前提也适应于某种鉴赏力，即适应于我们内心诸能力在纯然无目的的游戏中的愉悦的事物，则具有一种玩赏价格；但凡是构成某物能成为自在目的本身的唯一条件的事物，就不仅仅具有一种相对的价值，即价格，而是具有内在的价值，即尊严”〔3〕。同时，“一切或者有价格，或者有尊严。一个有价格的事物也可以被其他的事物作为其等价物而替换；与此相反，凡超越于一切价格之上，从而不承认任何等价物的事物，才具有尊严”〔4〕。在这两处康德所谓的价格和内在价值主要是针对实体而言的，但正义如果可以被拟物化，显然也是具有内在价值的东西。“正义一旦离开，人活在这个世界上便也没有任何价值了”〔5〕，正义具有一种绝对性的价值。“如果正义为某种价格出卖自己，那正义就不再是正义

〔1〕 CPR, p. 275.《批判》邓晓芒译本（上），第125页。

〔2〕 CPR, p. 275.《批判》邓晓芒译本（上），第125页。

〔3〕 PP, p. 84.《奠基》杨云飞译本，第72页。

〔4〕 PP, p. 84.《奠基》杨云飞译本，第72页。

〔5〕 MM, p. 105.《道德形而上学》张荣、李秋零译本，第121页。

了”[1]，正义是没有等价物的，它只能作为目的，而不能作为任何其他事物的手段。那么，如果正义是法权状态的形式原则，那么它就是法权状态的最高价值和最终目标所在，也就是说，没有什么能够比正义更能为法权状态奠定价值基础的了。

最后，正义包含着定言命令。“一切命令的要求要么是假言的，要么是定言的。前者把某个可能行动的实践必要性，表现为达成人们所想要的（或至少有可能这样愿望的）其他某物的手段。定言命令则把某个行动自身独立地就表象为一客观必要的，与其他目的毫无关系”[2]。康德认为，相对的目的（作为别的目的之手段的目的）只能作为假言命令的根据，是受经验条件的限制的；与之相对，“假设有某种东西，其自在的存有本身就具有某种绝对价值，它能作为自在的目的本身而成为确定的法则的根据，那么在它里面，并且唯一地只在它里面，就包含某种可能的定言命令的，即实践法则的根据”[3]。如果正义代表一种内在的价值，并且不能够作为手段，而必须作为目的的话，那么正义就一定包含着定言命令。那么正义的定言命令是什么呢？按照我们前面的分析，这个命令就是“对行为精确地配之以满足某种比例（数量关系）的后果”，这个后果很大程度上指的是惩罚。“惩罚正义的定言命令（违法杀害他人必须以死刑来惩罚）依然存在……”[4]。康德直接说出了正义的定言命令，从而也毫不隐讳地表明正义与定言命令的关系，只是他并没有像罗尔斯那样认为正义就是定言命令，而是说正义中包含着定言命令。

正义的理念中包含着德行的命令，从而意味着它是普遍必然性的命令，因此正义也就是具有普遍性的德行要求。只是被冠以“正义”之名的德行，是一种与政治共同体分不开的德行，也就是如同古希腊哲学家所谓的“城邦之善”，不是单个人的善。那么，正义的理念是否就仅仅存在于政治共同体中呢？康德将其延伸到另一个地方，那就是伦理的共同体中，而且在这个别处，正义的理念已经不是“正义”，而是被更换为“至善”。正义与至善这一卵双生的姊妹，在形式上具有惊人的相似性，而且她们也成为把“法权学说”与

---

〔1〕 MM, p. 105.《道德形而上学》张荣、李秋零译本，第121页。

〔2〕 PP, p. 67.《奠基》杨云飞译本，第42页。

〔3〕 PP, p. 78.《奠基》杨云飞译本，第62页。

〔4〕 MM, p. 109.《道德形而上学》张荣、李秋零译本，第126页。

“德行学说”统一起来的某种契机。下文将详述之。

在此需要总结的是，康德的正义观汲取了古典哲学的营养，但并没有在它圈定的范围内去看待正义。康德的正义观表现了一种对古典哲学的继承，但同时也是一种偏离。正义是共同体的一种德行，却不能用来评价个人，因为对个人来说，能做到的只有合乎德行动机的行为，至于行为的结果只能是期待共同体的正义来实现。不过他所谓的共同体又不仅仅包含政治的共同体，还包含伦理的共同体，虽然后者是为宗教而留，但显然康德是把德行放在了更重要的位置。我们能确定得到结论的是，康德把正义只看作是共同体的美德。

第三节　至善与正义

康德哲学一直强调的一点就是人的两重性，也就是说人既是感性世界的，又是理知世界的，前者遵循自然的法则，后者遵循自由的法则。而自由的立法又分为法律的立法和伦理的立法，前者为人们外在的自由提供规范，后者为人的内在自由提供规范。既然正义必然也会提出定言命令，它是政治共同体的德行所在，是法权最终追求的价值，也是守法之人生活于尘世的一个希望，那么在与法权的世界相对的德行的世界，什么又是最终的价值呢？人们在按照德行的要求去做了该做的，又能希望什么呢？康德非常明确地指出，这个给予所有有德行之人希望的，便是最完满的善，即“至善”。

一、什么是至善

康德在《纯粹理性批判》的“纯粹理性的法规”部分以及《实践理性批判》的“纯粹实践理性的辩证论”部分都对这个内在自由的法则之最终目标“至善”做了明确的说明。他认为，在人们做了应该做的之后，可以希望在上帝那里得到幸福的恩赐，从而德行与幸福真正地按照精确的比例分配开来，这便是至善。至善包含两个要素的必然结合，一个是德行，一个是幸福。“德行在其中始终作为条件而是至上的善，因为它不再具有超越于自己之上的任何条件，而幸福始终是这种东西，它虽然使占有它的人感到快适，但并不单独就是绝对善的和从一切方面考虑都是善的，而是任何时候都以道德的合乎法则的行为作为前提条件”[1]。这就是说德行的条件只有一个，就是它本身，即以道德法则为动机来行为；而幸福如果要是善的，一定要以德行的存在为前提，只有德行才配享幸福。这两个要素的结合不是分析的，因为二者谁也不能推出谁，而二者的关系范畴属于因果关系，德行是幸福的原因，这才是至善的理念所要求的。康德在谈到纯粹实践理性的对象时，提出善恶才是纯粹理性的唯一客体，前者是欲求能力的必然对象，后者是厌恶能力的必然对象。同时，他认为要把善恶与福祸区分开来，善恶总是与意志和行为相关，而与个人的苦乐无关，而福祸则总是与结果相关，与苦乐的感受相关。而我们在至善的理念这里，看到了善与福的联结，善是配享幸福的条件，而福要精确按照善的比例来分配。同样，恶与苦是不是也结合在某个理念之中呢？本书认为，这个理念就是正义的理念，恶是该当受苦的条件，而苦要按照恶的精确比例来分配。至善和正义表现出极大的相似性，它们在形式上几乎是一致的。

此外，康德在《单纯理性限度内的宗教》第三篇提到了与政治共同体相对应的一个伦理共同体的概念，并认为在这个共同体中，每个人都是上帝子民，上帝既是德行法则的立法者，也是审判者和执行者，他按照至善的原则——幸福与德行按比例分配，使每个人在这里按照自己的德行得到应得的东西。关于伦理共同体的必要性，康德说道：“有理性的存在者……都注定要趋向一个共同的目的，即促进作为共同体的善的一种至善。由于道德上的至善并不能仅仅通过单个的人追求他自己在道德上的完善来实现，而是要求单个的人，为了这同一个目的联合成为一个整体，成为一个具有善良意念的人们的体系。只有在这个体系中，并且凭借这个体系的统一，道德上的至善才能实现”[2]。也就是说，至善要在一个伦理的共同体中才能实现出来，因为在这个共同体中才能有同时作为立法者和审判者的上帝，把那些幸福分配给配享幸福的有德行的人，而分散的个人最多只能达到最高的善即德行，却无法希望永福。

---

〔1〕 PP, p. 229.《批判》邓晓芒译本（下），第123~124页。

〔2〕 RR, p. 109.《宗教》李秋零译本，第95页。

二、"惩罚正义"的出场

与这样一个伦理共同体相类似，在人们的感性世界中也存在一个政治共同体，只是这个共同体不是上帝的统治，而是人的统治。伦理共同体的统治者是上帝，因而是一个至善的王国。而政治共同体的统治者却是人，人作为理性的存在者并不必然就是善的，因而这个王国必须有与至善一样的最基本的原则，那就是正义。因此正义是人间至善的理念，只不过正义与至善是从两个相反的角度去做的，至善是把幸福按比例分配给有德的人，而正义是把痛苦分配给违法的人。

我们通过至善去追求未来的幸福，通过正义来惩罚现世的罪恶。在上帝手中执掌的是至善的天平，一边是德行，一边是幸福，它们必须相等才能平衡；而在法官的手中执掌的是正义的天平，一边是罪恶，一边是痛苦，它们也必须相等才能平衡。于是，我们在康德哲学中看到的就是这样一种对称，而这种对称最终是与人在感性世界与理知世界的共存相关的，对同时居于两个世界的人来说，理性世界的自由法则最终指向至善的目标，而感性世界的自然法则最终指向的是正义的目标。"什么是正义"与"什么是至善"具有相同形式上相同的涵义，它们的原则就是均衡。而如果我们再进一步追溯到纯粹自然王国的立法，也就是自然法则，那条"作用力与反作用力相等"也是表现了这种均衡，它回答了"什么是守恒"。在康德哲学所涉及的这三个最高原理，呈现出无目的的合目的性，似乎自然就是要呈现出这样一种均衡的目的，后果与原因一定是一一对应的，无论是自然界的自然碰撞，还是人与人外在的自由关系，人与人内在的自由关系，都表达出这一点。

因此，回到康德的"法权学说"，他关于三种不同的正义的讨论，也是把这种均衡的思想作为正义的原则而表现出来的。保护性的正义运用于人内在与生俱来的自由，意味着每个人格外在的存在（对自己的占有）既不多也不少，既不能放弃这个人格，也不能侵犯别人的人格。交换的正义运用于人外在的获得，意味着我从"你"那里获得"我的"，而同时你从"我"这里获得"你的"，一个人付出金钱，一个人付出劳动，二者必须是平衡的。分配的正义运用于全体人民的意志对一个个别人的行为作出判断，意味着人民的代表法官根据法律的规定，按照公民的行为，来给予他应得的。在没有公共法

权的自然状态中，保护性正义与交换正义也是存在的，但却只是一种非强制性的理性观念，所以无法得到永久的维持。而在公民状态中，人民被赋予了一种强制力的公共法权，通过法庭不但把这两种正义实现出来，而且也增加了分配正义，把后果（应得）与原因（行为）等值地结合起来，从而使正义从可能性和现实性走向了必然性。

如康德所说，公共正义是公共法权的一条形式原则，这意味着实现正义是共同体的义务和责任，但是共同体毕竟也是人组成的，国家归根结底是一种“人格”，而不是“神”，所以国家正义就是一个不断接近的目标，却很难做到真正的完全实现。这种绝对的均衡要在上帝审判中以“至善”的形式表现出来，正义是人类对至善的一个副本。在现实的政治共同体中，我们外在行为做到了合法性，并不能得到幸福，法官也没有这样的权限赋予我们幸福。因为幸福必须与德行相对，合法性还不是德行；但反过来，如果我们的外在行为是非法的，我们就应当依据正义得到不幸（痛苦），这个法官是能够在现实中实现出来的，这便是惩罚。因此，幸福的体系与德行的体系是两个一一对应的体系，就像是两条并列的直线一样，它们彼此清楚标明了刻度，以表示二者的一一对应。德行的正值对应幸福的正值，也就是说有德行的人获得幸福。德行的负值对应幸福的负值（不幸的正值），也就是说非法的行为对应相应的惩罚。而居于德行零点的，是合法的、但没有德行动机的行为，它对应幸福的零点，在现世既不会得到惩罚，在未来也不会得到幸福。

小 结

在进入康德关于刑罚的讨论之前，我们对康德正义观的缕析，将有助于理解“正义”概念在康德哲学中的位置，从而深入理解惩罚概念的本质。而通过本章的分析，我们可以初步得出这样的结论：在康德看来，刑罚权只存在于公民状态中，是公共正义的一部分，以正义为其本质特征。并且，正义不是工具性的价值，而是共同体的一种美德，具有内在的价值，它与至善一样，要求原因（罪）与结果（罚）之间具有均衡的数量关系。

第四章 刑罚是什么

接下来的三章将围绕刑罚的核心命题而展开，它们是：刑罚的界定、刑罚的正当性来源，以及什么样的刑罚是正当的。本章关注的是刑罚的界定问题，它所关心的不是康德对刑罚概念作出了什么样的定义，而是如何从康德哲学中提炼出与刑罚这个术语最相关的概念。在我看来，这个最相关的概念不是别的，正是“自由”概念，只有充分理解了康德意义上的自由，才能进一步理解自由与犯罪和刑罚的关系，从而明晰刑罚的内涵，并有助于我们展开另外两个命题。

本章可以分为三个部分：第一，自由概念的再剖析，我将在第一章关于自由概念在康德哲学中关键地位之解读的基础上，进一步区分外在自由与内在自由的不同，同时揭示出“法权学说”最终的论证目的在于，尽可能地帮助国家和公民达致最大程度的自由；第二，回答“犯罪是什么”，我将对比当代关于犯罪概念的争论，提出康德关于犯罪概念的核心观点，即犯罪就是对他人自由的妨碍（自由的破坏）；第三，刑罚概念的阐明，我将围绕康德对刑罚概念的阐明，解释刑罚与“痛苦”和“国家强制力”这两个要素的关系，并指出刑罚的本质就是对自由的妨碍的再妨碍（自由的恢复），这与当今报应主义学说表现出明显的距离。我将论证说明，大多数对康德的当代解释，都没有充分重视“自由”的基础性特征，从而对康德进行了误读。“刑罚是什么”与“刑罚的正当性来源”这个问题有很大的关联，独特地建立在自由之上的刑罚概念的阐明，是康德无法成为一名威慑主义者的因素之一。而为什么康德不能被流行的混合论所重构，我将在下一章进行细致地论证。

第一节 自由概念的再剖析

在康德哲学中，我们总能发现一个伴随始终又感动人心的问题，就是“人如何能达致自由”。在自然王国，我的身体活动受制于自然规律，和动物一样是不自由的；而在自由王国，我们作为理性存在者的本质，受到理性自我立法的道德法则的指引，是纯粹的自由的人。但是，在我们日常生活的领域，人又如何达到自由呢？按照康德的说法，如果欲望的偏好替代了道德法则，成为我们选择的行为准则，那么我们就是不自由的。那么，在现象界的生活中，我们必然是无法达致自由的，而只能不断地趋近于自由。

一、关于自由的两个区分

如果我们将康德的自由概念放到政治生活中，这个自由又该如何解释呢？在解决这个问题之前，有必要作两个区分：第一，是自由意志与自由的任意的区分，后者正是在日常生活中引发我们行为的原因力；第二，是外在自由与内在自由的区分，前者构成了“法权学说”所讨论的主题，“每个人，如何在相互的交往中，不断接近自由的生活？”。

（一）自由的两个层次

人们不免会有这样的疑问：在法律之下生活的我们，真的是自由的吗？现代社会法律规则无孔不入，而有些规则表面看来是限制了人的自由行为，而非维护了自由，刑法的禁令尤其如此。设想一下，如果没有刑法，人就像从枷锁中挣脱了一样，许多的欲求都可能得到满足。我可以通过魔术之手偷窃而不劳而获（盗窃罪）、沉浸在无限的淫乐之中（聚众淫乱罪）、尽享毒品带来的快感（毒品类犯罪）、三妻四妾（重婚罪）、酒后飙车（危险驾驶罪）。很显然，任何理性的人都不会赞同这样的无拘无束的自由，就像野马脱缰、风筝断线，人最终也会被自由所消灭，或者是战争，或者是自我毁灭。换言之，没有限制，自由将变得没那么可爱。如果我们把自由定义为按照自己的意愿做任何可能的事情，也包括做任何坏的事情，那么，这种经验性的自由就是康德所说的第二层次的自由（自由的任意），却不是自由的真正含义。

依康德，自由意志与自由的任意的区分，最关键的要点便是法则的存无。

一方面，自由意志是自由的任意的一部分，它也是按照自己意愿的准则而摆脱了自然因果律的限制，具有消极自由的一面；但另一方面，自由意志又是超越于自由的任意之上的部分，其准则应该是符合道德法则的，也就是符合实践理性自我立法的，具有积极自由的一面。简而言之，自由意志才是真正意义上的自由，它排除了我们做错事的任意，因而也排除了野蛮的无法的自由之含义，这是康德与密尔最大的不同。

康德把自由的任意和自由意志区分开来，回答了“人为什么需要法则”这个问题。无论是道德法则还是法律法则，它们的作用都在于“提升自由的任意的层次”，促进人的纯粹的自由之实现。正是在这个意义上，康德才确证了法的必要性，既在道德上又在法律上表明，法只是排除了低层次的自由的任意，却更大程度上促进了真正的纯粹的自由。对康德来说，无法的状态就是自然状态和战争状态，必须由这种状态进入到有法的“法治状态”，才可能确保人的自由的达致。而这始终是康德哲学的一条脉络：“人为自然立法”使知性认识现象成为可能，避免了怀疑论（自然状态）和独断论（战争状态）；“道德法则”使自由的实践成为可能，避免了独断性的自由的任意之冲突。

于是，是否符合定言命令的普遍法则，就成为真正的自由（自由意志）与自由的任意的最根本的不同。对康德来说，当我们的行动准则处在道德法则的子集中，就越趋近于真正的自由；而当我们的行动本身处在一个可以被普遍化的规则的子集中（也就是人民联合的意志的普遍立法），也就最大程度上趋近于真正的自由的表象。更简明地说，自由就是按照我们自己的选择行事，而什么才真正是我们自己的选择？康德认为，当我们选择是吃萝卜还是吃青菜时，我们完全受制于欲望，只是自由的任意；而当我们按照我们自己的理性的立法而选择不说谎、不偷盗、不杀人时，便是真正自由的选择。前者是让我们的行动服从于欲望，后者是让我们的行动服从于理性的自我立法，后者突出了人作为理性存在的价值，也就是自由的价值。

正是在这个区分之上，康德将普遍法权原则限定为普遍法则之下的外在自由的共存，而非仅仅是自由的共存。为我们熟知的密尔的“伤害原则”实际上指的就是后者，即“对于文明群体中的任一成员，所以能够施用一种权力以反其意志而不失为正当，唯一的目的只是要防止对他人的伤害”[1]。而康德则强调，一个行为的正当性，仅仅不伤害他人是不够的，它还要符合一个普遍的法则。

既然一切规范（无论是道德的规范还是法律的规范）最终意义上都是要促进实现真正的自由，那么，为什么康德又要将自由的任意分为外在自由与内在自由呢？进一步说，法权为什么是必要的？

（二）外在自由与内在自由

对这个问题的回答，必须要回到康德关于“人”的定位上来。我们知道，人是一个有理性的存在者，一方面他具有肉体、是现象世界的行动者；另一方面他有心灵、是本体世界的选择者。那么，表现在现象世界的行动是如何完成的？按照康德的说法，人的行动来源于对准则的选择，也就是说，在每一个行动的背后都有一个行为人基于自由的任意而选择的行为的准则。换言之，当我作出一个行动时，首先会确定一个目标，按照这个目标去选择行为的手段，然后按照内心所选择的准则将这个作为手段的行为实现出来。

然而，同一个行为准则之下，是否对应着同一种行为呢？或者反过来说，是否我们肉眼所见的同样的行为，都是出于同样的准则呢？回答必然是否定的。任何一个有常识的人，都会发现，行为的准则与行为本身并不是一一对应的。拿最简单的“亲吻”行为为例，一位男性亲吻一位女性，可能出自爱慕之情，可能出于恶意侵犯（性骚扰），也可能是为了救命（人工呼吸）。所以，仅仅根据外部行为的表象，我们无法判断一个行为是善是恶，必须要洞察行为背后的动机和行为依据的准则才能够做出完整的判断。这样看来，道德义务本身就已经穷尽了人的一切义务了，或者说服从道德法则将会引导我们走向真正善的生活，而任何对道德法则的违背都是与善向左的。我们又为何需要法律呢？如果法律既不会让我们变得更加善良，也不能增加任何道德法则以外的义务，它的存在不就是多余的吗？

康德认为，我们必须关注人的外在的自由的任意，用一种经验世界的立法而非定言命令的道德法则，来引导这种外在自由，从而使人们可能陷入混乱的行为进入有法则的和平状态中。要理解这一点，我们还是要回到对人的

---

[1] ［英］约翰·密尔：《论自由》，程崇华译，商务印书馆1959年版，第10页。

行为本身的分析上来，也就是说，一个行为是如何产生的？按照康德的观点，人既属于理知世界，又属于感性世界；于前者，人的心灵愿望（wish）是自由的，于后者，人的肉体活动（action）是受到限制的。而人的行为，实际上是两种世界共同作用的产物，或者说是人的自由的任意选择的准则与自然法则重叠的结果。一方面，心灵产生对某个主观目的的欲求，另一方面，自然法则决定了这个目的能否成为客观的现实。对那些符合自然法则的，人就可以通过肉体的活动形成行为；而那些不符合自然法则的，就永远只是一种主观的愿望而已，无法形成人的行为。因此，人能否作出某种行为，取决于自然法则，它也是人应当作出某种行为的前提条件。

进一步说，人应当作出怎样的行为，第一步取决于人能否在感性世界中作出这个行为，这主要依赖于自然法则，并且是从人作为单独的个体而言的。但是单独的个人并不是感性时空的唯一存在，人本身和人的行为不仅仅只受到非理性的事物的影响，更重要的是与他人和他人的行为处在交互关系中。从消极的方面看，以最简单的两个人的交互关系为例，甲的行为可能对乙至少产生三个方面的作用：其可能主要对乙的身体产生强制力（甲用刀划伤乙的身体），也可能仅仅伤害乙的心灵（甲公然辱骂乙），还可能对乙的身心都产生影响（甲强奸了乙）。用康德的话来说，甲的行为产生的作用力就是对乙的一种强制力，其使得乙的外在的选择受到了限制，换言之，强制力影响了自由。必须有相反的作用力针对这个单方面的强制而施加，恢复人的自由的任意。于是，决定人应当作出何种行为的第二步，就是为人的外在行为设立法则，符合法则的行为就是应当的行为，背弃法则的行为就是不应当的行为。但此处的“应当”实际上指的是合法性，而非合道德性，它所指的仅仅是“作为外在的表象”的行为应当被表现为什么样，而不是指“作为内在的本体”的心灵应该选择什么样的行为准则。

这样，自由的任意的外在方面就与其内在方面区分开来，前者关乎合法性的判断，后者才关乎合道德性的判断。在“我们应该做什么”这个问题的回答上，有三个层次：首先，我们要根据自然法则判断，我们能够做什么；第二，我们要根据合法性的法则（外在的立法）判断，我们应该作出什么样的行为；第三，我们要根据伦理性的法则（内在的立法）判断，我们应该选择什么样的行为准则。这三个层次通过三种不同的法则，逐步促进有限理性存在者成为一个真正自由的人。

紧接着的一个问题就是：我们去哪里寻找这个合法性的法则，即外在的自由的法则呢？它同样来源于纯粹理性的道德法则，“就这些法则仅仅指向外在行为和行为与这些法则保持一致而言，它们被称为法律的法则（juridical laws）；而如果它们也要求法则本身是决定行为的理由的话，它们就是伦理的法则（ethical laws）”〔1〕。据此，法律的法则与伦理的法则的不同，并不在于它们具有不同的法则的质料（具有不同的内容），只是被要求具有不同的形式（指向的对象不同），却都是出于理性自身的立法。康德在此处所谓的“法律的法则”，与我们常识中的经验性的实体法律不是一回事，前者仍然是一种本体意义上的理性的法则（外在的自由法则），而后者则是国家经验性立法的一部分。这种二元的对立在康德哲学中比比可见，先天地来源于纯粹理性的法则是外在自由的法则的本质，而国家经验性的实体法则只是前者在感性世界的一个表象。这也意味着，实体法律不完全是理性的，甚至可能相悖于理性和有碍于外在的自由，但是它的目的或者说不断完善的方向就是向着纯粹理性的外在自由的法则靠拢。同时，人们更难以企盼这种经验性的立法能够实现人的外在的自由，它只是提供了一种不断走向自由的趋势而已。

二、作为道德人格的国家

把外在自由从自由的任意中剥离出来，说明了一种外在的为行为立法的必要性，从而也反映出建立一个共同体的法治的必要性。既然人们必须共同生活于共有的时空中，又必然会因为彼此的行为而产生交互性的关系，那么，一个规范人们外在的自由的任意的法则就必然需要以某种方式进入感性的世界为人们所认识，这便是现实的立法。从这个意义上说，人们不是因为某种利益性的需求（如自我保护）而被迫进入一种公共的法权状态的，实际上，社会的源始契约最先来自于人们为外在的自由立法的要求。

我们会发现，在康德的政治哲学中，并没有产生国家与个人之间的对立，他始终把国家看作是人们的自由的立法的联合体，这与霍布斯笔下的利维坦有很大的不同。在康德看来，生活在某个地理领域中的人们，不可避免地会

〔1〕 MM, p. 14.《道德形而上学》张荣、李秋零译本，第12页。

与他人发生相互关系，就像自由运动（静止或者匀速直线运动）的物体会产生碰撞一样。理性将指引他们在感性世界中建立外在自由的法则，从而在这个法则之下形成外在自由的共同体，后者不是与理性的个人相对立的存在者，而是外在的自由的立法在感性世界中得以可能的条件。所以，与那些建立在经验性前提之上的所有政治理论不同，康德笔下的政治自由，并不是来源于人们对国家的利益诉求，而是产生于人的先天的理性立法。他的契约论思想表达的是，在公共法权状态中，国家将拥有哪些法权，从而使人们的外在自由在普遍的法则之下得到保持和恢复。从这个思路出发，就会很容易理解，为什么在“法权学说”中关于公共法权的部分，康德更多考察的是国家的法权，而非设定国家的义务或者划定国家干预个人权利的边界。这种看似奇怪的文本安排，实际上体现了自由理念之下的政治观，政治共同体和其中的每一个成员，他们的目的是一致的，即最大程度上促进每个人的外在自由。〔1〕

然而，这是否意味着国家与个人之间就不存在现实的对立呢？并非如此。为回答这个问题，我们必须首先认识到康德政治哲学中特有的作为道德人格的国家的理念，然后，我们需要明确，个人的自由是如何在政治共同体中展现出来的。如果这两点能够成立的话，国家与个人之间的关系为何，便迎刃而解了。在本部分，我将主要关注第一点，其余将在下个部分集中讨论。

我们该如何看待由公民联合意志所代表的国家的理念呢？在感性世界，我们很难找到一个国家对应的实体，但是我们又能够真实地感受到国家存在的力量。显而易见的是，立法机关的立法程序、政府机关的法令执行以及法官的判决，这些一定程度上代表了整个国家之行动，都是在日常生活中直接影响我们的事件。这表明，国家并不仅仅是在理知世界中的一个理念而已。然而，我们又很难在感性世界中真正把“国家”对应到一个对象上来，它不同于一个特定的地域。我们只能说中国“位于亚洲东部、太平洋西岸，陆地面积约 960 万平方公里，海洋面积 299.7 万平方公里，陆地疆域与 14 个国家接壤”〔2〕，却不能说这就是中国本身，它只能代表一种地理位置，不能代表

〔1〕 值得注意的是，“最大程度地促进每个人的自由”与“实现人们的自由权利的最大化”并不是同一个命题，前者强调的是“共同体中每个人都处在自由的状态”的最终目标，后者则强调的是“最大多数人的现实的自由权利得到实现”或者“人们现实的自由权利大多数得到满足”。后者实际上仍然是一种功利主义的“最大多数人的最大幸福”的观念，只是把“自由”看作了幸福的一个部分。

〔2〕 段广慧：《社会科学实用参考》，武汉大学出版社 2014 年版，第 281 页。

一个国家的整体。这又表明，国家也不仅仅是在感性世界中的占据某个空间的事物。就这两点来说，国家似乎是一个同时存在于感性世界和理知世界的存在者，与有理性的每个“人格”具有相似之处。

我们能找到的线索不止一个，康德在“法权学说”的文本结构中，也隐含了国家与“人格”之间可能的联系。“法权学说”的结束语中，有这么一段话：“我们可以说，建立普遍的和永久的和平不仅仅构成了法权学说的一个部分，而且是在理性限度内的整个的法权学说的最终的目的。”〔1〕可是奇怪的是，康德把“法权学说”的大部分都奉献给了国内法权的讨论，而关于国家与国家之间的永久和平的讨论只占到了不足四分之一。如果建立永久和平是整个法权学说的最终目标的话，康德不应该像这样去安排：私人法权占据了“法权学说”的一半，国家公共法权占据了四分之一，而关于国际法权的讨论仅有九页。〔2〕比尔德受到启发，提出了“作为道德人格的国家”的观点，从而解释了前述的怪异的文本结构。

他认为，像每个人拥有对己对他人的义务一样，国家也具有对自己和对他国的完全的和不完全的义务，这些义务正是国家作为道德人格的证明。按照他的说法，国家具有对自己的完全义务，就是不允许革命和自我瓦解，正如个人具有对自己的完全义务是维护自己和不自杀一样。国家具有对自己的不完全义务，即改善宪制，正如个人对自己的不完全义务是发展才能一样。国家具有的对他国的完全义务与个人具有的对他人的完全义务一样，即三条乌尔比安公式——“有尊严的活着”“不要伤害他人”“给予每个人应得的东西”。国家还具有对他国的不完全的义务，就是在他国突发需要的时候给予帮助，正如个人对他人的仁慈的义务一样。〔3〕

比尔德把国家与国家之间的关系，比喻为人与人之间的关系，并反过来说，国家与国家之间最终追求的永久和平的目标，在人与人之间是通过共同走入公共法权状态而可能实现的。这样，他就阐释了康德为何把永久和平作为“法权学说”的终极目的，却仅仅在国际法权部分才开始提出它的一个

---

〔1〕 MM，p123.《道德形而上学》张荣、李秋零译本，第 141 页。

〔2〕 See B. Sharon Byrd，“The State as a ‘Moral Person’ ”，in B. Sharon Byrd & Joachim Hruschka eds.，*Kant and Law*，Ashegate，2006，p. 379.

〔3〕 See B. Sharon Byrd，“The State as a ‘Moral Person’ ”，in B. Sharon Byrd & Joachim Hruschka eds.，*Kant and Law*，Ashegate，2006，p. 379.

原因。

不过，如果我们能够将比尔德的设想推进一步，就会发现，如果国家也是一个道德人格，那么它与其公民的人格之间，也应当是人格与人格的某种“平等”关系。而如果我们把国家当做人格来看待，就有意外的风景，并有助于我们更深刻地理解个人在国家中拥有的政治自由。

康德主要在三个地方提及了与“人格”有关的概念。第一，在《道德形而上学奠基》中，康德指出，“理性存在者就被称之为人格，因为他们的本性已经凸显出他们就是自在目的本身，即某种不可仅仅被当做手段来使用的东西”[1]，这表明人格是目的而非仅仅作为手段，因而是值得敬重、拥有尊严的主体。第二，在《道德形而上学导论》中，康德认为，“人格就是他的行为能够被归责于他的主体。道德人格性因此不是别的，就是一个理性存在者在道德法则之下的自由”[2]，这表明人格能够承担责任，且是自由的存在者。第三，在《单纯理性限度内的宗教》中，康德强调，“人格性的禀赋是一种易于接受对道德法则的敬重、把道德法则当做自由的任意之自身充分的动机的素质”[3]，人格具有能够遵守道德法则的秉性。

与之类比，我们可以通过以上的陈述，把国家人格的内涵扩展开来。那么，一个作为人格的国家，就意味着这样几点：

第一，国家只能被当做自身就是目的，而不能仅仅作为手段来看待，因而国家也有尊严，不能被任何任意（无论是内在的成员的任意，还是外在的其他国家及个人的任意）所操控。在对外关系上，国家不能被其他国家或者个人随意地攻占、瓜分和奴役，否则便是把国家这个人格作为了达致其他人的某种目的的手段，而不是也把它看作自身就是目的的存在。虽然，按照康德的说法，国家与国家之间并没有宪制，而是一种自然状态中的合作关系，但国家具有类似人格的特征，预示了它在与其他国家和个人的关系中，不能被当做物，而必须拥有一个人格最基本的尊严。同样，在对内关系上，国家也不能被当做某个成员的任意的工具。不管是政府首脑还是普通公民，都不得为了自己或者其他非国家本身的利益，而把国家当做达成目的的手段，例

---

〔1〕 PP, p. 79.《奠基》杨云飞译本，第 62~63 页。

〔2〕 MM, p. 16.《道德形而上学》张荣、李秋零译本。

〔3〕 RR, p. 52.《宗教》李秋零译本，第 22 页。

如破坏国家的领土完整、违反国家意志对其他国家发动战争、背叛国家、分裂国家、危害国家安全等。

在刑法中，许多犯罪类型实际上都属于把国家作为达成自我或者他人目的的手段，例如危害国家安全的犯罪、部分伤害公共安全和公共秩序的犯罪，以及部分破坏金融管理秩序的犯罪，这些都是为了罪犯或者其他人的私利，而将国家作为达成利益的工具，从而侵犯了国家作为人格的尊严。这样，一个行为的正当性，就从作为个人人格的主体之间的彼此利益的共存（一种经验性的和平相处），扩展为包含国家人格和个人人格的所有人格在内的外在自由的共存（一种理性的永久和平）。也正是在这个意义上，我们说康德的永久和平目标实际上贯穿了“法权学说”的始终，而不仅仅停留在国际法的层面。

第二，国家服从并且只能服从于自己理性的自我立法，公民联合意志的自我立法就是国家的道德法则。一个人格的存在，就是一个理性的、自由的存在，那么，国家的理性来源于何处呢？换句话说，每个个人的纯粹理性体现在他的自由意志上，那么国家人格作为整体是否也具有自由意志呢？卢梭提出了“公意”的概念，并指出：“公意永远是公正的，而且永远以公共利益为依归”〔1〕“公意必须从全体出发，才能对全体都适用”〔2〕，且“众意与公意之间经常总有很大的差别；公意只着眼于公共的利益，而众意则着眼于私人的利益，众意只是个别意志的总和”〔3〕。康德受到卢梭的启迪，也认为“只有将每个人置于义务之下的意志，因此是一个联合的共同的和有力量的意志，能够给每个人提供这样的保障”〔4〕。

与卢梭不同的是，康德把这样的共同意志看作是一种理性的先天的意志，而不是基于共同的利益而形成的经验性的意志，即使后者也将体现出理性的特征。那么，一个人格的国家就与一个人格的个体一样，要按照自己的理性的意志立法即道德法则的要求，来规定自己的义务。对前者而言，纯粹理性的基础在于联合了全体公民意志的源始契约，其是一种先天的理性的理念，“人民借以自己把自己构建成一个国家的那种行为，就是一个源始契约。这个

〔1〕［法］卢梭：《社会契约论》，何兆武译，天津人民出版社 2014 年版，第 36 页。

〔2〕［法］卢梭：《社会契约论》，何兆武译，天津人民出版社 2014 年版，第 40 页。

〔3〕［法］卢梭：《社会契约论》，何兆武译，天津人民出版社 2014 年版，第 36~37 页。

〔4〕MM, p. 45.《道德形而上学》张荣、李秋零译本，第 50 页。

契约实际上只是这个行为的一个理念，凭借它我们能够想象一个国家的合法性”[1]。更重要的是，国家也与每个有限理性存在者一样，虽然必然从源始契约中获得义务，但却不是必然地服从于它，而是也要受到感性世界的利益诱惑，包括为了自己的福祉而损害自己的成员或者其他的国家和个人。当然，如果从国家理念上来看，共同意志的立法只能是理性的，但是现实中，国家行为是由有限理性的人格作出的，无论为国家设定准则的决定者在数量上有多么庞大，都并不能等同于纯粹的理性，而是有限的。因此，从道德上来说，国家就有一种义务上的自我强制，被要求按照源始契约来行为，而那些偏离这个理性立法的所有准则都是次要的甚至是应该被抛弃的。

第三，国家是自由的，在道德法则的限度内，能够为了自己和成员的福祉而设定目标、选择合法的手段。在康德看来，一个人格真正的自由在于，行为始终符合于纯粹理性立法的法则，也就是说任何具有意向性的行为都必然是出自善良意志的行为。并且善良意志也将是配享幸福的前提，这意味着一个人格的幸福将跟随在他的德行之后，这也是纯粹实践理性的唯一客体“至善”的要求。对作为现象的人而言，这样的至善在特定的时空中只是一个愿望而已。然而，一个国家人格却略有不同，康德把国家的德行与国家的人格几乎看成了一回事，他说，“一个国家的福祉必然不能被理解为它的公民的福祉和幸福；因为幸福可能在一个卢梭所声称的自然状态或者在一个专制统治的政府中更容易地达到。一个国家的福祉相反应该理解为这样的状态，其宪制完全符合于法权的原则，理性通过一个定言命令使我们有责任向着这个状态不断奋斗”[2]。这似乎是说，国家的福祉在于，按照普遍法则之下的外在自由的共存，安排自己的宪制结构，这是理性的定言命令的要求；与之相比，国家的德行在于，履行源始契约这一理性立法的要求，显然这两点是重合的。

如果一个国家的福祉就是一个国家的德行义务的履行，那么，一个国家为了宪制原则的要求而采取的一切手段，与国家为了公民和自身的幸福所做的一切努力，就是一回事。这样的话，康德就与一切功利主义的设计划清了界限，对后者而言，国家的幸福就是最大多数公民的最大化的幸福，促进国

〔1〕 MM, pp. 92-93.《道德形而上学》张荣、李秋零译本，第106页。

〔2〕 MM, pp. 94-95.《道德形而上学》张荣、李秋零译本，第108页。

家福利的一切手段的选择都取决于福利最大化的量化计算。而康德显然认为这样的利益算计，不但是复杂的，而且是徒劳的，因为国家的幸福不在于每个公民的经验性的幸福相加的总和是多少，而是在于国家的一切行动是否都符合理性的宪制原则。非常有趣的是，康德似乎认为，功利主义每一次的精打细算，都并没有把握住问题的实质，反而是把简单的问题弄复杂了。就像我们在回答一个物理学问题：怎样施加外力，才能让原来匀速直线运动的物体速度变得越来越快？功利主义者在每施加一组外力的时候，都会衡量各种不同的可能性，从而确定，怎样的组合才能让物体的速度变得最快。而康德显然把这个问题化成了一个单纯的理性方程式的计算，并最终得出，只要在被给予的合力中，选择那些与物体原有的运动方向相同的力，那么就是最理性化同时也最佳的选择。

在符合普遍法权原则的情况下，国家可以选择任何合法的手段来达致特定的目标，因此国家也就拥有公共的法权，包括立法、执法和司法权，它们将具有哪些内容、在国家日常行为中如何运作，这便是由国家的自由的任意所决定的事项。其中，本书所涉及的主题“刑罚”便属于国家公共法权的一部分，现实的国家往往把对罪犯的刑罚看作是一个国家主权内的自由的任意的事情，因而刑罚是达成威慑和控制犯罪的社会目标的工具。这样的一种看法，无论与什么样的美好图景联系在一起，都忽视了“普遍法权原则”这个作为前提的要件，而这恰是以后的章节所要讨论的问题。

总之，作为人格的国家的理念在“法权学说”中被揭示出来，将有助于我们厘清在政治生活中，国家与其他国家、国家与本国公民的法权界限，并且也将为我们进一步理解公民在国家内的政治自由奠定基础。后者回答的是，在一个人与人组成的政治性的共同体中，人与人、人与国家怎样才能自由地、和平地生活下去。

三、三位一体的政治自由

关于国家的宪制原则，康德不止一次地表达了对共和制的青睐。在《永久和平论》中，康德甚至断言：“每一个国家的公民宪制都应该是共和制”[1]。

---

〔1〕 PP, p. 322.《历史》何兆武译本，第108页。

而且，共和制“还提供了我们期待的愿景，即永久的和平”[1]。在“法权学说”中，康德对国家理念的一切陈述，和对公民政治自由的一切阐释，都是以共和制的宪制为前提的。

在一个共和制的国家中，“宪制的建立，第一根据一个社会的成员的自由原则（作为个人），第二根据所有成员都依赖于一个单独的共同的立法的原则（作为臣民），第三根据成员之间的平等的原则（作为公民）”[2]。公民的身份表现为三种：一是作为个体的人，他享有先天的自由权利（内在的法权）；二是作为臣民的人，他服从于国家共同的立法；三是作为公民的人，他拥有公民的法律属性。在一个共和制的国家中，公民的这三重身份也蕴含着三个层面的自由，它们将一个人抽象的外在自由进一步细化为具体的政治自由。

第一，作为个体的自由，是一种最基本的人权，也就是康德所谓的“内在的法权”。这是一个具有生命的有理性的人基于自己的人性生而具有的法权，因此它不仅仅属于国家之内积极的公民，而且也属于不享有表决权的消极的公民。虽然这种区分在当代社会已经没有意义，但对康德而言，“内在法权”是比公民法权具有更广泛意义的，它表明，无论是谁，只要出生于这个国家并成为一个理性的成年人，就拥有最基本的自由和平等。“这种对其他人的意志的依赖性和不平等性，绝对不能违背他们作为构成这个国家的人民之一的人的自由和平等；相反，只有在符合于自由和平等的条件下，人民才能成为一个国家而进入到一种公民宪制之中。”[3]

李普斯坦（Authur Ripstein）用特有的“自我主权”的原则来解读“内在法权”，他认为，“内在的法权”就是做自己的主人的法权，因而是普遍法权原则的个别化，即自由的内在法权就是每个人都有权利运用自己的自由，只受到所有其他人在普遍法则之下为相同行为的法权的限制，所以每个人都不从属于他人的任意，而必须永远作为目的本身得到尊重。[4]

在谈及作为人格的国家概念时，本书阐明了国家作为一个人格，不能被

---

〔1〕 PP, p. 323.《历史》何兆武译本，第 110 页。

〔2〕 PP, p. 322.《历史》何兆武译本，第 109 页。

〔3〕 MM, p. 92.《道德形而上学》张荣李秋零译本，第 105 页。

〔4〕 See Arthur Ripstein, *Force and Freedom: Kant's Legal and Political Philosophy*, Harvard University Press, 2009, pp. 36–37.

视为工具用来达成任何人的任意。同样，一个个人的人格，不能被作为任何一种任意的手段，无论是个人还是国家。就此而言，这也是从“个人主权”出发而对国家提出的限制，国家不能为了某种公共利益或秩序的需要，而任意地对个人施加刑罚或者其他限制其内在法权的行为。所以，一个国家的立法者和司法者，不能以国家公共利益为借口，将与公共法权原则一致的行为犯罪化，任何刑罚等强制措施的施行，都必须有更理性的证成理由。同时，言论自由和出版自由等基本的人权，都是国家主权的禁地，正如康德所言，“对启蒙而言，并不需要什么别的东西，只需要自由，并且是具有最小的伤害的自由，即公开地运用自己理性的自由”〔1〕。

第二，作为臣民，他服从于国家唯一的立法，只承认法律是唯一的权威，这表明了一种“消极的自由”。这种消极自由是从内在法权中延伸出来的，也就是说，在自我主权之外，任何人包括国家的任意都不能形成对个体的权威，但这存在着一个例外，就是国家的法律。与内在法权一样，法律的权威也来自于普遍的法权原则，它表明了个人之间外在自由的共存的前提条件是共享一个普遍的法则，这就是对一国人民来说普遍性的立法。

通过国家法律的权威，不但个人所拥有的内在的法权得到了国家的确认，而且个人在自然状态中无法得到保障的财产权等也被法律赋予了权威性。从而，国家和作为臣民的个人之间，是一种经由法律权威得到维系的统治者与服从者的关系：表面上看，似乎是国家通过法律给个人施加义务，并以家长主义的方式保护个人的利益；实际上，国家与个人均服从于法律的权威，也就是法治（rule of law），国家的任意受到法律的限制，而个人的服从也以法律的要求为限。正是因为法律权威，使得作为臣民的服从义务与作为人格的内在法权之间，是不存在冲突的，甚至是一致的。

此外，对法律的服从和敬重，是每一个国家成员的义务，没有任何人有脱离法律之外行动的自由，也就是说每个人都是平等的。而且，这也是说“除非通过公共的法律（以及法律的执行者，即国家的领袖），没有谁能够强制另一个人，通过法律另外一个人也可以用同样的方式来反抗他”〔2〕。“每一个共同体的成员，都必须被允许运用自己的才能、奋斗和幸运来达致某个

〔1〕 PP, p. 128.《历史》何兆武译本，第25页。

〔2〕 PP, p. 292.《历史》何兆武译本，第189页。

社会地位；他的同胞不能借助于一种遗传的优势而阻碍他，使他和他的后代永远处于某个等级之下”〔1〕。康德所强调的是，每一个国家的人民都是这个国家的法律的子民，他们只服从于法律的权威，而不服从任何因为地位的不平等而带来的强制。换言之，在共同服从法律的作为臣民的同胞之间，不存在类似世袭的贵族的身份，即使可能存在与生俱来的经济上的不平等（如有人天生就是富二代），也绝对不可能有人仅仅因为出生就成为贵族。

第三，作为公民的自由，是一种政治自主性的自由，或者是作为立法者的“积极的自由”。源始契约的理念决定了国家主权根源于人民主权，那么，在日常国家行为中，又如何体现人民主权呢？此外，作为臣民的每个人都要服从于立法者所制定的法律的权威，那么这种权威又是谁赋予的呢？这两个问题的答案，都可以归结为公民所享有的表决权。康德的核心观点认为，主权是要始终与人民联系在一起的，只有人民自我立法，才是真正的自由的体现。在一个代议制的国家，不是人民的政治自由要靠主权者的施舍，而是人民自己的主权本身，以人民的名义委托给别的机构来行使。一个人之所以能够成为一个国家的公民，就在于他是构成国家联合意志的一部分，享有通过自己的理性体现国家理性的法权。“有表决的能力预设了公民的独立，他作为人民的一员，不仅仅只是共同体的一部分，而且要成为他的一个成员，也就是在与他人的共联中，以出于自己的任意的选择的行为来决定共同体的行为的一个部分。”〔2〕

这种积极的自由是与作为臣民的绝对服从相一致的，也就是说，生活于共同体中的所有人，都必须服从于由部分人投票选择出来的法律。按照康德的说法，如果少数人不能服从于多数人的投票的选择，那么，这两类人就会发生争执，最终还是需要一个更高的原则来作出判断。于是，一种假定的普遍同意的源始契约就必然包含这种多数决的原理，因为它是公民宪制最终建立的根据。〔3〕更进一步说，这实际上是感性世界人的有限理性所必然要求的让步，因为纯粹理性要求的普遍法则必然是为每一个理性人所同意的，但是，在日常生活中纯粹理性被一种大多数人期待的利益所取代，立法的正当性也

〔1〕 PP, p. 293. 《历史》何兆武译本，第 189 页。

〔2〕 MM, pp. 91-92. 《道德形而上学》张荣、李秋零译本，第 105 页。

〔3〕 PP, p. 296. 参见《历史》何兆武译本，第 194 页。

就被偷梁换柱了。

在真正进入康德刑法哲学的讨论之前，我们必须暂停来再次认识他在政治哲学中的自由概念，这是因为，康德哲学无论走到哪里，都不会抛弃自由的概念。在他的政治哲学中，我们所看到的，不是自由的重新再现，而是自由的复活，也就是说，通过法权这个概念，自由被赋予了新的内涵和生命力。在“永久和平”这个宏伟的哲学性规划中，自由是我们所追求的最终状态，在政治哲学和法哲学的框架下，政治性的自由更是从一种静态的自由中超越出来，成为一种动态的与我们的日常实践更贴近的概念。

这一节关于自由的线索是这样展开的：由纯粹的自由意志下降到自由的任意，后者又被划分为内在的自由和外在的自由；若要真正实现每个人外在的自由，就必然要求在一个公共地理空间内形成共同体和共同体的法律，以便从野蛮的、战争中的自由进入到和平的自由共存中；共同体中真实的自由是通过个人自由、臣民服从和公民自由的三位一体而实现的，这是从先天理性的源始契约中得到的。

我们需要沿着这样的线索，去探究更特殊的关于犯罪与刑罚的问题，因为后者必然建立在这样的基础上，即要把自由贯彻到底。我将在后两节讨论这个问题，而它们必然与这一节自由概念的进一步展开是形影不离的。

第二节　犯罪是什么

“什么是犯罪”，这个问题存在诸多解释方案，总的来说可以分为三类：第一，刑法教义学的解释路径，它回答了什么样的行为能够受到刑事处罚，或者说进入刑事诉讼程序，从而将刑事责任与民事责任区分开来；第二，社会性的解释路径，它关心的是社会对什么样的行为进行最大程度的谴责并动用国家制裁手段，从而将刑法作为社会控制手段的作用突出出来；第三，哲学的解释路径，它考察的是关于犯罪行为和刑事责任的本质性的理解，也就是说构成犯罪这个概念的规范性特征是什么。〔1〕

康德在“法权学说”中并没有清晰地表明什么样的行为属于犯罪行为，

〔1〕 See Grant Lamond, “What is a Crime”, *Oxford Journal of Legal Studies*, Vol. 27, No. 4., 2007, pp. 609-632.

以及什么样的责任属于刑事责任。但是，我们可以通过他对自由概念的分析，设想这样的答案：对康德而言，犯罪行为就是一种对自由的妨碍行为，这种妨碍不仅仅是对被害人而言，而且包括对罪犯自己和作为人格的国家而言。这属于上文提到的第三种，即哲学的解释路径。据此，犯罪的本质就在于对自由的妨碍。我将展开说明这三种不同的分析犯罪行为本质的视角，并将关于刑事责任的讨论放在第六章，因为后者与“责任”这个上位概念具有更紧密的联系。透过这三个视角，我们可以看到，康德是如何从关注个人转向关注国家的，同时也为我们今天活跃的犯罪化理论提供了一个独特的阐释背景。另外，我还将关注当前围绕犯罪的本质而进行的学术争议，这些具体的论争背后，实际上是潜在的哲学立场的差异。康德提供了另一个与众不同的视角来看待犯罪行为和犯罪人，我们总会发现，这个以自由为圆心的设计是充满吸引力的。

一、关于犯罪的自由学说

在英美刑法学中，占据犯罪理论核心场域的是密尔的“伤害原则”（harm principle），它的核心主张是，犯罪就是对他人的一种伤害。这符合人们的直觉，在不考虑实证法律规定的情况下，通常我们说一个人犯了罪，就是指他用自己的行为让别人的身体或者精神受到了伤害。但是伤害原则在成为犯罪理论的主导性原则时，也将面临核心的理论困难：有一些任何合理视角的自由主义理论都将其看作为刑事制裁合理对象的过错行为，但是依伤害的任何合理的定义，这些行为都是无害的。[1]此外，这一原则也很难提供这些案件的解释：那些源自自身的伤害，某人自愿承担的来自于他人的伤害，以及那些公平竞争导致的伤害，包括市场竞争，即使这个竞争并不是其在任何直接的或者自我意识到的意义上自愿承担的。[2]

李普斯坦提出了超越伤害原则的“主权原则”，并主张后者脱胎于康德的《道德形而上学》，它指的是：“限制行为的唯一正当理由是，确保自由个体之

〔1〕 See Authur Ripstein, “Beyond The Harm Principle”, *Philosophy and Public Affairs*, Vol. 34, No. 3. , 2006, p. 217.

〔2〕 See Authur Ripstein, “Beyond The Harm Principle”, *Philosophy and Public Affairs*, Vol. 34, No. 3, 2006, p. 217.

间彼此的独立性（independence）”〔1〕。不过，主权原则是否是解释康德关于犯罪的观点的最合理的原则呢？我将在本节的第二部分对这个原则提出异议。而在所有的批判展开之前，我想先提出一个更加接近康德本人主张的学说，就是犯罪的自由学说。这个学说的重点表现在：一个行为之所以可以被犯罪化，就在于它同时妨碍了三重自由，既是对他人自由的妨碍，也是对自己自由的妨碍，还是对作为共同体的国家之自由的妨碍。

（一）对他人自由的妨碍

康德通过法权的普遍原则，暗示了什么是不正当的行为。据此，如果一个人的行为能够与普遍法则之下的其他人的外在自由相一致，那么这个行为就是正当的行为，而任何阻碍这种正当行为的行为，就是不正当的，即不符合法权的普遍原则。换句话说，一个不正当的行为就是对其他人的合法的外在自由行为的妨碍。

按照康德对自由的界定，自由首先意味着不从属于他人的自由的任意，而是自己决定自己的目标和手段；同时，自由意味着，永远不能被作为手段而必须同时就是目的本身。那么，对自由的妨碍，也就可以从这两个路径进行阐释：

第一，外在的自由的行为可以分为行为的目标和行为的手段，对其中任何一个方面的妨碍，都是对外在自由行为的妨碍。妨碍可以是为他人设定他本身没有选择的目标，如强迫他人或者欺骗他人实现他自己选择的目标以外的目标（通常是罪犯自己的目标）。例如，医生欺骗前来治病的患者，告诉她必须通过特殊疗法（与他发生性关系）才能治好她的病，受害者听信了医生的话而“自愿”与他发生了性关系，此案中的医生就是通过欺骗而诱导受害者选择了她本不会选择的目标，因而构成了强奸罪。再如，持枪抢劫者威胁超市收银员交出柜台的所有资金，逼迫他打开保险柜取出金钱，这实际上就是为完成自己的目标（抢劫财产）而强迫他人改变自己的目标（由保管财产改变为交出财产），因而构成抢劫罪。妨碍也可以是破坏或者剥夺他人实现目标的手段，最典型的例子就是杀人罪和故意伤害罪，它们通过对被害人身体

〔1〕 Authur Ripstein, “Beyond The Harm Principle”, *Philosophy and Public Affairs*, Vol. 34, No. 3., 2006, p. 229.

的伤害，使其丧失达致目标的手段。

第二，妨碍也可以理解为，把别人视为手段，而不是目的本身，从而通过犯罪行为表达出对他人的不尊重。几乎所有的犯罪，都可以看作是罪犯通过犯罪行为，把受害者或者其他人当做达成犯罪意图的手段，不尊重甚至蔑视其他人作为目的本身。从这点来说，对自由的妨碍就超越了伤害原则的范围，因为即便是没有直接造成伤害后果的行为，也可能因为蔑视作为目的本身的他人的人格，而成为犯罪的一部分。例如，与危险驾驶相关的犯罪，就可以理解为把他人的人身安全仅仅作为满足自己欲望（飙车）的工具，是对他人的自由的妨碍。

（二）对自己自由的妨碍

表面看来，犯罪行为是罪犯自由的任意的行为，但这个行为在妨碍他人外在自由的同时，也妨碍了自己的内在自由。换句话说，犯罪行为可以被看作是罪犯的准则的一个表象，而这个准则是与自由的道德法则相抵触的，也是与内在的自由相违背的。当一个杀人行为发生时，作为罪犯的我，用刀具捅向你的身体，满足了我杀人的欲求，而将你的生命作为达成我这个欲求的手段。此时，我的行为准则可以被概括为“我可以杀人”，而这必然是与理性的自由法则相冲突的，因为“不得杀人”是道德法则的定言命令。如果我静下心来，回到自由的本体扪心自问，就会发现我所实际选择的这条准则，并不是一个自由的理性存在者应该作出的选择，而是让自己内心的自由卑微地服从了外在感性世界的欲望。我们便不难理解，一个失足的犯罪者在反省自己的行为时，为什么会悔恨和自责？当他的行为的准则偏离了自由的法则时，他便是不自由的了，而这种内在的不自由也将导致外在的不自由的后果，就是刑罚。

更进一步说，犯罪行为表达了对自己作为目的本身的不尊重，是一种把自己仅仅当做手段的方式。这不仅仅指那些伤害自身的行为，如出卖自己的器官，而且还包括某些特殊类型的犯罪。以兽奸罪为例，这是一种把自己的人性与动物的非人性等同起来的做法，把自己看作是与动物一样的仅仅作为手段的东西。故而，康德说“（兽奸罪）适合的刑罚是把罪犯从公民社会中驱逐出去，因为罪犯使得自己丧失了生活于人类社会的价值"[1]，它"是对人性本身犯的罪"[2]。

（三）对国家自由的妨碍

国家是作为一种道德人格的存在，这个说法是蕴含在"法权学说"之中的，上文关于这一点的阐明，预示了国家整体也是自由的行动者。犯罪行为是一种与对国家自由的妨碍相关的行为，这里特别强调的是自由，而不是国家的某个利益或者国家的某种权威。

对国家自由的妨碍，最接近直觉的例子就是叛国罪，无论罪犯有何种冠冕堂皇的理由，其叛国行动都是对国家自由的严重妨碍，并且通常罪犯所宣扬的口号，都不过是他自己私利的一个代码。我们在陈胜吴广起义的例子中可以很清楚地看到这一点：起义的直接原因在于"失期，当斩"，他们的目的是想逃避刑罚保存生命，于是选择了起义的手段，并以"王侯将相宁有种乎"为口号破坏原有的国家政权。在历史上这个案件的褒贬暂且不议，值得一提的是，起义的行为即使以正义为名，也都会因为妨碍了国家自由而最终为不义。

从这样的阐释路径出发，也将有助于说明将破坏国家秩序的行为犯罪化，例如藐视法庭罪、破坏金融管理秩序罪、破坏国家行政管理秩序罪等。这些破坏秩序的行为都是把国家当做达成自己某种目的的手段的行为，从而妨碍了国家的自由。

甚至可以说，任何公共犯罪行为都是对国家自由的妨碍，因为它们侵犯了共同体的法律的权威，后者是国家自由之实现的基础。对国家而言，法律是它用来达成各种合法性目标的手段，而犯罪侵犯了法律的手段价值，也就阻碍了法治国家的自由。

值得注意的是，自由学说并不能提供一个充分的犯罪化的理论，因为它不足以说明哪些行为满足某种原则后就能成为"犯罪"。它只不过是描绘了所有犯罪共有的特征，即当我们说一个行为是犯罪时，我们实际上表达了什么？简而言之，自由学说将面临"过罪化"的指责，因为它太过宽泛了，并且可

[1] MM, p. 130.《道德形而上学》张荣、李秋零译本，第149~150页。

[2] MM, p. 130.《道德形而上学》张荣、李秋零译本，第150页。

能得到某些扩张解释，但是这个学说本来的意图也不再为犯罪概念划定势力范围。它从哲学上提供了一个康德式的视角，让我们在伤害原则之外，更深刻地挖掘到犯罪之于人这个理性存在者的意义。也就是说，我们为什么要制止犯罪，不在于它给我们既得利益带来多少负价值，也不在于它为我们的生活增添多少不便，而在于它在根本上让我们离自由——这个我们作为人的最本质的东西——越来越远。

二、三种不同的犯罪理论

自由学说的高明之处是什么？如果不与当代其他阐释路径对比，我们很难发现这个康德式自由学说的强大解释力。即便可以承认，这个以自由为要素的解释并非提供了充分的犯罪化理论，也很难否认这个学说将超越当前其他的解释原则，并为我们当今探究犯罪的本质注入活力。本书在此主要考察三种较为新近和有影响力的解释原则，它们都是围绕“如何解释犯罪的本质”这个问题而铺陈开来的，与康德式的自由学说形成鲜明的对照。

（一）伤害原则

伤害原则首先出现在密尔《论自由》中：

这条原则就是：人类之所以有理有权可以个别地或者集体地对其中任何分子的行动自由进行干涉，唯一的目的只是自我防卫。这就是说，对于文明群体中的任一成员，所以能够施用一种权力以反其意志而不失为正当，唯一的目的只是要防止对他人的伤害。〔1〕

采用伤害原则，犯罪就是那些可能给他人造成伤害的行为，这涵盖了我们直觉上对犯罪的界定。

这个原则在国家权力与个人自治之间划定了界限。一方面，国家要尽可能减少对个人自主选择事项的干预，使刑法最大程度上保持谦抑性；另一方面，那些构成犯罪之核心内涵的，是行为造成的伤害，而不是行为本身的特质。凭此而言，首先，伤害原则是功利主义的，它把任何对个人自治的强制

〔1〕 参见［英］约翰·密尔：《论自由》，程崇华译，商务印书馆1959年版，第10页。

干预都看作是内在坏的东西，如果要证成一个坏的东西，就必须证明它能够避免更大的坏。伤害原则便是这样的一种“两害相权取其轻”的原则。其次，一个行为被界定为犯罪行为，根据这个原则，是因为这个行为可能导致不好的后果（即对其他人的伤害），而不是由这个行为本身的特质所决定的。这表明伤害原则是一种后果主义的考量，它关心的是行为能带来什么不好的后果以及将其犯罪化能阻止什么不好的后果。最后，伤害原则实际上是对犯罪的缩小解释。它虽然有效地阻止了潜在的、过于强大的公权力对公民自由的限制，但是如果除了造成他人直接伤害以外的行为都被允许，国家将对公民权利提供极少的保护。[1]与此同时，这个原则也可能被扩大解释，从而使那些造成间接伤害甚至是“遥远伤害”[2]（remote harm）的行为，也成为刑法针对的对象，这又导致过罪化的风险。

可能会有这样的猜测：康德式的自由学说也支持伤害原则，因为伤害本身就是对自由的侵犯。范伯格对伤害原则进行了重构，认为伤害是一种对利益的阻碍，而如果自由也可以被视为一种利益的话，那么对自由的妨碍也就是伤害了。这样的推定至少混淆了两点：第一，自由和利益是两码事。拥有自由的任意并不一定会带来利益，例如我每个月自愿地捐赠200元给慈善机构来帮助贫穷的人，与我受到国家强制每个月缴纳个人所得税200元，从效果上看并没有什么利益的不同。第二，伤害原则是一种典型的后果主义的思路，而自由学说更关注行为而非行为的后果。以杀人罪为例，按照伤害原则，我用毒药毒死你的行为之所以被称为犯罪，是因为我的行为（可能）导致你死亡的后果；而按照自由原则，我杀害你的行为，是我利用了你的身体，把你作为达成我的目的的手段，从而妨碍了你的自由。前者以坏的后果来推定坏的行为，后者只认定行为是妨碍自由的行为，而本身就是坏的。

---

〔1〕 参见［英］威廉姆·威尔逊：《刑法理论的核心问题》，谢望原、罗灿、王波译，中国人民大学出版社2015年版，第21页。

〔2〕“遥远伤害”是说，行为造成的危险与伤害结果并没有直接联系，也就是说行为本身不会造成伤害或者伤害的可能性，而是其导致的后续影响会造成伤害及其可能性。例如，危险驾驶不属于遥远伤害，而过度饮酒后驾驶就属于遥远伤害。因为危险驾驶是一种对利益的现实损坏，而过度饮酒则是一种对利益的可能损坏，因为它可能增加危险驾驶的风险。此外，还有持有类犯罪也属于遥远伤害，如持有毒品罪。参见［英］威廉姆·威尔逊：《刑法理论的核心问题》，谢望原、罗灿、王波译，中国人民大学出版社2015年版，第21页。

（二）法律道德主义原则

与伤害原则关注犯罪行为引发的坏的后果正相反，法律道德主义原则把焦点放在了行为本身的不道德性上。按照德富林的观点，公共道德构成了特定领域的人类社会必不可少的部分，法律能够用来执行对社会来说不可少的道德，保护人们赖以相处的道德观念的共同体。〔1〕法律道德主义在刑法上意味着，某个行为之所以被规定为犯罪，是因为它违背了共同体的核心道德观，是值得谴责的不义行为。范伯格对狭义的法律道德主义的限定是："国家以行为固有的非道德性对其予以刑事禁止可以具有道德合法性"〔2〕。

达夫提出了一种"温和的法律道德主义"的主张：如果一种行为构成了公共过错，那么我们就有理由把它纳入刑法的限制。之所以说他是温和的，是因为他把道德不法仅仅限于公民生活的公共领域的道德过错，而不是违背道德的所有情况。他认为，把某些行为规定为犯罪，是表达了我们对公共生活的审慎思考和基本的道德立场，从而提出了对犯罪行为的公共谴责。依他之见，犯罪行为必须也是道德上有过错的行为；错误的行为应该得到公共回应，并且公共回应是正当的；得到公共回应的过错应受公共识别和审查。〔3〕

摩尔在《论刑法的谴责性》一书中为法律道德主义的立场做了辩护，他认为，非道德性（即可归责的不法性）已经能够充分地证明刑法的制定及对违反该刑法规范的行为人所施加的刑罚的正当性。因此，所有违反道德并且只有具有道德不法性的行为，才应该被刑法禁止。按照摩尔的观点，刑法应该是先进的道德的忠实守护者，但同样重要的是，刑法应该保障公民享有不受国家恣意侵犯的基本自由。

---

〔1〕 参见［英］帕特里克·德富林：《道德的法律强制》，马腾译，中国法制出版社2016年版，第1~32页。胡萨克认为，德富林的观点应该被理解为结果主义，因为他相信在刑事制裁当中保留道德性对于保护社会而言至关重要。（参见［美］道格拉斯·胡萨克：《过罪化及刑法的限制》，姜敏译，中国法制出版社2015年版，第306页。）本书尊重传统的看法，认为德富林主要还是法律道德主义的支持者，原因在于，他更关注根据行为是否是公共道德所认可的而决定是否入刑，而不是关注一个行为将带来哪些伤害的后果。

〔2〕［美］乔尔·范伯格：《刑法的道德界限》（第四卷），方泉译，商务印书馆2015年版，第2页。

〔3〕 See R. A. Duff, "Towards a Modest Legal Moralism", *Criminal Law and Philosophy*, Vol. 8, No. 1., 2014, pp. 217-235.

康德是否会支持用道德原则来绑架法律呢？或者说那些我们公认的不道德的行为进入刑法的视野是合理的吗？我们必须注意到，康德显然承认法律应该促进人在道德上的不断进步，但是，他并不是一个法律道德主义者。值得一提的是，虽然“什么是犯罪”这个问题包含着“国家能否将不道德的行为予以法律强制”这个子问题，但实际上康德并没有关注“公共法律”与“私人道德”的区分，而仅仅只是停留于“内在自由”与“外在自由”的划分上。我们很难想象，如果20世纪哈特和德富林的论战被康德所遭遇，他能给出的答案是什么。一个合理的揣测是，康德并非一定会支持德富林的看法，因为后者更强调经验性的道德共识对法律的基础性奠基，但在康德看来，这种始终处于历史流变中的公共道德只是文明发展中的一个样态，却不具有普遍必然性。更准确地说，包含刑法在内的所有法律，本应该就是纯粹实践理性立法属于外在立法的那个部分，对自由的妨碍之所以视为不法，是因为它妨碍了人们向着自由的不断前进，而非在现实中伤害了别人（就行为结果而言）或者挑战了共同体的核心价值观（就行为性质而言）。

（三）主权原则

我们能找到的最接近康德式的自由学说的原则是李普斯坦提出的“主权原则”，即对行为施加限制的唯一正当理由是为了确保彼此间的自由个体的相互独立性。刑法所禁止的犯罪行为，指的就是那些破坏了平等自由体系中个体的独立性的行为。

李普斯坦区分了关于自由的两种不同的解释：其一是柏林提出的消极自由，据此，自由就是人们所具有的不受他人的妨碍能够实现其目的的能力。任何阻止人实现其目的的有意的行动或规制，就是对自由的妨碍。其二是主权原则所持有的自由，即把自由等同于人与他人的相互独立性。依他之见，如果你能决定利用自己的权力来追求什么样的目标，而不是臣服于别人的决定，你就是具有独立性的。[1]独立性能够使一个人有资格确定自己的目标，而不是成为别人实现他们目标的工具，前者是自己当家作主，后者是成为别

〔1〕 See Authur Ripstein, “Beyond the Harm Principle”, *Philosophy and Public Affairs*, Vol. 34, No. 3., 2006, p. 231.

人的臣民。〔1〕

主权原则给予了对过错行为的独特解释，也就是，说一个行为是有过错的犯罪行为，意味着它影响了他人的独立性。李普斯坦把个人的主权与国家的主权作了类比，他认为，个人的主权不但不应该臣服于一个国家主权的专制，也不能臣服于另一个个人的主权，否则便是一种“小型的专制”〔2〕。

康德式的自由学说是对主权原则的进一步扩展，后者只是包含了对他人自由的妨碍的情形。主权原则因此可以进一步被解释为，要始终尊重每个人作为目的本身，不能把他人仅仅作为手段来看待。与伤害原则不同，主权原则不是关注犯罪行为带来伤害的后果，而是关注行为本身对人的独立性的侵犯。与法律道德主义原则不同，主权原则并没有把某个特定时空领域的道德共识作为判断行为合法性的标准，而是采用了康德式的具有普遍性的原则，即尊重每个人的独立性。

但是与前两种原则一样，主权原则仍然没有跳出单向性的关系思维，也就是说它同样只关注罪犯通过犯罪行为针对罪犯以外的其他人所表达的意义，却并没有注意到犯罪行为对罪犯本身以及罪犯与他人共同生活的共同体的影响。事实上，刑法所规制的法律关系，不仅仅是你我之间的瓜葛，更重要的是，它涉及共同体本身，既非利益，亦非价值，而是对共同体自由的妨碍。

三、自由学说的优越性

上文简要概述了三种不同的理论阐释路径，它们的目的都在于挖掘犯罪的本质，都试图表明当我们谴责一个犯罪行为的时候，我们实际上在谴责什么。伤害原则认为我们的谴责针对的是行为对他人造成了极大的伤害；法律道德主义原则把谴责的对象置于行为本身与公共道德共识相违背；主权原则将平等自由体系中对独立性的侵犯视为是应该谴责的。康德式的自由学说则认为，一个犯罪行为既妨碍了他人的外在自由的任意，而且也妨碍了自己的内在自由，还妨碍了作为人格的国家的自由，它之所以是应被谴责的，就是

---

〔1〕 See Authur Ripstein, “Beyond the Harm Principle”, *Philosophy and Public Affairs*, Vol. 34, No. 3. , 2006, p. 231.

〔2〕 See Authur Ripstein, “Beyond the Harm Principle”, *Philosophy and Public Affairs*, Vol. 34. , No. 3. , 2006, p. 231.

因为它破坏了原有的自由状态，让我们生活的世界远离了自由。

比较而言，自由学说表现出三个方面的优越性：一是普遍性；二是多向性；三是解释力。

（一）普遍性

普遍性是指，自由学说并不依赖于特定时空的经验，而是能够被不同的地域和文化所接纳。

无论是伤害还是被广泛承认的道德习俗，都面临着文化相对主义的指责。正如拉基莫夫所指出的，“所谓‘犯罪’种种，不过是应用于特定社会情境中的概念而已。内涵完全相同的行为，在不同的时期、不同的社会和不同的社会语境之中会被认为是反社会的、对社会是完全中立的或为社会所称许的行为”〔1〕。这是一个事实，不同的文化背景和不同的历史时期，人们对犯罪的理解是截然不同的，我们几乎找不到能够统一起来的关于犯罪本质的观念。

> 有一个时期，高加索地区的民族（还有许多民族）流行绑架女孩儿的习俗，而不被认为是犯罪。因为所追求的目的并不是伤害女孩或者她的亲人，而是相反，她因之能够出嫁，并组成自己的家庭。从道德的角度而言，这种习俗是邪恶的，因为女孩儿可能因为没有爱情而不同意出嫁。但是，那些时期高加索人的日常生活就是这样的，大部分女孩儿出嫁的时候甚至不知道自己要嫁给谁。换言之，习俗和传统认为这类行为不是犯罪，而是完全正常的现象。〔2〕

这个例子说明了，在文明发展的不同阶段，法律与人们的认知水平是分不开的。同一个行为，在一个时期可能符合法律道德主义原则，在另一个时期则可能相反。伤害原则也一样，据《资治通鉴》，“春秋卫石碏之子原与公子州吁弑桓公，又与州吁奔陈。碏使告于陈而杀之。君子曰：‘石碏，纯臣

---

〔1〕［阿塞拜疆］И. М. 拉基莫夫：《犯罪与刑罚哲学》，王志华、丛凤玲译，中国政法大学出版社2016年版，第19页。

〔2〕参见［阿塞拜疆］И. М. 拉基莫夫：《犯罪与刑罚哲学》，王志华、丛凤玲译，中国政法大学出版社2016年版，第21页。

也，恶州吁而厚与焉！大义灭亲，其是之谓乎！’……杜预曰：‘子徒弑君之贼，国之大逆，不可不除，故曰大义灭亲’。”[1]而大义灭亲在现代社会则是典型的伤害行为，应该为刑法所禁止。

文明一定是不断前进的，如果这个信念能够得到确认，那么关于犯罪本质的原则就一定不是质料的，而是形式的。也就是说，我们必然无法依靠某个实质性的原则，来判断历史上和其他文化域中的犯罪现象，而只能归之于文化的相对性。但是，我们仍然可能求诸形式的原则，来谋求诸多犯罪现象之后的犯罪本体性特征，而康德式的自由学说所提供的，正是这样的具有普遍性的形式原则。按照自由学说，我们无须基于特定时空中人们的认知，而重新定义伤害是什么或者确定能够达成的道德共识是什么，而只需要去判断，一个行为是不是构成了三重自由的妨碍。

（二）多向性

多向性是指，它并不是仅仅关心犯罪行为为他人、为共同体带来什么，而是也关注犯罪行为对罪犯本身以及对整个人类的终极目的的影响。

伤害原则关心的是，我们要避免彼此的伤害，为共同的幸福生活提供基本的自由的、安全的保障。它提出了最低限度的对自由的限制原则，就是只要我不去伤害他人，我就能够不被限制地追求自己想要的幸福生活。伤害原则的基础是密尔意义上的自主性，也就是当一个选择是在自由状态下作出的，那么这个选择就具有价值；而如果自由选择的是某种坏的行为，由于选择是自由的，因而也是有价值的。[2]这就意味着，我可以选择自甘堕落，只要不伤及他人，任何自由的任意都是允许的。从这个意义上说，伤害原则的思路是从行为人到受到行为结果之影响的人，它考察的是个人的行为对他人能够带来什么。

法律道德主义原则认为，仅仅不伤害别人并不足以使我们过上幸福的生活，我们还需要某种有品质的、体面的生活方式，才能是幸福的。所以，这

[1] 李宗侗、夏德仪：《资治通鉴今注5》（卷92），台湾商务印书馆1966年版，第20页。

[2] See Michael S. Moore, "Liberty's Constraints on What Should be Made Criminal", in R. A. Duff, Lindsay Farmer, S. E. Marshall, Massimo Renzo, and Victor Tadros eds., *Criminalization: The Political Morality of the Criminal Law*, Oxford University Press, 2014, p. 120. 译文参见［美］迈克尔·摩尔：《法哲学与法社会学论丛》（第21卷），陈竞之、刘雪利译，法律出版社2016年版，第87～124页。

个原则试图引导我们去作出那些为人们共同认可的道德规范所要求的行为，也就是说，除了我不去伤害别人之外，我还需要为行为找到好的理由。值得一提的是，摩尔将法律道德主义与康德意义的自主性联系起来，后者被界定为："一个自主的行动是出于正确理由的行动"，[1]行为的价值不在于他带来的好的后果，而在于行为本身所依据的好的理由。而什么是好的理由呢？传统上的法律道德主义诉诸公共的道德共识。正如德富林所说，"当公共道德不被遵守，社会就会瓦解。历史表明，道德纽带的松弛往往是社会瓦解的第一步，所以如同维系政府以及其他基本制度一样，社会同步地维系其道德规范是正当的"[2]。据此，法律道德主义原则的思路是从行为人到社会赖以维系的核心道德观，它考察的是一个行为是否在以我们共同认可的方式进行。

主权原则同样关心的是行为的性质，而不是它给其他人带来的后果。与法律道德主义不同的是，主权原则关注行为是否侵犯了他人的独立性，却不关心行为是否符合我们认可的道德。它更像是伤害原则与法律道德主义原则的结合者，一方面它考察行为对行为人以外的人的影响，另一方面这种影响不是行为导致的后果，而是行为本身的性质所决定的。

康德式的自由学说在主权原则的基础上做了扩展，它关心的不是以行为为起点指向行为人以外的其他人的单向性的影响，而是考察以行为者为球心、以行为的影响力为半径所形成的多向性的影响。具体来说，自由学说并不满足于我们对幸福生活的追求，无论是通过防止伤害，还是通过推进公共道德共识，它所意欲达到的是：每个人以及由我们自己构建的共同体，能够在感性世界越来越趋近于自由的本质，而不是成为利益和欲望的臣民。因此，自由学说既关注个体和他人的自由，又关注你我共同建立的共同体的自由，它的思路是立体的、多向性的。

---

[1] See Michael S. Moore, "Liberty's Constraints on What Should be Made Criminal", in R. A. Duff, Lindsay Farmer, S. E. Marshall, Massimo Renzo, and Victor Tadros eds., *Criminalization: The Political Morality of the Criminal Law*, Oxford University Press, 2014, p. 120. 译文参见［美］迈克尔·摩尔：《法哲学与法社会学论丛》（第21卷），陈竞之、刘雪利译，法律出版社2016年版，第87~124页。

[2] ［英］帕特里克·德富林：《道德的法律强制》，马腾译，中国法制出版社2016年版，第17~18页。

（三）解释力

自由学说还能够解释更多其他原则无法解释的疑难问题，也就是解释为什么那些我们内心确信却无法证明的行为能够被冠以犯罪之称。

伤害原则的最核心的难题是解释那些无害的过错行为，李普斯坦提出了一个假想的例子来说明伤害原则的局限性：

> 假设你正在你的办公室或者图书馆阅读这篇文章，而我则进入了你的家，我使用撬锁工具因而没有对你的锁造成损害，并且在你的床上小憩了一会儿。我保证一切都是干净的。我带着低敏性的和无绒的睡衣睡裤。我把我自己的床单和枕巾铺到你上面。我并不重，所以你的床垫也不会被磨损。从一个通常的对伤害的理解来看，我并没有造成任何的伤害。〔1〕

在没有任何实质伤害的时候，案例中的行为仍然是不当的，那么伤害原则一定遗漏了什么。伯德（Colin Bird）使用“不禁止某行为对人们造成的不舒适感与不安”〔2〕对伤害做了扩大解释，范伯格用“对利益的妨碍”扩大了伤害的范围，但他们都无法逃避的问题是：不可能逃避对行为本身的定性，单独凭借某种不利的后果来判断行为的正当性以及是否入刑是不充分的。

法律道德主义原则无法解释，为什么有一些明显违背道德的行为，我们在将其入罪的时候却又面临不道德的谴责。最突出的就是哈特与德富林之争的主题，即男同性恋之间自愿的性行为能否成为刑法规制的对象。困难不仅仅在于为国家立法强制执行道德提供理由，而且也在于必须说明什么样的道德内容才是有真价值的。哈特尖锐地指责了法律道德主义原则可能带来的道德民粹主义（moral populism），即多数者有着道德上的权利决定所有人如何生活。〔3〕他认为，我们能够接受的是政治权力被委托给多数人，而我们不能接受的是，当多数人强制地执行他们的道德意见的时候绝不应该受到批评。法

---

〔1〕 See Authur Ripstein, “Beyond the Harm Principle”, *Philosophy and Public Affairs*, Vol. 34, No. 3., 2006, p. 218.

〔2〕 See Colin Bird, “Harm Versus Sovereignty: a Reply to Ripstein”, *Philosophy and Public Affairs*, Vol. 35, No. 2., pp. 179-194.

〔3〕 参见［英］H. L. A. 哈特：《法律、自由与道德》，支振锋译，法律出版社2006年版，第76页。

律道德主义原则将多数人的意见（所谓的道德共识）看作是无条件正确的，从而免于批评，这显然是荒诞的。这个指责是合理的，建立在经验性标准（多数人的共识）之上的道德规范如何被证明是真正有价值的、文明的道德，甚至如何做出否认，都必然是困难的。这是其一。

其二，最根本的在于，即便承认某种道德规范是正确的，那么用国家强制力去实现这种道德规范，是否就是不受质疑的，或者是否还有别的选择。如果我们承认，用刑罚的方式去实现报应正义本身是善的，那么为什么国家是唯一正当的施加者？胡萨克（Douglas Husak）认为，如果不借助后果主义的理由，是无法证明国家刑罚权的合理性的，因为如果个人或者集体组织通过复仇的形式，也可以实现报应正义，那么国家就不是唯一的正义代言人。〔1〕

主权原则和自由学说有助于解决前两种原则面临的困难。第一，对那些无伤害的不法行为来说，将其禁止的理由在于，这样的行为侵犯了其他公民的独立性，妨碍了他们对自己主权的利用。你禁止我在你的床上小憩可以被认为是对我的自由的干涉，因为这种禁止行为限制了我运用自己力量的权力，包括利用我的身体的权力，以及在这种情况下在我认为合适的地方运用我的权力。〔2〕法律禁止内幕交易行为，很难说是为了避免任何人被伤害的后果，而是这样的行为侵犯了股票持有者的独立性。内部交易相当于在股票的主人没有授权的情况下，为了自己的利益而使用他们的办公室。〔3〕第二，主权原则和自由学说避免了道德民粹主义的指责，因为它们论证的基础在于个人基于自由的自主性特征，而不是经验性的、因时空而异的道德标准。男同性恋者之间自愿的性行为，并没有侵犯彼此之间的独立性，也没有侵犯国家作为共同体的自由，因而并不具有应受谴责的道德过错。第三，对“为什么国家是刑罚权的唯一适格主体”这个问题，主权学说也将面临同样的困难，如果它不处理个人主权与国家主权之间的关系的话。值得注意的是，这个问题已经从犯罪理论跳跃到了刑罚理论，如果关于后者的立场是摇摆不定的，那么

---

〔1〕 参见［美］道格拉斯·胡萨克：《过罪化及刑法的限制》，姜敏译，中国法制出版社2015年版，第314页。

〔2〕 See Authur Ripstein, “Beyond the Harm Principle”, *Philosophy and Public Affairs* , Vol. 34, No. 3. , 2006, p. 240.

〔3〕 See Authur Ripstein, “Beyond the Harm Principle”, *Philosophy and Public Affairs* , Vol. 34, No. 3. , 2006, p. 218.

国家在刑法中的角色问题就难以定位。而且，很显然，除了对自由学说的进一步阐释外，其他原则都将面临这个追问。我将在下一节表明，康德认为，根据刑法进行刑罚，既是国家的权利，又是国家的义务。而至于国家为什么能够以正义之名行正义之事，则涉及刑罚的正当性问题，后者是第六章主要解决的问题。

第三节　刑罚概念的阐明

为什么不是对刑罚概念的“定义”，而偏偏要用“阐明”这个词？我们在康德所有的论著中，很难找到他对某个概念的定义，而对刑罚概念也是如此。定义是指“将一物的详尽的概念在其界限内本源地描述出来”〔1〕。如果我们能够为某个概念下定义，就意味着这个概念所有的特征能够被穷尽，并清晰地划定界限，同时其中每一个特征都不能再溯源。

康德认为，无论是经验性的概念（如金子），还是先天被给予的概念（如法权），都是不可能穷尽其所有的特征的，后者更是因为其表达的对象的表象的模糊性而不可能被精确地给出，所以，“对我的概念进行分解的详尽性总是可疑的，它只有通过各种各样的合适的例子才能够成为大致确定的，但决不是无可置疑的确定的”〔2〕。除了任意性的能够被构造出来的概念，如数学的概念能够被定义外，所有哲学上提到的概念都不能被定义，而只能被阐明。然而，这并不是说对概念要素的分解不重要，而是说在一切看起来完美的阐明之外，还可能有许多值得纳入进来的特征需要关注。

康德在《道德形而上学》中对刑罚概念的阐明也是这样，它并没有穷尽刑罚概念的一切特征，毋宁只是分解了刑罚概念一些重要的要素。他的阐明如下：

> 刑罚的法权，是指统治者针对卑下者施加的痛苦，原因是他犯了罪。〔3〕

从中可以看出，刑罚是一种自上而下的国家的法权，它的外在表现是痛

〔1〕 CPR, p. 637. 《批判》邓晓芒译本（上），第490页。

〔2〕 CPR, p. 638. 《批判》邓晓芒译本（上），第491页。

〔3〕 MM, p. 104. 参见《道德形而上学》张荣、李秋零译本，第120页。

苦，刑罚的原因在于被惩罚者犯了罪。本节关注的是“刑罚是一种痛苦”和“刑罚是国家强制的法权”这两点，而将刑罚的原因放在下一章单独讨论。另外，结合上文提到的康德式的自由理论，他关于“刑罚是什么”的回答，除了直观的“痛苦”和“强制”这两个要素外，还有一种源于报应主义的基本观念，“刑罚是对自由的恢复”，也将在本节予以解释。

一、刑罚是一种痛苦

刑罚首先是一种痛苦的施加，这似乎是毫无疑问的，但如何阐明这个“痛苦”呢？每个人对痛苦的理解不同，有些人认为是痛苦的事情，对另一些人来说可能意味着一种快乐。

（一）痛苦不同于恶

首先，我们必须把痛苦和恶区别开来。痛苦是我们的感官状态，就外感官来说，它可能意味着一种不舒适，就内感官来说，它可能意味着一种不愉快。恶则不同，它是我们欲求能力必然厌恶的对象，是纯粹实践理性的对象概念。在评判是不是痛苦时，我们只需要感官就够了，而若要评判某个事物是否为恶，还需要理性。康德认为，纯粹理性并不绝对排斥痛苦，因为有的痛苦也是善，反而是纯粹理性所欲求的，例如疫苗的接种便是一例，没有人会否认打针是件痛苦的事情，但说医生为我们接种疫苗是在作恶，便是无稽之谈了。刑罚也是这种引发痛苦的行为，但是它却被认为是善的，虽然我们对它为善的根基还在争论之中。

人们常常把痛苦和恶混淆起来，认为那些我们厌恶的东西便都是恶的，而痛苦必然是人们厌恶的东西，所以当然是恶的。康德认为，这样的混淆是可以理解的，“在我们实践理性的评判中，很大程度上取决于我们的福和苦，并且在涉及我们作为感性存在者的本性时，一切都取决于我们的幸福”〔1〕，一般的实践理性总是把幸福定为欲求对象，这是人的感性需求所带来的，趋利避害不但对有理性的人来说，甚至对于有感官的所有生命体来说，都是生存的出发点。然而，人除了属于感官世界外，还有一个理知世界，也就是说人是有理性的，如果理知世界仅仅为感性世界而存在，那么人就与其他动物

〔1〕 PP, p. 189.《批判》邓晓芒译本（下），第75页。

一样，理性的存在便没有任何价值了；理性便成了人类谋生的一个工具而已，它唯一的目标就是追求活得更好（幸福）。康德并不否认人的感性需求，即对快乐和幸福的追求，但他指出，理性要求人还有一个更高的目标，以活得更有意义，这就是对善的追求。一件事情被评判为善的，是因为它本身符合纯粹实践理性的法则，而不是因为它能带来感官的愉快，反过来讲，一件事情带来感官上痛苦的感觉，与理性把它评判为恶的是两码事。“痛苦”是一个经验性概念，而“恶”则是一个理性概念。

（二）刑罚与痛苦的关系

其次，痛苦是刑罚引发的后果，也同时是刑罚指向的目的。换句话说，国家刑罚权实现出来的后果是给犯罪人带来了痛苦，但同时，国家刑罚权为什么要实现的目的，也是为了给犯罪人带来痛苦的后果（当然目的能否最终达到，是要归结到自然法则的因果律上来的，而不是能够人为预料到的；例如一个犯罪人被判处鞭刑，但在刑罚刚刚开始实施时，他因为心脏病爆发而死亡，并没有受到鞭刑的痛苦，这不在我们的考虑范围之内）。如果把“痛苦”与“刑罚”作为一对关系来考察，那么它们就属于康德所划分的关系范畴中的“限制性”范畴，而限制性又分为两种，其一为原因性与从属性，考察原因和结果；其二为协同性，考察主动与受动。〔1〕根据这两个范畴，康德区分了“作用因的因果联系”和“目的因的因果联系”：对前者，“因果联系就其只是通过知性被思维而言，是一种构成（原因和结果的）一个不断下降的系列的联结；而那些作为结果的物是以另外一些作为原因的物为前提的，本身不能反过来同时又是另外这些物的原因”〔2〕，原因和结果是单向性的，原因只能在结果之前；而对后者，“却是可以按照某种理性概念（目的概念）来思考的，这种因果联系当我们把它看做一个系列时，将既具有一种下降的依赖关系，又具有一种上溯的依赖关系，在其中，一度被表明是结果的物却在上溯中理应得到它成为结果的那个物的原因的称号”〔3〕，原因和结果是双向性的、互为因果。刑罚和痛苦这对关系就是这样一种目的因的因果关系，

---

〔1〕 CPR, p. 212. 参见《批判》邓晓芒译本（上），第65页。

〔2〕 CPJ, p. 244.《批判》邓晓芒译本（下）。

〔3〕 CPJ, p. 244.《批判》邓晓芒译本（下）。

虽然从外在时间上看，刑罚的施加行为在先，痛苦作为结果在后，但从内在的目的来看，一个刑事案件中，法官在判决犯罪人的刑罚时，就已经把给他带来痛苦作为刑罚实施的目的了，痛苦又成了刑罚的原因。

但是，这必须不同于把无限的痛苦作为刑罚的目的来追求，而只是说，如果刑罚不是以给犯罪人带来痛苦为直接目的的话，那么刑罚就称不上刑罚了。这种作为目的的痛苦，不是主观的目的，后者意味着痛苦是施行者的任意所指向的目的，而施行者本身是没有这样的法权的；它是客观的目的，也就是说它来源于立法者的意志，而不是某个个人（即便他是法官）的任意。在康德看来，任何刑罚都不能作为其他所谓善的手段，法官个人不是为了报复犯罪，这种报复的主体不应该是法官或者其他某个人，在法权状态中，只有人民的共同意志的立法才有权去决定报复。

（三）刑罚不是自然惩罚

再次，由刑罚带来的痛苦是一种人为的痛苦，而不是自然的痛苦。刑罚是一种司法的惩罚（poena forensis），所以它是违背自由法则而必然的后果，也就是说刑罚是由立法者的意志（即人民的共同意志）的法则所决定的，而不是来源于上帝的意志或者来源于自然规律。那些违背自然法则而招致的痛苦即使比刑罚严重得多，仍然属于自然惩罚，而不是刑罚，例如故意于森林中放火这一行为，单就行为人因为不懂安全知识而违反自然法则被大火烧伤甚至致死来说，仅仅只是自然惩罚；而其触犯国家保护森林相关法律，遭到司法审判并被判处承担刑事责任，从而受到痛苦，这就是司法的惩罚，即刑罚。

斯密采用将愤恨与憎恨两种感情相区分的方法，来说明人为惩罚和自然惩罚的不同。如果一个作恶之人是憎恨的对象，那么在其遭遇自然惩罚（如被雷电击中而死）时，这种憎恨的情感也能得到满足；而如果他是愤恨的对象，自然惩罚便无法满足这样的情感，必须由受害人亲自去惩罚他才能释怀。[1]一般来讲，我们的自然情感很容易把自然的惩罚也作为一种对罪犯的谴责，但这不能称为刑罚。既然犯罪是个人自由任意的行为，那么刑罚作为一种后果，也应当由自由任意来施加，只不过这自由的任意不是个人的任意，而是人民

〔1〕 参见［英］亚当·斯密：《道德情操论》，蒋自强等译，商务印书馆1997年版，第82~84页。

共同的意志，但无论如何它都是人的意志。无论是犯罪还是刑罚，都是自由王国的事情，属于自由的原因性的范围，遵循自由法则的规律；而自然的惩罚，是自然王国的事情，属于自然的因果性的范围，遵循自然法则的规律。

（四）刑罚仅限于外在的痛苦

最后，痛苦仅限于感官层面的痛苦，即外在的痛苦，而非内在的痛苦。刑罚的实现是要靠共同体的强制才能实现的，而且刑罚既然是共同体的法权，就意味着其对公民具有强制的权限，但任何来自他人的强制，都是外在的强制，即以物理的方式进行的强制。这是因为人是有自由的任意的，这是一种不受感官冲动所影响的独立性，“另一个人虽然可以强制我去做某种不是我的目的的事情，但不能强制我使它成为我的目的”〔1〕，也就是说，他人可以通过物理的手段对我进行强制，但是却不可能对我的内心（即我内在的自由）产生任何强制。虽然犯罪人受到刑罚后，可能会后悔自己的所作所为，并感到心理上的极大痛苦，但这种痛苦并不是刑罚的应有之义，而只是刑罚产生的单纯后果，而且这个后果的产生并不是人的意志和立法意志所能左右的；因为内心痛苦的情感的产生，即使是由刑罚引起的，也是行为人自愿产生的，而不是由强制产生的。

正是因为刑罚对人只能产生外在的痛苦，而无法必然产生内在的痛苦，所以刑罚的威慑性效果只是一种可能性，而不是必然性，刑罚在多大程度上能够影响到人的内心，在概率上是无法统计的。而经验事实总是能够举出一些反例：司马迁被处以宫刑，带来身体上的极大痛苦，但他内心坚定，不受身体的煎熬之影响，成就了《史记》；江姐在监狱受尽酷刑，却仍然意志不改，她把共产党人的意志比作钢铁，坚信内在的精神力量坚不可摧，最终英勇就义。这些例子说明，即使是残酷的刑罚，对人内在的自由的任意来说，都不能必然产生任何强制作用，反而会凸显人的内在自由的无限力量。

二、刑罚与国家强制

（一）道德哲学与政治哲学之辨

胡萨克在批评法律道德主义时提出，与犯罪和刑罚有关的问题，不仅仅

〔1〕 MM, pp. 146-147.《道德形而上学》张荣、李秋零译本，第167页。

是一个道德问题，更是一个政治问题。他认为，国家刑罚并不是唯一可能的（即使它是唯一被允许的方式）实现报应正义所欲实现之目的的方式。[1]具体来说，如果个人或者集体组织能够实现刑罚的某种道德价值的话，国家刑罚是不是多余的？任何一个刑罚理论都必须说明，为什么是国家拥有刑罚的权利，其他任何人都无法替代国家而扮演刑罚的合法的发动者。“法权学说”也是沿着一种政治哲学的契约理论的思路展开的，其阐明了国家强制力的政治合法基础。甚至表面看来，康德就是霍布斯和卢梭的追随者。他把刑罚视作是国家的一项强制的法权之一，是与国家法权的合法性一脉相承的。

可是，这并不意味着康德就是一个法律实证主义的拥护者，在政治与道德的关系中，他始终把后者看得更重一些。虽然国家法权的证成本身，构成了国家刑罚权之证成的一部分，但是这两者仍然需要更有力的道德理由来支撑。这表现在，一方面，构成国家之基石的源始契约，是一个具有道德意涵的先天理性的契约，它所象征的不是个人与利维坦的利益博弈，而是人们自由的自主性的符号。另一方面，国家刑罚权也不是某种利益妥协的产物，不是作为守夜人的国家对每个个体的善的承诺，实际上，国家施行刑罚是在实践自己的权利，也是在履行自己的义务。

（二）刑罚是一种权利

我们必须区分刑罚权的主体和惩罚行为的主体。如果刑罚意味着一种强制的权限即公共法权，那么这个法权的主体是国家整体，也就是说是国家的三重人格各自分工，共同行使对罪犯的刑罚权。立法者通过立法确定公民的法律义务，法庭通过查明事实、适用法律决定刑罚的手段和量刑，执法者通过特定的程序实施强制行为，由此，国家的刑罚权才完整地行使出来。正是因为这个刑罚权是国家人格整体所享有的，所以任何一个代表国家人格的官员，无论是立法者、法官还是摄政者，都不是基于自己的个人意志而对公民实施的刑罚，而是一种国家行为。

而刑罚行为的主体则是国家的摄政者，也就是说刑罚行为作为一种强制行为，应当由具有强制能力的人格做出，而在国家中，执法权才有强制能力。

---

〔1〕 参见［美］道格拉斯·胡萨克：《过罪化及刑法的限制》，姜敏译，中国法制出版社2015年版，第314页。

"国家的摄政者就是应拥有执行权的那个（道德的或自然的）人格，是任命官员、给人民制定规则的国家代理人，根据这些规则，人民中的每个人都能够按照法律（通过把一个案例归摄到法律之下）获得某种东西或者保持'他的'。"[1]但是摄政者对公民施加强制手段的行为，必须是在合法判决作出后才是正当的，因为法庭本身也被康德称为是国家正义，是公共法权之分配正义的来源。国家行政权对公民施加强制手段的正当性最终要取决于法庭的判决，取决于实际的法庭判决是否真正体现了国家的分配正义。

值得强调的是，立法者、法官、摄政者都只是国家的代理人，而不是国家意志本身，国家是作为一个道德人格而行使刑罚权的，它的行使也是国家自主性的体现。那么，为什么刑罚权属于并且只属于国家呢？

对这个问题，康德并没有给出合理的论证，他只是做出了确定性的陈述："一个国家最高统治者的法权还包含：（1）职位的分配；（2）尊荣的分配；（3）除了这些相对善意的法权外，还有刑罚的法权"[2]。这个以排比的形式出现的陈述，也暗示了国家这三项法权的相似之处，即它们都是某种分配法权，由国家将职位、荣誉、痛苦分配给应得的成员。

按照康德的观点，只有国家能够承担合法的分配者的角色，这是因为在自然状态的私人交互关系中，只能产生交换正义，而无法产生分配正义。即便纯粹理性会提出分配正义的要求，但是自然状态中起作用的永远是单方面的意志（或者双方的特殊的意志）。它不能将每个人置于一个自身而言是有条件的偶然的义务之下，因而需要一种全面的意志，其不是有条件偶然的，而是先天的必然联合起来的意志，只有这样的意志能够给出法则。[3]换言之，即使在自然状态中，个人能够声称自己是为了实现正义而实施了惩罚行为，但又怎么去证明这种单方面意志的正当性呢？康德的意思是，我们必须要靠一种联合起来的全面意志来给出普遍的法则，从而也由这样的意志来决定什么是正义的。

正因此，在公共法权状态中，"掌管正义的道德主体就是一个法庭，并且它对正义的执行就是一个判决。所有这些都是仅仅根据先天的法权的条件来

---

〔1〕 MM, p. 93. 《道德形而上学》张荣、李秋零译本，第107页。

〔2〕 MM, p. 102. 《道德形而上学》张荣、李秋零译本，第117~118页。

〔3〕 MM, p. 51. 参见《道德形而上学》张荣、李秋零译本，第57页。

设想的，而非考虑宪制是如何真实的被建立起来的"[1]。也就是说，法庭作出的每一个判决都是体现了整体的全面意志，而非法官本人的单方面意志。康德批评了这样把法官个人的意志与法官判决代表的国家意志混淆起来的做法，他说道：

存在着法权专家们通常会犯的偷换概念的错误，即把一个法庭根据自己的目的，来宣告和判决什么是属于每个人他自己的，从而采纳的正当性的原则（出于主观性意图的原则），看作好像是一个自身就是正当的客观性的原则。[2]

据此，唯一的拥有刑罚权的主体就是作为整体的国家道德人格，任何单个的人（无论是在自然状态中还是在法权状态中）都无法承担起正义分配者的角色。

（三）刑罚是一种义务

与任何一个道德人格一样，国家的义务也来自于道德法则，后者是国家纯粹意志的自我立法。康德的主张是，刑法也是一个定言命令，它以正义的要求为国家提出了无条件的义务，即通过惩罚不法行为实现国家之内的正义。

为什么国家纯粹意志的立法会提出正义的定言命令？这是因为，公民社会的法权状态不同于自然状态的根本之处在于，前者拥有公共立法和分配正义。只有存在公共立法和分配正义，才能使每个人得到他应得的。在无法的自然状态中，即使"应得"是每个人的理性所知的，也没有条件将其实现出来。于是，人们联合起来的理性意志，必然要求通过建立国家而进入公共法权状态，从用暴行夺取应得中解放出来，进入用法权获得应得的合法性条件中。这样，纯粹理性就必然会提出满足每个人应得的要求，也就是实现分配正义的定言命令，国家就是分配正义的化身，服从正义的定言命令，也是国家的完全义务。

康德区分了定言命令和假言命令，"假言命令仅仅只是说，这个行为对某些可能的或者现实的意图而言是善的"[3]，"而定言命令则声称行为自身就

---

〔1〕 MM，p. 78.《道德形而上学》张荣、李秋零译本，第 90 页。

〔2〕 MM，p. 78. 参见《道德形而上学》张荣、李秋零译本，第 91 页。

〔3〕 PP，p. 68.《奠基》杨云飞译本，第 43 页。

是客观上必要的，而不需要参考任何其他的意图和目标”[1]。进一步说，假言命令是为了实现其他目的，而定言命令自身就是目的。如果正义的要求是定言命令，那么，国家对这个命令的服从就是无条件的，正义本身就是目的。换句话说，国家必须实现正义，这是德行的道德法则的要求，而不是因为正义能给国家或者其成员带来其他的善（诸如安全、秩序、幸福等）。

在这个区分的基础上，我们还能够再进一步区分“作为手段的惩罚”与“作为目的的惩罚”。当我们说“刑法是一条定言命令”时，就是表明刑罚是“作为目的的惩罚”，刑罚的目的是实现分配正义（或者说给予每个人他应得的）。而当我们把惩罚作为手段时，就是把某种正义之外的善作为目标，而把国家给予每个人应得的看作是达致这个目标的工具。

我们看到，康德在“法权学说”中的论证思路始终是统一的，国家法权、分配正义、刑法的定言命令、作为目的的惩罚等理念一脉相承。用康德的话来说，“人们之间的公民宪制的纯然理念，就伴随着归属于最高权力的惩罚正义的概念了”[2]。而且，透过这些理念，我们也能够理解之所以康德被视为报应主义的旗手，就在于他把刑罚作为给予每个人应得的分配正义本身，同时也以此作为国家的完全义务。我将在第五章展开对这个问题的论证，在此不赘言。

三、刑罚是对自由的恢复

（一）一个物理学的隐喻

牛顿对康德的影响很大，这不仅仅体现在《纯粹理性批判》中那些与自然哲学相关的部分，而且也体现在他关于实践哲学的探讨中。在谈及法权和强制的关系时，他明确说道：“普遍自由的原则下，一种与每个人的自由必然一致的相互强制的法则，就仿佛是这那个概念的构造，即在一个纯粹的先天直观中，依照物体在作用力与反作用力相等这个法则下的自由运动之可能性的类比来展示这个概念”[3]。如果将康德关于犯罪的自由学说与牛顿的力学

[1] PP，p. 68.《奠基》杨云飞译本，第43页。

[2] MM，p. 130. 参见《道德形而上学》张荣、李秋零译本，第149页。

[3] MM，p. 26. 参见《道德形而上学》张荣、李秋零译本，第30页。

第三定律做个类比的话，我们将会获得非常有趣的体验，而且它也将提供对自由学说的又一个验证。

我们知道，人们彼此生活在一个有限的领域中，但生活本身并不是静止不动的，而是通过行为产生交往、合作和争执。这与自然界某个有限空间中保持着运动的物体，在现象上是相似的存在。按照牛顿的解释，在没有外力作用的情况下，物体永远保持匀速直线运动状态，也就是自由的运动状态。物体受到外力，就会产生加速度，或者改变运动的方向，或者改变运动的速度，自由的运动状态因为外力的施加而被破坏。但是，自然法则要求一种最基本的平衡法则，也就是说一个物体在对另一个物体产生作用力的时候，会受到另一个物体的反作用力，这种反作用力也将使施力的物体本身改变自由运动状态。然而，这种不自由的状态并不是运动的最终状态，所有的物体都会在各种合力的作用下，重新恢复到静止或者匀速直线运动的自由状态。

人与人之间的交互作用，和物与物之间的相互作用相比，可能遵循类似的法则。在没有与他人产生交互关系时，人是自由的存在，独自支配所占有的空间、决定自我的行为。空间的有限性使我们必须与他人发生关系，他人的行为作为一种外在的强制力，将会改变我原有的自由的任意状态。于是，在交互关系产生后，“人们如何将一种生而自由的状态保持下来”这个问题，就像“一个物体如何在受到其他物体碰撞后，继续恢复到自由运动状态”一样，需要某种法则作出解答。对后者，牛顿的回答是，一个物体受到另外一个物体的作用力时，会产生相反的作用力，这种方向相反大小相等的反作用力，将使得两个物体要么处于静止状态，要么继续处在相反的匀速直线运动状态。也就是说，自由状态的两个物体，作用力与反作用力相互抵消，又恢复到自由的状态，这是自然法则的规定。对前者，康德希望能给出像自然法则一样的法则，来阐明前面那个问题，也就是“在人的自由的任意遭到破坏（被施加外在的强制）后，如何再次恢复到自由的状态”。进一步说，按照外在的自由的法则，一个人的外在的自由受到强制后（作用力），必须要有另一种对这种强制的强制（反作用力），来使人恢复到原初的自由状态。而这种恢复自由的反作用力，就是刑法规定的刑罚。

在这个与物理学运动法则的对比中，我们看到了刑罚的作用就在于外在自由之恢复的必要性，这是与康德式的自由学说一致的。犯罪行为的发生，妨碍了他人的外在自由，也改变了行为人自己的自由状态，同时还破坏了共同体的自由状态。这就好像是处在一艘漂浮的船上的两个球体，原本三者（两个球和一艘船）都处在静止的自由状态，此时处在一端的球移向另一个球并彼此发生碰撞，原本的三种自由状态都会受到影响，必须要靠额外的外力才能重新回到自由状态。这个外力，就是刑罚的强制力。

（二）怎样恢复自由状态

那么，最初的自由状态是如何借助刑罚的强制力得以恢复的呢？我们必须认清的一点是，“恢复自由状态”与“恢复原有状态”不是一回事：前者是指由自由状态 F1 变为不自由状态 U1，然后再转变为自由状态 F2，F1 和 F2 都是自由状态，却是不同的状态；后者是指由自由状态 F1 变为不自由状态 U1，然后再回到 F1 的原有状态。当我们强调“刑罚是对自由的恢复”时，实际上指的是“恢复自由状态”，却不一定是“恢复原有状态”。

上文在提到康德式的自由学说时，谈及了犯罪行为对三重自由的妨碍和对原有自由状态的破坏。而既然刑罚意味着恢复自由状态，那就同样包含这三重自由状态的恢复。具体而言：

第一，恢复他人的外在自由。一个被杀害的人将不可能再恢复自由状态，一个被毁坏的房子也很难恢复到原有的样子，甚至小偷偷来的钱财也可能无法回到失主的口袋。那么，他人的外在自由是如何得到恢复的呢？上文我们已经提及过康德意义上的自主的概念，它意味着一个好的行为应该是出于好的理由，而外在自由的恢复也是在这个康德式的自主概念上得到理解的。当我合法地按照我的目标选择适当手段的时候，你的犯罪行为阻断了我的目的或者破坏了我的手段，你的偶然的强制使得我的自由被妨碍了。但刑罚移开了这个妨碍，并且这种对妨碍的移除是普遍性的而非偶然的，这预示了我以后同样的自由的任意是可能的。并且，刑罚的反作用，使我更加确信我的行为和行为的理由是正当的，从而确信自己的自主性。例如，当我遵守《证券法》有关规定进行合法的炒股活动时，你因为你的内幕交易行为妨碍了我的自由，刑法对你的惩罚，使我在今后的炒股活动中更加确信自己遵守规则炒股的行为是正当的，我是在以正确的理由做正确的事情，从而意识到自己的自主性。那么，虽然在之前的行为中，我的自主性受到了你的妨碍，但是刑罚宣告了妨碍的无效，于是我又恢复了自主性。

第二，恢复自己的内在自由。刑罚被设定为一种对法律规则的再确认，从而也是对人的理性能力和自由意志的再确认。如范伯格所言，法律惩罚是一种表达，[1]这种表达既是对罪犯之谴责的表达，也是对至高无上的法律权威的表达。透过刑罚的表达功能，罪犯意识到自己的罪过（guilt）以及普遍外在立法的法则的尊严，从而重新被唤起对法则的敬重，加强了自身以法则作为行为准则的信念。从这个意义上说，罪犯恢复到了内在自由的状态。

值得注意的是，这种内在自由的恢复并不意味着刑罚就是矫正性的，或者康德支持了特别威慑理论。否则，我们便是把刑罚看成了恢复内在自由的工具，而实际上内在自由的恢复是刑罚的一个效果。换句话说，并不是为了恢复罪犯的内在自由状态，才需要刑罚被施加，而是惩罚正义的要求产生了恢复内在自由的结果。

第三，恢复国家的自由状态。国家作为一个道德人格，它的自由体现在，以共同体之名所行一切事务，都是以普遍法则为行为准则作出的。这个普遍法则的要求就是定言命令的要求，而履行正义的职责就是其中最重要的部分。当国家实现刑罚的权利时，同时也是履行惩罚的义务，在这个意义上，国家的刑罚行为就直接体现了国家的自由。

（三）报应主义立场

康德式的自由学说预设了报应主义的立场，即刑罚是一种对过错行为的回应。

墨菲在早期的研究中，用“还债说”解释了康德的报应主义。他说道：

> 他（康德）并没有将分配正义视为是某种直观性的道德知识。相反，正如我们所认为的，康德提供了一种建立在他的如下观点基础之上的刑罚理论，这种观点认为：应根据相互性来分析政治义务。如果法律要保护其正义性，那么确保那些不遵守法律的人不会获得比那些自觉遵守法律的人更多的利益是相当重要的。刑事惩罚即旨在于确保这种相互性，并试图恢复享受利益与遵守法律之间的恰当的平衡。罪犯本人对此也不会抱怨，因为他在理性上也

---

〔1〕 See Joel Feinberg, “The Expressive Function of Punishment”, in Joel Feinberg ed., *Doing and Deserving: Essays In The Theory of Responsibility*, Princeton University Press, 1970, pp. 95-118.

会欲求或同意对于他的刑罚。也就是说，那些被他破坏的规则——当这些规则被其他人所遵守的时候——是根据他自己作为公民而享受的利益而设定的。在一种原初的选择情境中，他可能已经选择了这些规则。并且因为他从这些规则那里获得了利益，因此他对于其他那些公民负有一种遵守这些规则的债务，因为这些公民在维护这些规则的时候牺牲了他们的自由。如果他选择了不作出牺牲、从而不进行自我约束或不遵守法律的话，那么这就等于是他选择了另一种形式的牺牲——即承担法律所规定的刑罚。〔1〕

对于刑罚的此种分析将刑罚视为一种债务，即欠统一共同体中的其他遵守法律的成员的债务；并且，一旦偿付这种债务，他就重新成为这一共同体的一名好的公民，与他人拥有平等的地位。〔2〕

墨菲后来放弃了这样的看法，并多次强调，康德不但没有站在报应主义的阵营中，而且他甚至无法被还原为一个融贯性刑罚理论的创造者。关于康德究竟是否支持报应主义，我将在下一章探讨，而至于他是否提出了完整的刑罚理论，则留待最后一章做详细分析。在此，我只尝试分析墨菲的论证，并表明，“还债说”不足以解释康德的报应主义，而且还可能是对康德哲学的误读。理由如下：

第一，“还债说”背后是一种利益交换理论，以平等主义作为哲学基础。它主张的是，没有人能够比他人获得更多的利益，没有人能比别人更好一点。按照这样的思路，还债说的一个预设是，犯罪行为将会给罪犯本人带来好处，而守法者需要极大的负担来克服犯罪的欲望。

这个预设本身是成问题的。对大多数人而言，守法是习以为常的事情，既不会产生想要违反法律的冲动，也不会存在克己复礼的负担。也就是说，刑法对大众来说，是一种积极的信赖和引导，而不是长鸣的警钟，没有人会认为不去犯罪是一种遗憾或损失。相应的，罪犯通过犯罪行为享受了不应得的利益，这个说法也是存疑的。很多犯罪行为，并不是因为罪犯获利我们才惩罚他，而是因为它本身的不法。例如，出卖人体器官的行为，刑法的惩罚

---

〔1〕 参见［美］杰弗里·墨菲：《康德：权利哲学》，吴彦译，中国法制出版社2010年版，第150页。此外，墨菲在“Kant's Theory of Criminal Punishement”一文中有几乎一模一样的论述。See Jeffrie Murphy, “Kant's Theory of Criminal Punishment”, *Retribution*, *Justice*, *and Therapy* 16, 1979, pp. 82-92.

〔2〕 参见［美］杰弗里·墨菲：《康德：权利哲学》，吴彦译，中国法制出版社2010年版，第151页。

针对的不是行为人获得了利益，而是器官是不能买卖的。

此外，这个预设必然为康德所反对。按照“还债说”，罪犯不愿意作出遵守法律的牺牲，所以就以刑罚作为另一种形式的牺牲而达致社会利益的平衡。可是，如果罪犯选择其他的牺牲形式，是否就能够免除或者减轻处罚呢？康德对这样的意见明确提出了反对，他说道：

> 人们应该怎样思考这样的提议呢？如果一个被判处死刑的罪犯同意在他身上进行危险的医学试验，并且幸运地存活下来，通过这种方式医学家们获得了对共同福利有益的知识，那么，这个罪犯就可以免于一死了。法庭将会藐视这个来自医学院的建议，因为如果正义能够被估价，正义就不再是正义了。〔1〕

显然，康德一定会反对将他的观点解释为偿还债务，这主要是因为，他反对一切以功利出发的解释，任何以利益来解读康德的尝试都是失败的。依他之见，社会共同体不是基于利益而形成的，而是基于纯粹理性，所以犯罪行为所影响的，不是某些人或共同体的利益，而是理性立法。

第二，康德并没有提出“原初情境”的比喻，这只是罗尔斯的观点。对康德而言，源始契约是一个先天的理念，它集合的是作为理性的全体公民的意志，这种意志根本来源于人们对纯粹实践理性立法即道德法则的遵守。而“原初情境”则是一个假想的思想实验，它预设了人们在无知之幕下，将作出最有利于自己的选择，从而也最大可能性地保证公平的选择。但是这个选择毕竟是自利的，是建立在经验性欲求之上的利益衡量，而不是出于纯粹的理性，这是原初情境与源始契约之根本性的不同。当康德说，在源始契约中“我与其他所有人一起服从法律”〔2〕，指的是我作为纯粹的理性的人（即本体的人）是这个契约理性的一部分，而不是说作为有限理性的我（即现象的人）基于自利而做出了某种承诺。

罪犯对刑法规则的违背，并不是违背了他在原初情境中的自利的选择，那些规则本身也并不是为了他的利益而诞生的。他违背规则的行为，只是表明他背离自己的理性做出了非理性的选择，而为什么要惩罚他的这种非理性

〔1〕 MM, p. 105. 本书将其简称为“医学试验之例”。参见《道德形而上学》张荣、李秋零译本，第121页。

〔2〕 MM, p. 108.《道德形而上学》张荣、李秋零译本，第124页。

的行为，才是刑罚理论所要回答的根本问题。

第三，政治相互性是否是康德的政治哲学观，也是需要反思的。传统上我们认为，单一个体的快乐与痛苦，是功利主义伦理学的出发点。现代功利主义者虽然认为这种以个体的主观感受作为道德的标准有可能导致主观主义和相对主义，所以便发展出了所谓的“规则功利主义”以对其缺陷进行补救，但功利主义的以孤立的个体作为道德主体这一基本立场并没有发生改变。〔1〕正是以这种个人主义为前提，功利主义更强调个人与个人之间的利益平衡，也就是所谓的相互性问题。在他们看来，社会的幸福取决于所有人的幸福的总和，因而一个人的利益并不是考虑的重点，我和你怎样能够解决彼此的利益冲突，才是达致社会总体利益最大化的关键。政治相互性是功利主义的基本预设，却不是康德哲学的应有之物。〔2〕

康德的法权学说强调的是，我们要尽可能地生活在一个普遍的法则之下，这个法则的普遍性来自纯粹理性和自由意志的普遍性。在义务论的伦理学中，不是个体与个体之间的利益对立，而是个体有限理性与普遍纯粹理性的对立，具体到政治生活中，就是个体外在的自由与公民联合意志立法的对立。墨菲将功利主义关于相互性的假定，安插在康德义务论的体系中，并不能产生十足的说服力。

从康德的思路出发，我们不能把犯罪行为理解为搭便车的行为，从而把罪犯看作是一个牟利者，否则便与功利主义的伦理观无异。相应地，国家对罪犯的刑罚也不是一种利益平衡的手段，惩罚正义不是“因为你占了便宜，所以你必须吃亏”，它仅是指“因为你错了，所以你要负责”。

康德式的自由学说，有助于我们理解他的报应主义立场。犯罪是罪犯基于自己内在自由的任意而通过外在行为对外在世界施加的强制力，这个强力

〔1〕 参见王建军：“普遍性与相互性：康德的义务论与功利主义伦理学的分野”，2004 年纪念康德逝世 200 周年学术研讨会，第 137~145 页。

〔2〕 康德在某种程度上也承认相互性，但这种相互性与利益平等的相互性是有差距的，或者我们可以称之为“道德相互性”而非“政治相互性”。它是从目的王国中每个人都把对方当做目的作为出发点的，正如科斯嘉德（Christine M. Korsgaard）所定义的：“我必须把你的目的和理由变成我的目的和理由，并且我必须用能够使之成为你的目的和理由的方式来选择我的目的和理由。这就是相互性。”参见［美］克里斯蒂娜·科斯嘉德：《创造目的王国》，向玉乔、李倩译，中国人民大学出版社 2013 年版，第 209 页。

打破了原有的自由状态：受害者因为犯罪行为或者改变了目标或者丧失了手段，他的外在自由被妨碍；罪犯自己因为犯罪行为表现出对定言命令的蔑视，而使自己内在的自由受制于外在的诱惑，破坏了自己的自由意志；人们在普遍法则下共同生活的自由状态也被打破，国家按照普遍法则行动的能力也受到了打击。在这种情况下，三种不同主体的自由都由于这个犯罪行为而变得不自由了。刑罚就是与这个犯罪行为的强制力完全相反的另一种强制力，通过反作用于犯罪行为的发出者之上，恢复整个社会的自由状态。

自由学说对报应主义的支持，表明了康德的法哲学并没有脱离他的整个哲学体系，后者反而滋养了前者，为其根源所在。一旦脱离整体的哲学根脉，尤其是他的批判哲学，单薄地看待康德的法哲学和刑罚理论，就会得出许多似是而非的结论，甚至将这种误读产生的矛盾归于康德的年老体衰或者“法权学说”的仓促而为。在后续两章中，我将考察一部分这样的误解，其所提出的困惑都可能通过诉诸批判哲学思想而获得解决，而康德明确的报应主义立场也会得到辩护。

小 结

我们在对康德自由概念的剖析中，获得了“犯罪是对自由的妨碍”和“刑罚是对自由的恢复”这两个基础性的论断。这个别具一格的自由学说，已经悄然披上了报应主义的外衣，但是它还不足以展现完整的报应主义理论的图景。而深入阅读康德在“法权学说”中关于刑罚的陈述，便会发现，这些文字并不总是报应论调的，有时可能是威慑主义的。20世纪中叶以来，英美学界部分学者对此大做文章，像哥伦布发现新大陆一样，对重构康德刑罚学说为混合论欢欣鼓舞。我将在接下来的章节中，以本章自由学说的两个论断为起点，进一步揭示，混合论的重构只是蘸着规则功利主义的肥皂水吹出的泡泡，以为泡泡里的世界才是真正的康德的世界。真实的情况是，报应主义仍然是康德最基本的立场，但它又不能被“还债说”如此经验性地、直观地解读。与其说康德提供了一个完整的报应主义理论，不如说他开启了批判性的报应理论的大门，我们要沿着他所指示的方向越走越远，却不能抱着他的教条裹足不前。

第五章
康德是报应主义者吗

在“刑罚”的思想史上，康德无疑被贴上了报应主义者的标签。但是，自20世纪末以来，在英美学界出现了一股“混合论的康德式刑罚理论”的潮流，越来越多的作品关注到“威慑”因素在康德刑罚学说中的重要作用，报应主义的“执政地位”被动摇了。这直接源于康德关于紧急法权（the right of necessity）（如沉船之例〔1〕）的陈述被重新解读。〔2〕“新大陆”的发现，让法哲学家们既惊喜又困惑，一方面，他们折断了古旧的报应主义的“枯藤”而寻找到了威慑因素的“新枝”，让康德惩罚哲学焕发了新的生命；另一方面，威慑与报应这两个站在对立面的论证，如何能够被拼在一起，成为可以被接受的、又不至于远离康德的新的理论图景，却是一件令人头疼的工作。

如我们所见的，既有的康德作品中，支撑报应主义的旧材料依然存在，而新的威慑主义的碎片也不容忽视。就像是从完整的图画中抠出的拼图一样，我们面临的最简单的孩童般的问题是：这些不同的板块如何能够完美地组合在一起？更严重的困难在于，我们能够找到的板块，不但看起来是冲突的，而且可能是很不完整的。这导致现今为止所有的拼图游戏都成了自娱自乐，

---

〔1〕 本章曾压缩后以论文的形式发表。参见郭晔：“寻求一个智力拼图的真相——康德报应主义新解”，载《法制与社会发展》2018年第3期。“沉船之例”是康德在“法权学说导论”的附释中提到的一个关于有歧义的法权（ambiguous right）的例子，说的是在沉船之后，一个人为了自己能够存活下来，就把另一个人从其赖以活命的木板中推下去。对此，康德说道：“法律惩罚的威胁不可能比丧失生命的威胁更大。这种刑罚达不到意想的效果，因为一种不确定的痛苦的威胁（法律判决的死刑）不可能超出一个人对确定的威胁（淹死）的害怕”。MM, p. 28. 参见《道德形而上学》张荣、李秋零译本，第33页。

〔2〕 See B. Sharon Byrd, “Kant's Theory of Punishment: Deterrence in Its Threat, Retribution in Its Execution”, *Law and Philosophy*, Vol. 8, No. 2., 1989, pp. 151-200.

要么放弃其中的某些板块，要么增添上“非康德”的板块，否则便只能抱怨这些板块根本无法自洽地拼接在一起。仔细观察这些已经展示出来的拼图，我们很轻易地发现一点，那就是大多数的努力都是“胸有成竹”的预谋，而非致力于还原拼图可能的真相。换言之，人们都在期待用取之于康德的板块构建自己的理论图景，而非指向康德自己的理论图景。

本章旨在还原一种康德刑罚学说的真相，不但以这些可见的零碎的板块作为要素，而且致力于用他的批判哲学方法，尤其是他在《纯粹理性批判》中对现象与本体的二分法，来尽可能地接近康德自己的惩罚哲学。通过这样的努力，我希望重新认识报应主义的内涵和它在康德文本中的核心地位，并借这样的智力拼图游戏，强调在刑罚这个问题上“回到康德”的重要性。本章的论证分为这样几个部分：首先，必须弄清楚这些不同立场的碎片分别是什么，即康德在哪些地方坚持了报应主义立场，又在哪些文本中似乎对功利主义做了妥协；其次要考察的是，英美学界流行的混合论的解读，即“角色分离”和“一机两翼”两种模式分别的主张是什么，以及它们各自面临的理论难题；再次，有必要跳出“法权学说”的限制来阐释一个更全面的刑罚理论，在此将予以分析的是“内在应得命题”的内涵、国家的“道德人格”性以及提出“双重身份”模式的解读；最后，回到“法权学说”重新验证双重身份模式的合理性，在此将论及更多康德在文本中提到的经验性案例，并且关注死刑论证的问题。

第一节　迷惑的拼图游戏

为什么国家有惩罚公民的权威？康德提出了压倒性的报应主义信念，即刑罚被允许的唯一的理由就是对一个先前错误行为的直接反应，而当刑罚尽可能地适应于犯罪时，正义就得到了最好的满足。〔1〕可是，康德并没有给出严谨的推理来论证这个信念的合理性，同时，他的文本中还出现了不少支持威慑主义的陈述。20世纪的法哲学家们进行了另一种尝试，将他的刑罚理论解读为混合论的，这些解读正是基于康德文本中出现的这两种对立。我们先

---

〔1〕 See Robert Hoffman, *A New Reading of Kant's Theory of Punishment*, University of Pennsylvania, Ph. D. 2015, p. 127.

来看看传统上将康德解读为报应主义的理由有哪些，然后再按图索骥地去寻找他文本中可能反对这些理由的地方。

一、关于报应主义

康德关于报应主义的立场，可以分成两个方面：其一是积极的，即刑罚是罪犯应得的，与他的主观恶性相一致；其二是消极的，即所有以功利主义为出发点的刑罚理论，都是把人格仅仅作为达成目的的手段，因而是道德上不允许的。

（一）积极方面

就积极的方面而言，康德说道："刑罚与犯罪相适应，只能在法官根据严格的报应法则而施加死刑时才能发生，这是通过死刑的宣告将与他的内在恶性成比例这个事实而表现出来的"〔1〕。"罪犯在被认为能够从对他的刑罚中获得对自己或者对他的同胞有用的好处之前，必须首先被发现是应得惩罚的"〔2〕。

为了说明刑罚应该与罪犯的内在邪恶成比例，他提出了一个基于不同犯罪意图而犯叛国罪的案例，说道：

> 假设，在那些参加了最近的苏格兰叛军的人中，一些人（例如巴尔梅里诺和其他人）坚信他们的起义只是在履行他们对斯图亚特王朝所应当尽的义务；而另一些人则完全出于私人的利益。并且假设，最高法庭所宣告的判决是，每个人都可以自由地在死亡和劳役之间作出选择。我敢肯定说，在这个案例中，具有荣誉感的人将会选择死亡，而那些坏蛋会选择劳役。这是人类心灵的本质使然；因为具有荣誉感的人把某些他认为有价值的东西看得比生命都重，比如荣誉；而那些坏蛋们则宁肯选择屈辱着活，也不愿意丧失活着的机会。既然具有荣誉感的人相比于那些坏蛋，不应该得到更重的刑罚，那么所有人都处以死刑就是罪刑相称的，前者会认为刑罚是轻的，而后者则认为刑罚过重了。而如果二者都判处劳役，则会达到相反的效果，应得重罚的

〔1〕 MM, p. 106.《道德形而上学》张荣、李秋零译本，第 122 页。
〔2〕 MM, p. 105.《道德形而上学》张荣、李秋零译本，第 121 页。

得了轻罚，应得轻罚的却得了重罚。[1]

法官应该根据罪犯内在恶性判断他应得的刑罚，使刑罚与内在恶性成比例，这是“叛国之例”的出发点。它强调的是，同一个犯罪行为，主观恶性的程度不同，刑罚的严厉程度也应当不同。更根本的，一个行为之所以是应得惩罚的，就是因为行为的理由（或者说犯罪的意图）是不正当的甚至是邪恶的。

（二）消极方面

就消极的方面而言，康德提出：“由法庭作出的刑罚，绝不能仅仅作为一种促进罪犯自身或者公民社会之利益的手段而施加，它必须总是因为罪犯犯了罪而施加于他”[2]。这道出了为什么不能把功利主义放在首位的缘由，即任何人格（哪怕是罪犯）都是目的本身，而永远不能仅仅作为另一个人任意的手段。如果我们惩罚一个公民，是为了别人或者社会整体获得某种好处，就是让他的人格臣服于他人，仅仅把他当成了工具。

传统上，我们常常以两个例子来印证康德消极的报应主义观点。第一个就是“医学实验之例”，它否认了罪犯通过“将功补过”来减轻刑罚的合理性，从另一个角度也否认了正义可以为利益让步的可能性。让罪犯承担他应得的刑罚，是尊重他的人格，这是消极的报应主义之积极性的表达。

第二个例子更为极端，几乎已经成为报应主义的一个标签，康德的陈述如下：

即便是公民社会中所有的成员都赞同解体，比方说，住在一个岛屿上的人民决定分手并且分散到世界各地。那么也必须把监狱里的最后一名杀人犯先处决掉，这样每个人都将罪犯根据他的行为应得的东西给予了他，并且血债不会因为没有坚持刑罚而一直被人民惦念于心；如果不这么做的话，人民

---

〔1〕 MM, p. 107. 本书将其简称为“叛国之例”。参见《道德形而上学》张荣、李秋零译本，第123页。

〔2〕 MM, p. 105.《道德形而上学》张荣、李秋零译本，第121页。

就会被看作是违犯公共正义的同谋。[1]

"血债之例"表明，惩罚正义的要求是定言命令，刑罚是国家的一个义务。同时，这个例子也指出，现实中的任何变动都不足以改变惩罚正义的定言命令，哪怕刑罚不能带来任何实际的价值，它所具有的正义的内在价值都是不能消除的。正如康德所说："正义一旦离开，人活在这个世界上便也没有任何价值了"[2]。

这正反两个方面的观点，可以被总结为一句话，即"正义是无条件的"。积极的报应主义是主张，给予罪犯应得的刑罚是正义的实现；消极的报应主义则是主张，正义不能让位于任何利益考量。

二、关于威慑主义

有趣的是，就在离这些鲜明的报应主义陈述不远的地方，康德却明确显露出某种威慑主义的论证思路。

最明显的要数"沉船之例"：

不存在任何刑事法律会在这样的情形中规定死刑：在一场沉船事故中，一个人为了挽救自己的生命，把另外一个处于同样危险中的人，从他赖以存活的船板上推了下来。原因是，由法律所威胁的刑罚不可能比丧失生命的威胁还要大。这种刑法不可能达到意想的效果，因为一个仍然不确定的灾祸的威胁（法庭的死刑判决），不可能超越一个确定的灾祸的威胁（淹死）。[3]

在这个案例中，康德明确区分了刑罚的威胁（the threat of punishment）和刑罚的执行（the execution of punishment）。因为刑罚的威胁，或者遵守不伤害另一个人的义务的动机必然不能超越对立即死亡的恐惧，或者与服从法律相反的受感性驱动的动机，所以法庭不可能通过和执行判决。[4]这样的一种论

---

[1] MM, p. 106. 本书将其简称为"血债之例"。参见《道德形而上学》张荣、李秋零译本，第122页。

[2] MM, p. 105.《道德形而上学》张荣、李秋零译本，第121页。

[3] MM, p. 28. 参见《道德形而上学》张荣、李秋零译本，第32~33页。

[4] See B. Sharon Byrd, "Kant's Theory of Punishment: Deterrence in Its Threat, Retribution in Its Execution", *Law and Philosophy*, Vol. 8, No. 2., 1989, p. 189.

证策略很明显是立足于威慑主义而做出的，决定刑罚能否得到执行的关键因素在于，刑罚的威胁能否提供充足的遵守法律的动机。

此外，似乎还有两个案例值得关注，一些解读认为，只有按照威慑主义的论证模式，康德对这两个案例的主张才能说得通。

有两种应得死刑的犯罪，立法能否有权规定死刑，还是值得怀疑的。在其中，是荣誉感导致了人们犯罪，其一是性的荣誉（honor of one's sex），其二是军人的荣誉（military honor），这两种荣誉在特定的两类人中被看作是义不容辞的义务。第一个犯罪是一个未婚的妈妈杀死了她的婴儿；第二个则是一个战士在决斗中杀死了他的战友。〔1〕

康德对这个案件的解释，是将其视为自然状态中的情形，因为“立法既不能移除对非法出生的耻辱，又无法免除这样的玷污，即一个下级官员因不能做到‘士可杀不可辱’时而被质疑是胆小鬼”〔2〕。我们怎样看待康德的这个解释？看起来，这更像是威慑主义的：立法无法让人们消除荣誉的动机，甚至是死刑的威胁都不足以让罪犯放弃杀人行为，所以刑罚必然达不到意图的效果，也就不具备执行刑罚的条件了。这似乎也是在印证，刑罚的威胁起不到作用的时候，刑罚的执行就是徒劳的和不合理的。

透过这些陈述和案例，我们似乎可以断定康德背弃了他一贯坚持的报应主义立场，转而采纳了威慑主义的策略。根据这个策略，刑罚的合理性就落在了它可能带来的控制犯罪的社会效果上，一种刑罚之所以是允许的，是因为它能够以它的威胁性提供罪犯不再犯罪、其他人不敢犯罪的动机。而如果别的动机不可避免地超越了基于威慑性而产生的遵守法律的动机，那么，对罪犯的刑罚就是不正当的或应当减轻的。无论是“沉船之例”，还是“荣誉之例”，表面看来，都是采取了这样的策略，只不过前者是康德明确表达出来的，后者是我们能够如此重构的。

这样，我们就大致找到了两种类型的拼图板块，一种是坚持报应主义的，一种是掺有威慑主义因素的。这种明显的冲突和矛盾，像充斥在他哲学中的

---

〔1〕 MM, p. 108-109. 本书将这两个案例同时简称为“荣誉之例”。参见《道德形而上学》张荣、李秋零译本，第 125 页。

〔2〕 MM, p. 109.《道德形而上学》张荣、李秋零译本，第 125 页。

每一种对立一样，并非根本上不同的，而是能够融洽地被综合在一起的。我们必然被这样的兴趣所吸引：按照他自己的哲学思路，调和报应主义和威慑主义的争论，化干戈为玉帛，以展望它们永久和平的前景。于是，我们便在比尔德等当代法哲学家的著述中，找到了许多别出心裁的“拼图”方案，它们具有充分的说服力，却抛弃了康德对报应主义信念的坚持。我将在下一节分析这些方案的两种类型，指出他们的不妥之处，从而提出一种坚守报应主义的拼合方案。

第二节　两种拼图的尝试

墨菲（Jeffrie Murphy）在一篇文章[1]中明确质疑了这个拼图游戏的可行性：关于刑罚这个问题，康德提供给我们的就是一些支离破碎的材料，根本无法统一成任何一种融贯性的论证，无论是立基于哪一种立场。可事实上，这也正是学者们饶有兴趣的争论之所在，这些解读可以分为两种，即角色分离模式和一机两翼模式，我们需要更为概括地提炼，来说明这些拼图游戏究竟是怎样完成的。

一、角色分离模式

顾名思义，角色分离模式的核心主张就是，威慑因素和报应因素在刑罚理论中分担不同的角色，二者不是对立关系，而是并行不悖，各自为政。这种模式为更多的学者所赞同，其很大程度上是受到哈特（Herbert Hart）的影响，将刑罚的一般正当化目标与刑罚的分配规则区分开来；或者是在罗尔斯（John Rawls）正义理念影响下的产物，将一般实践的证成与实践中某个规则的证成区分开来。照此模式，“为什么在政治上我们要有刑罚的实践”这个命题对应着威慑主义，也就是说国家惩罚之目的是阻止潜在的犯罪人犯罪或者为了使罪犯不再犯同样的罪；而与之相应，“我们应该惩罚谁、怎样惩罚、刑罚的量是多少”这个涉及刑罚实践中具体的刑罚规则的问题，则要诉诸报应原则，也就是说罪过是刑罚的必要条件，刑罚要符合比例性原则，

[1] See Jeffrie G. Murphy, “Does Kant Have a Theory of Punishment?”, *Columbia Law Review*, Vol. 87, No. 3. , p. 532.

等等。

比尔德提出，刑罚作为威胁的理由和执行刑罚的理由根本不是一回事，“刑罚是用来阻止犯罪的……作为强制性威胁的刑罚是从康德正义理论自然法思想中产生的。而在一个刑事违法行为发生后，问题的焦点就从一般性犯罪预防的工具性价值转移到对犯罪个人的公正对待上”〔1〕。按照他的观点，康德在“公共法权”的附释中针对刑罚的陈述，虽然确实是报应主义的，但这已经是刑罚理论第二个层面的问题了，至于在第一个层面即刑罚的正当性问题上，康德显然是一个威慑主义者。

依他之见，刑罚的威慑效果体现在引导人们的预期行为上，如果按照理性人的判断，其他的威胁（如即刻发生的死亡）超过了法律惩罚的威胁，刑罚就不具有为行为人提供行为动机的能力（或者说只能提供一种较弱的动机），而执行一个没有威慑效果的刑罚是没有意义的。沉船之例表明，“康德并没有把国家刑罚权仅仅停留于报应，而是在威慑或预防犯罪之上。如果报应是实施法律制裁的原因，那么在特定案件中的刑罚的威胁是否有效就毫无关系了。”〔2〕于是，康德在刑罚的正当性目标上就偏重一种工具主义的考量，刑罚是作为一种外在目标（自由、安全、控制犯罪）的手段而得到证成的，只有在第一个层面上刑罚的工具价值得到实现之后，才能进一步讨论报应因素在个案执行中的角色。

与之类似，沙伊德（Don Scheid）区分了刑罚的一般性正当化目标（general justifying aims）与分配（distribution）：前者指的是拥有刑罚制度的一般性的证成，后者指的是刑罚分配给特定个人的方式和数量。〔3〕他认为康德绝不能被认为是完全报应主义者，而最多只能成为部分报应主义者，即在“一般性正当化目标”这个问题上，康德支持了一种威慑论。沙伊德承认，康

---

〔1〕 B. Sharon Byrd, “Kant's Theory of Punishment: Deterrence in Its Threat, Retribution in Its Execution”, *Law and Philosophy*, Vol. 8, No. 2., 1989, p. 191.

〔2〕 B. Sharon Byrd, “Kant's Theory of Punishment: Deterrence in Its Threat, Retribution in Its Execution”, *Law and Philosophy*, Vol. 8, No. 2., 1989, p. 153.

〔3〕 See Don. E. Scheid, “Kant's Retributivism”, *Ethics*, Vol. 93, No. 2., 1983, p. 263. 这一区分直接来源于哈特。H. L. A. Hart, “Prolegonmenon to The Principles of Punishment”, in *Punishment and Responsibility* (2d ed.), Oxford Universtity Press 1969, pp. 1-27. 另参见［美］哈特：《惩罚与责任》，王勇等译，华夏出版社 1989 年版，第 1~27 页。

德自己并没有如哈特那样作出这两个层面的明确区分，但是这种区分是很自然可以作出的，而且有助于消除报应因素与威慑因素在同一个理论体系中的对立。

他的论证分为两步：第一，康德在阐明强制与自由的关系中采用了结果主义的思路：强制当然很大程度上限制了罪犯的自由，但这种限制是可以接受的，因为如果法律制度没有的话，个人的自由将大大减少，并且不是所有人都能够得到平等的分配；在相反条件下的自然状态中，个人自由处处受到威胁，国家强制制度就具有了正当性，因其最大可能地保护了个人自由和自由的平等分配。[1]刑罚制度的合理性随着国家的正当性而得到最终的确认。第二，将刑罚制度看作国家控制犯罪的手段并不与“人性公式”和“报应法则”相冲突，反而后两者成为威慑主义泛滥的限制因素，从而保证了罪犯尊严和罪刑均衡。

总结来看，法权普遍原则提出了自由的共存之要求，而只有在公民社会中建立国家才能满足这样的要求，在国家保护公民自由权利和维护共同体本身方面，刑罚制度是不可缺少的手段，它可以为公民提供行为的外在动机，以威慑和控制犯罪。这是刑罚在第一个层面即制度本身的正当性的证成。而同时在第二个层面，刑罚制度在运行中，必须要受到报应原则的限制，因为按照康德的理解，刑罚是国家对公民（上级对下级）作出的，很可能存在国家为了达致共同体的目标而行不义（比如杀害无辜），必须对刑罚的执行提出正义的“定言命令”来防止国家行不义。通过这两个层面的区分，刑罚一方面维护了公民个人之间自由的和平共存，另一方面也保证了共同体与公民之间的“善治”。更进一步说，这两个层面映射了立法者与司法者两个不同的角色，前者以威慑和控制犯罪为刑罚条款设定目标，后者以人性公式和报应原则为刑罚判决设定限制。

二、一机两翼模式

角色分离模式的策略是，将康德关于刑罚的陈述分成两个层次，分别扮演不同的角色，且都为各自的目标服务。这必然会导致的问题是：这两个层

---

〔1〕 See Don. E. Scheid, “Kant's Retributivism”, *Ethics*, Vol. 93, No. 2., 1983, pp. 269-270.

次又如何联系在一起？作为目标之手段的刑罚，如果只具有工具性价值的话，那么是否就是可有可无的了？后一个问题是致命的，不仅与康德关于刑罚是定言命令的论调不一致，更预示了刑罚可以被替代，用“处遇”代替刑罚在有些国家已成现实。为了解决这个问题，避免工具主义刑罚所可能导致的价值虚无化，有学者尝试了新的解读模式，也就是一机两翼模式。在这个模式下，威慑因素和报应因素并不是两条平行线，虽然它们并不是如传统认为的那样互相对立，但也不是毫无关系，反而二者因为法律这个规范性事实的存在而成为彼此相互照应的合作者。同时，二者并没有各自所服务的目标，而是刑罚内在的构成部分，相互作用以保障刑罚的有效运行，而刑罚效力的来源是法律权威。

这种模式的代表人物是李普斯坦。他提出了“法律的至上性”，认为刑罚就是维护这种至上性的必然要求，[1]一方面它提供了人们在合法的状态下行为的动机，这表现为威慑；另一方面，它以一种回顾性的应用，维护了公共法律的至上性，这表现为报应。换言之，法律的至上性表现为预期性与回顾性两个特征，这两个特征不可分割，互相需要，而这实际上就是威慑因素与报应因素在刑罚中扮演的两个角色。

透过李普斯坦的解读，我们可以看到一种新的思路：威慑和报应并不是整个理论的主体，它们实际上只是不可缺少的配角，法律权威才是支撑起整个理论的躯干。那么，法律权威来源于何处呢？如果这个问题不解决，就找不到“飞机”起飞的真正动力所在。李普斯坦对法律的至上性的论断，是从康德在“私人法权”部分讨论理性占有和经验占有的区分中得到灵感的。康德说道：“法权上的‘我的’是这样的东西，我与它如此结合在一起，以至于一个他人未经我的许可而使用它就会伤害我”[2]，这意味着法权是容易受到侵犯的，其他人的任意行为很容易从事实上（从我手中夺走我所占有的东西）和从法律上（强制妨碍我使用占有之物）侵犯我的法权。但同时，康德提出了“理性占有”的概念，即“我并不占有一个物品，尽管如此他人对它的使

〔1〕 See Arthur Ripstein, *Force and Freedom: Kant's Legal and Political Philosophy*, Harvard University Press, 2009, p. 303.

〔2〕 MM, p. 37.《道德形而上学》张荣、李秋零译本，第40页。

用仍然会伤害我”[1]，这又说明，法权是不容易受到侵害的，小偷从我的包里夺走手机的行为，并没有使得我丧失对手机的所有权，所有权在受到侵犯之后仍然是属于我的，只是经验的占有状态发生了改变。用康德的话来说，他人拿走属于我的东西，是对我的自由的妨碍，我拿回自己的东西是对妨碍的妨碍，因而是正当的。

李普斯坦认为，与私人法权相比，共同体的法律也是这样一种容易受到侵犯又不容易受到侵犯的体系，罪犯通过违反法律的规定侵犯了共同体的法律，是对法律权威的妨碍，而刑罚作为妨碍的妨碍是法律通过回应妨碍者的方式来宣告自己的至上性，即不可侵犯性。“犯罪触犯了公共法律；这样做是无效的。犯罪的发生既没有改变法律的规定，也没有使得罪犯从法律的适用中豁免出去。相反，法律仍然保持规范上的老样子——它仍然管理着人们的行为。不过罪犯毕竟在现实中触犯了法律，刑罚使得法律在时空中仍然有效。法律的至高无上性使得它仍然保有效力。”[2]非常有趣的是，他似乎是将法律看作了是共同体的理性占有，就像个人可以从非法侵犯者中夺回属于自己的东西来表明占有权利的不可侵犯性一样，共同体可以通过刑罚彰显法律的不可侵犯性。可这不是很奇怪吗？李普斯坦用法权中一个特殊的概念“理性占有”来类比解释法律的至上性，实际上可能的情况却是，正是法律的至上性赋予了“理性占有”这个特殊概念以效力。打个比方，我们可以从“花生油不溶于水”这个命题的正确性，推论出“大豆油也不溶于水”或者进一步的“所有的油脂都不溶于水”，但是我们并不能用第一个命题的正确性来论证后两个命题的正确性。这就意味着，李普斯坦所做的尝试只是通过康德对私人法权的明确态度解释了康德对法律至上性的可能态度，却并没有真正说明，这种可能态度的最终驱动力来自何方。不过，这也为我们进一步探究提供了可能的方向，究竟是法律权威提供了刑罚的基础（类似法律实证主义的立场），还是国家利益或者报应理念提供了这样的基础，都需要更充分的理由。

---

[1] MM, p. 37.《道德形而上学》张荣、李秋零译本，第40页。

[2] Arthur Ripstein, *Force and Freedom: Kant's Legal and Political Philosophy*, Harvard University Press, 2009, p. 306.

第三节 为什么混合论失败了

上文区分了混合论的两种模式，从逻辑上看，二者的策略都是将威慑和报应各自具有的优点采纳到一个框架之内，但角色分离模式更突出刑罚在控制犯罪方面的工具价值，一机两翼模式则将威慑和报应看作是平等的合作者。从效果上看，这两种模式存在着极大的理论困境，且过于轻视报应原则在康德法哲学中的地位，更无法融贯于康德批判哲学。

一、两种模式自身的困境

角色分离模式为大多数学者所青睐，考夫曼（Whitley Kaufman）将之划分为五种路径，分别是：概念分析、规范主义、权力分立、规则功利主义和哈特主义。[1]无论它们采用什么样的方式对威慑和报应分离后合并，都不过是将威慑主义放在首位证成刑罚的最终目标，而将报应原则放在这个目标下对其进行限制和修正。上文已经说明，这样一种组合方式强调的是刑罚作为法律制度的一部分对控制犯罪这个社会目标的工具价值，就像李普斯坦毫不客气地指出的，“把某物说成是手段或者工具，就是这个事物存在的价值是为了另一个事物的存在，而后者离开了前者仍然可以继续存在”[2]，作为工具的事物便是可有可无的。这样的推论必将使刑罚制度的辩护者们大跌眼镜，因为很显然在他们眼中，刑罚制度是公民社会不可缺少的构成性制度，而不是可以被放弃或者替换的。

此外，被人为分离开的这两个方面是不是就是井水不犯河水的？它们区分的标准是什么：是逻辑上的？概念上的、社会学意义上的？实用主义的？还是道德意义上的？既然它们不是相容的，就不会从一个推出另一个（威慑性目标不能推出报应原则）；这个区分是符合人们的直觉的，但怎样进一步建立二者的联系才是问题的关键。分离模式至少在论证上是不充分的。黑尔说

〔1〕 See Whitley R. P. Kaufman, *Honor and Revenge*: *A Theory of Punishment* , Springer Science+Business Media Dordrecht, 2013, p. 76.

〔2〕 Arthur Ripstein, *Force and Freedom*: *Kant's Legal and Political Philosophy*, Harvard University Press, 2009, p. 8.

“这个被讨论烂了的刑罚的证成的难题如此容易地得到了解决”[1]，其实是过于乐观了。康德是否提供了这两个方面的联结，需要更细致地讨论，而这是分离模式没有作出的。这种模式的拥护者，只是通过两个层面的分离来解读康德文本中表面的不融贯，却并没有真正意识到这种分离方法本身就是欠考虑的。

相应地，一机两翼模式克服了前者的部分缺点，但仍只具有有限的说服力，一个核心的问题就是：又该怎样进一步主张法律权威的来源？如果法律是具有至上性的，那么这种至上性又是谁赋予的呢？或许我们可以找到很多答案，比如法律的权威来源于社会契约、公民联合的立法意志，或者来自神的自然法、上帝的天启，总之，必须找到另外的事物来充当法律至上性的根据。问题是，如果有东西充当法律至上性的基础，那么为什么它不能成为刑罚本身的辩护理由呢？后者如果成立的话，我们就回到了最开始的问题，即刑罚的正当性问题，这便成了循环论证。而真正导致这种循环论证的原因是，一机两翼模式虽然避免了分离模式的难题，但同时也回避了“刑罚的终极目的”这个问题，不过避而不答并不是解决问题的方法。

更要命的在于，这两种模式都只是借用了康德的例子和观点，却并没有深入到康德哲学本身中去寻找答案。举例来说，如果“沉船之例”表明了威慑主义立场的话，那么，我们必须弄明白：第一，在《道德形而上学》的编排上，康德为什么将“沉船之例”放在“导论”中讨论，而不是放在“公共法权”部分与其他关于刑罚的集中论证中？很显然，康德将“沉船之例”从一般性的法权学说中分离出来，做了某些特殊处理，而如果威慑因素如混合论所言那般重要的话，康德一定不会仅仅在“导论”中一提，却在关于刑罚的集中讨论中，更多地采用报应主义的论调。第二，在“沉船之例”中，康德明确说，“通过暴力挽救一个人的生命的行为不能被认为是不可谴责的(inculpable)，只能是不可罚的（unpunishable）”[2]，如果不可谴责意味着行为人仍然是有过错的，而不可罚意味着什么呢？无论是哪种混合论的模式都没有成功解决这个问题。

---

〔1〕 Richard Hare, *Moral thinking*, Oxford University Press, 1981, p. 163.

〔2〕 MM, p. 28.《道德形而上学》张荣、李秋零译本，第33页。

二、弱化报应主义

与传统的报应主义相比，混合论的解读刚好走过了头，完全忽视了报应原则在康德惩罚哲学中的重要性。实际上，不仅仅在“法权学说”中，康德着重强调了报应原则的重要性，而且在他其他的作品中，康德都将“应得命题”看作是不容置疑的。混合论的解读把报应原则看作是威慑性的刑罚制度（或实践）下，仅仅在个案中起作用的限制性因素，是对康德法哲学体系的误解。

报应主义原则常常被拆分为两种，其一为消极的报应主义原则，即认为我们只能惩罚那些犯了罪的人；其二为积极的报应主义原则，即对所有犯了罪的人都要施加惩罚。[1]比尔德与沙伊德只注重消极的报应原则，却忽略了康德坚持的积极报应原则。而“血债之例”显然体现了这个原则：

> 即便是公民社会中所有的成员都赞同解体，比方说，住在一个岛屿上的人民决定分手并且分散到世界各地。那么也必须把监狱里的最后一名杀人犯先处决掉，这样每个人都将罪犯根据他的行为应得的东西给予了他，并且血债不会因为没有坚持刑罚而一直被人民惦念于心；如果不这么做的话，人民就会被看作是违犯公共正义的同谋。[2]

必须要惩罚最后一个杀人犯，不为别的，只为这是正义的应得。这揭示出康德对积极报应主义的肯定：这不仅仅指，如果决定惩罚，我们就该对其施加正义应得的惩罚且不多不少，更是指，我们必须惩罚这个人，因为这是他应得的。[3]就这个原则来说，已然不再是比尔德所说的刑罚的第二个层面的问题，也就是说它不仅仅是在刑罚执行的个案中限制法官的原则，而且还涉及刑罚制度本身的目标。我们不能因为社会将要解体这个外在的事实（公民社会的解体将导致刑罚的威慑力丧失），就不再施加罪犯应得的惩罚，按照康德的意思，这里考虑的不再是社会控制犯罪的目标，而是正义的要求。

---

〔1〕 See C. L. Ten, “Positive Retributivism”, *Social Philosophy and Policy*, Vol. 7, No. 2. , 1990, p. 194.

〔2〕 MM, p. 106. 参见《道德形而上学》张荣、李秋零译本，第 122 页。

〔3〕 See Mark Tunick, “Is Kant a retributivist”, *History of Political Thought*, Vol. 17, No. 1. , 1996, p. 72.

比尔德试图用威慑主义理论重新解释血债之例，依他的论证，“公民社会对保护个人权利来说是一个先天必要的制度，它仅仅在作为保障个人自由的手段来说是有价值的……刑法是保护公民状态的一个工具，任何犯罪都是对社会共同意志的违犯，并代表了退回到自然状态。”〔1〕比尔德认为，我们应该注意到康德所指的“解体”是分散到世界其他国家，而不是退回到自然状态，所以刑法的威慑力还是存在的，国家在解体前必须完成刑法要求的命令，包括偿还“血债”。不过，这个论证还是有些牵强，康德并没有否认社会解体有回到自然状态的可能，关于“分散到世界各地”只是他打的一个比方。

沙伊德则采用了后果主义的方式来揣测康德的意思，“康德可能会指出，让最后一个谋杀者逃离，可能对之前已经被判死刑的罪犯不公平；他还可能会指出，鉴于刑罚的明显的功能，不惩罚最后一个谋杀者相当于说在一个社会解体时，谋杀是允许的”〔2〕。有什么证据来印证这样的猜测呢？沙伊德并没有给出，而且也不得不承认这个例子对他的解读来说是“唯一的困难（the only difficulty）”〔3〕。

李普斯坦则将“处决最后一个杀人犯”的必要性归之于“法律至上性”不可侵犯，他提出，“对于人民，也就是对于集体的公民来说，不能惩罚一个已经被定了罪的谋杀犯，就是赞同了他的行为方式，也即赞同将罪犯的任意凌驾于法治之上”〔4〕。他似乎是说，“必须要惩罚最后一个罪犯”的要求并不是某个统治者个人的意志，而是人民集体的意志对“法律至上性”的绝对服从。所以任何软弱的统治者不能因为社会将要解体就放弃对法律权威的敬畏，而要贯彻到底。在此，李普斯坦暗示了法律权威是一个定言命令，换言之，惩罚最后一个杀人犯是法律对统治者提出的一个义务，而这不正是“积极报应原则”的内涵吗？他转弯抹角的论证最终还是回到了报应原则之上。

霍夫曼（Robert Hoffman）果断放弃了对“血债之例”的威慑主义解读，并且认为这个例子纯粹是一个经不起推敲的思想实验，我们不能将其纳入一

---

〔1〕 B. Sharon Byrd, “Kant's Theory of Punishment: Deterrence in Its Threat, Retribution in Its Execution”, *Law and Philosophy*, Vol. 8, No. 2., 1989, p. 198.

〔2〕 Don. E. Scheid, “Kant's Retributivism”, *Ethics*, Vol. 93. No. 2., 1983, p. 281.

〔3〕 Don. E. Scheid, “Kant's Retributivism”, *Ethics*, Vol. 93. No. 2., 1983, p. 281.

〔4〕 Arthur Ripstein, *Force and Freedom: Kant's Legal and Political Philosophy*, Harvard University Press, 2009, p. 306.

个合理的刑罚理论中，否则就是画蛇添足。他的理由是，如果最后关在监狱的不是死刑犯，而是一个要判处十年监禁的其他罪犯时，难道国家要等到十年刑期结束后才解体吗？并且，当今世界已经很难再见到国家解体的情形了，这个例子已经没有意义。[1]这样的反驳有一定道理，但仍然为混合论的解读留了很大的漏洞：因为讨论毕竟针对的不是例子本身，而是它背后的报应原则，如果这个例子不能融贯地潜入到理论体系中，那么拼图游戏就是未完成的。

三、不融贯于康德哲学体系

我们必须注意到康德哲学体系的完整性，他的“法权学说”甚至他关于刑罚的讨论，都是建立在他的整体性的哲学体系之上的。混合论者更多将理论的起点设在了“法律与伦理的区分”[2]“实体法律与道德法则的分离”[3]“自由权利的保护”[4]，而并没有更多地延伸至康德整个哲学体系。这一方面可能是康德哲学本身的复杂性使得学者们望而却步，因为很有可能从康德的道德哲学中推出与康德自己完全不同的观点[5]或者根本就无法找到定言命

〔1〕 See Robert Hoffman, *A New Reading of Kant's Theory of Punishment*, University of Pennsylvania, Ph. D. 2015, pp. 189-190.

〔2〕 如比尔德，他正是从“法律义务与伦理义务”“外部与内部”“外在行为与内在动机”等区分入手，考察了康德在刑罚理论中表现出来的威慑主义倾向的。（See B. Sharon Byrd, “Kant's Theory of Punishment: Deterrence in Its Threat, Retribution in Its Execution”, *Law and Philosophy*, Vol. 8, No. 2., 1989, pp. 151-200. 沙伊德采用了同样的策略，他通过区分“伦理立法”与“法律立法”“内在义务”与“外在义务”“完全义务”与“不完全义务”“对他人的义务”与“对自己的义务”，来说明法权的体系是一个正义的体系，关涉对他人的外在的义务，因此可以通过外在的强制而执行，而这种引导人们行为动机的强制就是刑罚。See Don. E. Scheid, “Kant's Retributivism”, *Ethics*, Vol. 93, No. 2., 1983, pp. 262-282.

〔3〕 比如布鲁克斯（Thom Brooks）就认为：“对康德来说，存在着实体法和道德法的二分。实体法仅仅与外在行为相关，外在的行为要符合国家的立法，而后者可能是非理性的。……为遵守实体法，我们必须仅仅按照管理人类社会的人的立法而行为。……从实体法的观点看，康德主要关注以威慑为基础的刑罚的证成”。See Thom Brooks, “Kant's Theory of Punishment”, *Utilitas*, Vol. 15, No. 2., 2003, p. 215.

〔4〕 比如霍夫曼就是从康德关于人内在的自由法权的阐释出发，探讨了自由与强制的关系，并认为，国家是为了保护公民的自由法权而得到证成的，基于此，他提出了“康德式的保护性威慑论”作为自己的立场。See Robert Hoffman, *A New Reading of Kant's Theory of Punishment*, University of Pennsylvania, 2015, p. 152.

〔5〕 如西尔所提出的：“可以证明，人性公式将会承认一种与康德的正式理论相冲突的政策。这种冲突将会质问他的刑罚原则，以及这些原则所依赖的法律与伦理的区别。除非这些能够基于独立的理由得到充分的论证，否则，那些人性公式中体现的理念将会使得我们放弃或者修改那些正式的原则”。See Thomas E. Hill, “Treating Criminals as Ends in Themselves”, *Jahrbuch für Recht und Ethik* 11, 2003, p. 34.

令与法权学说的任何联系[1]；另一方面，也可能是刑法学界长期以来更看重如何解决刑法实践中的更紧要的功利性问题，从刑法问题中寻找哲学解答是他们通常采用的方法，而从基础的哲学思考出发摸索刑法的脉络则是逆流而上，枉费工夫却成效甚微。

脱离整体哲学语境对康德的解读很容易以偏概全，甚至产生匪夷所思的困惑（正如混合论者所经历的）。从表面上看，这些难以避免失败命运的解读，至少没有处理好“三大关系”：

第一，人性公式与罪犯尊严的关系。威慑论面临的最大的挑战，就是容易将惩罚罪犯作为达成某种外在的目的（社会的好处或者某些特定公民的好处）的手段，从而无法尊重罪犯本身的人性价值和人格尊严，而后者是人性公式的必然要求。那么，人性公式究竟对刑罚理论能产生怎样的影响？角色分离模式坚持说：“康德实际上使这些原则成为完全限制刑罚作为提升国家的某个目标的手段而起作用，这种限制反映了康德对理性存在者作为目的本身和拥有自己独立生活的强调”[2]，如此人性尊严就仅仅潜入到报应原则中，只是一种限制性的作用因素。可只要深入阅读就会发现，人性公式在“法权学说”中不仅仅是一个附属的限制原则，“永远把罪犯看作自身就是目的”这个要求，贯穿了康德刑罚学说的始终，成为我们检验理论是否是一个道德上可接受的理论的试金石。

第二，道德与法权的关系。法权的普遍原则能否从定言命令中得出？还是说，“法权学说”和“德行学说”共享一个“道德形而上学导论”，仅是文字的虚构？如果这个问题不解决，我们不仅很难理解康德在“法权学说”中对刑罚的讨论，更无法将他散落在其他著作尤其是《实践理性批判》中关于刑罚的观点与前者联系起来。混合论者主张，法权原则不等同于定言命令，内在意志与外在自由之间的区别，就像康德有关理知的和感性的区别一样是

---

[1] 如维拉塞克（Marcus Willaschek）提出：“康德并没有在任何地方提出：法权原则可以源于定言命令或者以定言命令为基础。” See Marcus Willaschek, “Why The Doctrine of Right Does Not Belong in The Metaphysics of Morals”, *Jahrbuch für Recht und Ethik* 5, 1997, p. 225.

[2] Don. E. Scheid, Kant's Retributivism. *Ethics*, Vol. 93, No. 2., p. 275.

先验的。[1]可问题的关键是，既然服从法权义务本身也是间接的伦理义务，[2]那么法权和道德之间就不是断裂的。否则，我们又如何理解“刑法是一条定言命令”？不仅如此，这条命令的接收者还应该包括立法者，而不限于法庭。比尔德把实现正义仅看作是刑罚执行中法庭的责任，其实是把正义当成了某种社会目标的手段，这与康德在《道德形而上学奠基》中批判的“幸福论”何异？一旦跳出“法权学说”这座小岛，以更开阔的视野去看待康德哲学的内在联系，就会发现，任何将法权独立出去的想法都是偏见的。

第三，国家刑罚与神罚的关系。仅仅通过“法权学说”来理解康德的刑罚观点，我们就很容易像混合论者那样，只看到分散的、不成章法的思想碎片，而无法理解为什么刑罚在此处是报应，在彼处又成了威慑。而在“法权学说”外，康德又有一些模糊的观点表明，上帝的审判与法官的审判似乎存在着某种相似之处，但又具有明显的不同。于是，我们在康德哲学中可以隐约体会到，存在两种不太一样却又彼此相关的惩罚，一个存在于“理知世界”，一个存在于人类的“感性世界”。霍尔特曼（Sarah Holtman）将“法权学说”称为“理想化的理论”，其通过阐明法权的原则，假设人类和他们所居住的社会比我们认识的要更好更单纯。[3]这种“罗尔斯式的”理想理论之说，恰恰反映了康德的“法权学说”（尤其是刑罚理论）并不完全是经验性的，但是霍尔特曼并没有再深入地去探究，究竟存在于康德刑罚观点背后具有先天性的东西到底是什么。这便为我们留下了一个难点和一条可能的路径，即在“法权学说”之外寻找那些先天性的因素，审慎地讨论国家刑罚与神罚是如何沟通的。

总而言之，如何完成康德留给我们的关于刑罚的智力拼图，尽可能还原一个康德式刑罚理论的真相，仅仅参考“法权学说”还是单薄了些。很可能零星的思想碎片只是冰山一角，而将这些碎片融贯到一起的刑罚理论却还有

---

〔1〕 See Arthur Ripstein, *Force and Freedom: Kant's Legal and Political Philosophy*, Harvard University Press, 2009, p. 359.

〔2〕 MM, p. 21. 参见《道德形而上学》张荣、李秋零译本，第19页。

〔3〕 See Sarah Holtman, "Toward Social Reform: Kant's Penal Theory Reinterpreted", *Utilitas*, Vol. 9, No. 1., 1997, p. 13.

更深厚的基础，我们必须要挖掘康德厚重的实践哲学根基，才能得以窥见一个真实的刑罚理论。

第四节　可能的尝试——双重身份模式

与混合论者不同，本章所辩护的是一种纯粹的报应主义的刑罚理论，也就是说，不仅仅在“谁应当被惩罚、在何种程度上被惩罚以及如何进行惩罚”这个刑罚实践的具体执行问题上，而且在“为什么国家有刑罚权”这个刑罚实践的正当性来源上，康德都是持一种报应主义观点。不过，这里所说的“报应”已经不同于传统上与“复仇”“报复”等概念相关的报应，而是建立在“分配正义”基础上的报应。本部分将在考察康德报应主义观点和独特的国家理念基础上，结合他在批判哲学中提出的现象与本体之二元划分，提出一种新的解读模式，以期找到拼图游戏的真相。

一、内在应得命题

“内在应得命题”是这样一种观念，即罪犯应当受到惩罚是道德上必然的，罪犯因其所作所为而受到惩罚本身就是善的。[1]康德在他的作品中表达了对这一命题的认可。众所周知，康德从道德上实现至善的需求出发，推导出无所不能的上帝之存在的公设。“根据康德，我们可以想到的道德上最值得期待的至善，将是这样的，即有德行者得到幸福，而邪恶者受到惩罚，无论是在此生还是来生。作为实现至善的条件，康德提出了上帝存有的公设，将其作为惩罚和回报的分配者。”[2]在康德哲学中，至善是理性所要求的，“因为需要幸福，也配得上幸福，但却没有分享幸福，这是与一个有理性的同时拥有一切强制力的存在者的完善的愿望根本不能共存的”[3]。所以，如果真的存在一个全知全能的神，人类最终的幸福（永福）的条件就是配享幸福，而使得配享幸福成为可能的原因只有一个，就是拥有德行。“既然德行和幸福

---

〔1〕 See Thomas E. Hill, “Kant on Wrongdoing, Desert, and Punishment”, *Law and Philosophy*, Vol. 18, No. 4., 1999, p. 413.

〔2〕 Arthur Shuster, “The Contemplative Concern Implicit in Kant's Theory of Punishment”, *NPSA meeting*, 2008, p. 3.

〔3〕 PP, pp. 228~229.《批判》邓晓芒译本（下），第123页。

一起构成一人格对至善的占有，但与此同时，幸福在完全精确地按照与德行的比例（作为人格的价值及其配享幸福的资格）来分配时，也构成一个可能世界的至善。”[1]在此，康德提出了上帝作为全知全能的立法者和审判者，要按照德行的比例来分配幸福。

那么与幸福和德行的关系相似，痛苦是否也与应得惩罚联系在一起呢?康德认为，这也同样是实践理性的理念所包含的。他明确说道：“还有某种与触犯德行法则相伴随的东西，这就是它的应得惩罚”[2]。“惩罚是一种身体性的坏事，它即使并不会作为自然的后果而与道德上的恶联系起来，但却必定会作为按照道德法则立法原则的后果而与之联系起来。”[3]这意味着，惩罚是一种物理意义上的恶，它是道德意义上的恶的直接后果。于是，痛苦与应得惩罚（有罪过）就像幸福与配享幸福（有德行）一样，被因果范畴联系在一起，一个人犯了罪，就应该受到惩罚，这是实践中的一条因果律。更进一步说，康德认为，惩罚本身并不是如功利主义所想的那样是“恶”，[4]而是本身就是善的。他举例说道：

如果有一个喜欢戏弄和搅扰那些偏好宁静的人们，终于有一次碰了钉子并遭受到一顿痛打，那么这当然是一种祸，但是每个人都会为此鼓掌并认为这事本身是善的，哪怕从中并不会产生出任何别的东西；甚至那遭受到这种痛打的人，通过他的理性也必定会认识到这事对他是公正的，因为他看到理性所不可避免地向他劝告的在安乐和善行之间的相称在这里精确地实现了。[5]

可以看出，康德认为对罪恶之人施以惩罚是善事，而这正是内在应得命题的内涵所在。在“法权学说”中体现这个命题的陈述也有很多，例如“刑

[1] PP, p. 229.《批判》邓晓芒译本（下），第123页。

[2] PP, p. 170.《批判》邓晓芒译本（下），第51页。

[3] PP, pp. 170-171.《批判》邓晓芒译本（下），第51~52页。

[4] 康德在《实践理性批判》中严格区分了“善恶”与“福祸”的概念。他说道：“福或祸永远只意味着与我们的快意或不快意、快乐和痛苦的状态的关系，而如果我们因此就欲求或者厌恶一个客体，那么这种事只要它与我们的感性及它所引起的愉快和不愉快的情感相关时就会发生。但善或恶任何时候都意味着与意志的关系，只要这意志有理性法则规定去使某物成为自己的客体”。PP, p. 188. 参见《批判》邓晓芒译本（下），第73~74页。

[5] PP, p. 189. 参见《批判》邓晓芒译本（下），第74~75页。

罚的法权，是指统治者针对卑下者施加的痛苦，原因是他犯了罪”〔1〕；“唯有通过法官按照严格的报复法则施加死刑，才能够表现出刑罚与犯罪相适应，即只有通过这种方式，对一切罪犯的死刑判决才能与罪犯的内在恶意成比例地表现出来”〔2〕；“唯有在罪犯因自己的罪行自食恶果，尽管不是按照刑法条文的字面涵义而是根据其精神让他遭受到他曾施加于别人之上的恶行时，他才不会抱怨我们对他不公正”〔3〕。

需要注意的是，当我们说“一个做了错事的人应该受到惩罚”时，实际上是指“他应该承担被惩罚的责任”，却不是指“其他个人或者集体要主动地使其遭受惩罚”。换言之，我们需要区分内在应得命题的两个版本，一个是信念上的，一个是实践上的：后者是说，一个人做了错事就足够为我们提供在实践中对他施加惩罚的理由，即这是他应得的；而前者则是说，一个人做错了事应得惩罚只是我们必须持有的一个信念，即“善有善报、恶有恶报”是符合理性的要求的，但是是否在实践中将这个信念实践出来则还需要更多的补充性的理由。〔4〕

对于上帝这个全知全能的立法者和审判者来说，内在应得命题的要求是实践性的，是能够期待和必然有效的，也是“至善”这个纯粹理性意志的最高目的所规定了的。然而对人类来说，我们是否有这样的权利，让一个人受苦呢？哪怕他做了多么罪大恶极的事情。现代国家已经将刑罚制度作为法治实践的重要组成部分，这种合理性来自何处呢？这是我们在拥护报应主义时面临的最大难题：如果我们放弃威慑论这样功利主义的证成，那又怎样给国家一个充分的刑罚的理由，却不需要提及可能带来的好处？

学者们的讨论（尤其是混合论者），更多聚焦于《道德形而上学》中法权义务与伦理义务的划分，以及国家无能力和无权力对公民性格作出评判，〔5〕

---

〔1〕 MM, p. 104. 参见《道德形而上学》张荣、李秋零译本，第120页。

〔2〕 MM, p. 106. 参见《道德形而上学》张荣、李秋零译本，第122页。

〔3〕 MM, p. 130. 参见《道德形而上学》张荣、李秋零译本，第150页。

〔4〕 See Thomas E. Hill, “Kant on Wrongdoing, Desert, and Punishment”, *Law and Philosophy*, Vol. 18, No. 4., 1999, pp. 407-441.

〔5〕 布鲁克斯的探讨是有价值的，他提出了一个康德刑罚学说中起决定作用但又最容易被忽视的问题：我们在施加责备和可能性的刑罚方面，如何评估罪犯的主观恶意的程度呢？See Thom Brooks,

从而似有逻辑地得出，内在应得命题是无法融入“法权学说”的，报应主义的证成归于失败。但事实上，我们还有另一种更加可行的策略，就是区分惩罚的“双重身份”：其一是惩罚作为理知世界的理念，规定了内在应得命题；其二是刑罚作为存在于感性世界的国家法律制度，规定了刑罚实践。值得注意的是，这种“双重身份”的区分与混合论的角色分离模式是不同的，后者实际上是将刑罚实践分成两个层面、两个步骤，它们是无法沟通的。而“双重身份”是一种“本体”与“现象”的区分，通俗来说，这种区分更像是“灵魂”与“肉体”的区分。这样的区分将有助于理解，为什么生活在感官世界中的我们，仍然要受到道德法则的限制而非幸福学说的引导，从而理解，为什么国家的刑罚即使是具有威慑作用的，也要遵守正义的要求而非国家利益的偏好。

二、国家的道德人格性

正如上文所提出的，无论是角色分离模式还是一机两翼模式，都将面临如何合理地沟通报应因素与威慑因素的共同问题。它们或者将二者放在不同的相互分隔的层面上，或者让二者共同服务于某个更高一级的理由，但都忽略了一个问题：威慑与报应是不相容的，无论在哪个层面，我们都必须说清

（接上页）“Kant's Theory of Punishment”，*Utilitas*，Vol. 15，No. 2.，2003，p. 208. 一方面，康德虽然说：“心灵状态，即主体是感情用事还是深思熟虑地行事，在归责中造成的后果是不同的”MM，p. 20. 参见《道德形而上学》张荣、李秋零译本，第 26 页。这意味着我们在判断一个人应得的惩罚的时候，必须要参考他的主观恶性，了解他的内在动机。但另一方面，法律与伦理的区分告诉我们，法律义务是只关涉外在行为而不关心内在动机的，并且除了上帝之外，我们真实的犯罪意图是很难被把握的。康德在《纯粹理性批判》中指出：“行动的真正的功过，哪怕是我们自己的行为的道德性，对我们都是隐而不显的。我们的责分只能够与经验性的品格相关。但其中有多少是自由的纯粹作用，有多少又应当归于单纯的自然和气质上的无辜的缺陷或是幸运的命运使然，这永远是不可探究的，因此也不能按照完全公正的来加以校准。”CPR，p. 542. 参见《批判》邓晓芒译本（下）。布鲁克斯认为，康德实际上也在寻找一种将道德法则和经验性正义结合起来的方式，而这正是康德理论的弱点之在。他最后得出，也许我们可以通过诸如程序性的“排除合理怀疑”的标准来尽可能还原罪犯的犯罪意图。See Thom Brooks，“Kant's Theory of Punishment”，*Utilitas*，Vol. 15，No. 2.，2003，p. 223. 本书基于篇幅所限，并不能展开这个问题，但可以证明，一方面不可能有任何一种现代的刑法理论完全将犯罪的主观方面排除出去，否则的话便是排除了人的自由意志，而称为决定论者，从而也否认了归责的正当性。另一方面，值得注意的是，当我们说法官应该按照罪犯的应得去量刑时，并不是要求法官能够精确地计算出来应得的数量，而是仅仅提出了一个不断努力的方向。就像我们在谈到正义的时候，“我们需要正义”这个命题的合理性，并不依赖于“完全的正义在现实中能够得到实现”这个经验命题的正确性。

楚到底哪个更占优势一些。“双重身份”的惩罚模式，将会很好地解决这个沟通问题，而这个新提法的来源在于国家的道德人格性。

只要稍微联想到《道德形而上学奠基》中“目的王国”的理念，我们便不难发现，一个真正的共和国〔1〕的公民体制就脱胎于此。目的王国“指的是不同的理性存在者通过共同的法则形成的系统联合”〔2〕，在其中，每一个成员自身就是目的，他们服从于自己的普遍立法成为它的成员，同时并不隶属于其他成员的意志，而真正是它的主人。对比来看，共和体制似乎就是一个目的王国，它的立法来源于全体公民的联合意志，它的先天的法权原则（在普遍法则下的每个人外在自由的共存）就是把所有成员都看作目的本身（因为任何通过强制来阻碍自由的行为都是不正当的）。那么目的王国与现实王国究竟是什么关系？如果我们将目的王国比作纯粹理性的人，而将现实王国比作有限理性的人，就会发现，在康德的哲学中潜藏着一个类似道德人格的国家理念。

在《单纯理性限度内的宗教》中，康德把人的本性的可能性总结为动物性、人性和人格性三种禀赋，〔3〕并着重区分了后两者。简而言之，人格性代表着纯粹理性的人，而人性则只是指有限理性的人，“本体的人”具有人格性，“现象的人”只具有动物性和人性。那么，国家究竟能否与人这个理性存在者做类比呢？虽然康德并没有给出清晰的说明，但他关于国家三重身份（dignitiy）和三种人格（person）的说法，以及目的王国与共和体制的极度相似性都暗示了这种类比的可能性。来源于人民的联合意志的立法就是国家的意志，执政者的法令就是国家的行动，这与一个拥有意志和行动力的人是极为相似的。更进一步说，国家像具有生命的理性存在者一样，可以自主地设定目的并采用合适的手段来追求目的，同时，它也应该服从理性的自由法则（在经验中就是普遍的法权原则），并以“至善”（在经验中就是“正义”）作为最高的目的。道德人格性的譬喻使我们意识到，纯粹的目的王国的理念与经验中现实的利维坦，就像纯粹理性的存在者与有限理性的存在者一样，

---

〔1〕 在《永久和平论》中，康德断言：“由一个民族全部合法的立法所必须依据的源始契约的理念所得出的唯一体制就是共和制”。PP，p. 322. 参见《历史》何兆武译，第108~109页。

〔2〕 PP，p. 83. 《奠基》杨云飞译本，第69页。

〔3〕 RR，p. 50. 参见《宗教》李秋零译本，第20~21页。

是结合在一起的。国家固然也有它的偏好，就像人都有自己的欲望一样，但是国家存在的价值并不在这些偏好上，即使这些偏好看起来促进了国家本身和其成员的幸福，可幸福不是目的，“至善”（正义）才是。所以，国家也要遵守自己的义务，也就是要服从于联合意志的自我立法，始终按照正义的要求设定目标和行动。

把国家的道德人格性与内在应得命题联系起来，将有助于回答上文所提到的难题，即国家是否也具有上帝那样的资格，通过惩罚做错事的人把他应得的分配给他。角色分离模式将刑罚实践的正当性建立在国家的幸福偏好（威慑和控制犯罪）上，这显然是康德所极力排斥的，上文的解读已充分地说明了这点。值得注意的是李普斯坦提出的一机两翼模式，他把刑罚看作是对法律至上性的维持，这似乎是符合康德的观点的，因为法律的至上性就是公民自由的联合意志的至上性。问题在于，刑罚并不仅仅是法律护卫者的角色，就好像一个棒球运动的守门员一样把恶意的罪犯扔来的球打回去，而是国家人格中的构成性要件，是组成国家的每个成员的自由的必然性要求。〔1〕

内在应得命题告诉我们，在目的王国，一个真正的纯粹实践理性所要求的至善是什么样子。赏罚的本来面目就是按照道德法则的要求，把幸福和痛苦分别成比例地分配给配享幸福和应得惩罚的人。而在现实的国家，刑罚之所以被认为是合理的，是因为惩罚的本质在于恢复每个人的自由，在于实现正义的要求。但就好像每个生活于经验世界的人一样，道德法则的要求并没有消失，它的存在是自由之存在的一个明证，只是我们常常受惑于外在的幸福目标，而误以为后者才是自由的根蒂。对一个现实的国家来说，刑罚所具有的本质并没有变化，惩罚的法则也就是至善所要求的法则（正义的应得的法则），只是国家的统治者常常忘记了，反而把最直接的利益诉求（国家或者公民的福利）当成了刑罚的基础。这样，我们就很清晰地看到，无论是角色分离模式还是一机两翼模式，都没有充分认识到国家道德人格性的特征，从而将内在应得命题从刑罚的本质中排除出去，代之以功利性的价值作为刑罚

〔1〕 按照康德的理解，每个人的自由体现在不受其他任意的强制，也就是不能被作为达成其他任意之目的的手段。而犯罪行为就是罪犯把别人的自由视为达致自己的目的的手段，从而妨碍了自由，那么刑罚作为对这种妨碍的回应，就是为了恢复每个人的自由，因为符合目的王国之理念的共和国，应该始终是自由的。

的目标。

无疑，国家的道德人格性将为我们理解康德的报应主义刑罚理论提供一个新的视角，至少它澄清了一个事实：在政治哲学中，康德并没有向功利主义的幸福学说妥协，而是更加强调政治应该向道德致敬。康德说道："尽管政治本身是一种艰难的艺术，然而它与道德的结合却根本不是什么艺术，因为只要双方互相冲突的时候，道德就会剪开政治所解不开的死结"〔1〕。在刑罚这个问题上，细心的读者也总会发现威慑因素与报应因素像线团一样缠绕在一起，任何一种停留于"法权学说"上的狭隘的努力都是失败的，不但无法达致合理的共识，还让争议越来越多。但实际上，在康德的道德哲学中，这个死结的解法是很普遍的。正像他通过"至善"将德行视为是配享幸福的条件，解决了伊壁鸠鲁学派与斯多亚学派关于幸福和德行的无休止的争议那样，威慑与报应怎样结合在一个刑罚理论中，取决于我们对报应的更透彻的理解。

三、"两种惩罚"还是"两重身份"

在目的王国，惩罚的本质被内在应得命题所规定，在其中，我们不但能够期待，而且可以确认神圣的审判者（上帝）将作出完全正义的惩罚。那么现实国家的刑罚与目的王国的惩罚是一回事吗？康德在"致约翰·本亚明·艾哈德"的信件中，对神圣的惩罚与人类的刑罚做了对比，他说道：

"长时间以来，神学家们在他们的经院哲学中已经谈到过真正的刑罚（合法的刑罚）了，施加刑罚，不是为了不被违犯，而是因为已经被违犯。因此他们是通过与已经出现的道德过失独立的自然过失来定义刑罚的。在一个按照道德原则由上帝统治的世界中，刑罚是绝对必要的（如果在这个世界中发现了逾越的话）。但是，如果这个世界是由人统治的，那么，刑罚的必要性就仅仅只是假言的，逾越与应得惩罚这两个概念之间的直接联结，对于统治者们来说，也仅仅用于对使用刑罚进行辩解，而不是用于对它加以规定"〔2〕。

此外，在《伦理学讲座》中，康德更是直言不讳："所有的惩罚要么是威慑性的，要么是报应性的。威慑性的惩罚仅仅是为了确保邪恶的事情不会再发生；而报应性的惩罚则是因为邪恶的事情已经发生。……所有由主权者所

〔1〕 PP, p. 347.《历史》何兆武译本，第143页。

〔2〕［德］康德：《康德书信百封》，李秋零译，上海人民出版社2006年版，第195页。

施加的惩罚都是威慑性的，要么为了阻止罪犯本身，要么就是提醒别人以此为戒。”[1]同时，“所有的刑罚要么属于正义，要么属于立法者的精明。前者是道德的，后者是功利性的。……功利性的刑罚是阻止犯罪的手段。”[2]

同样，康德坚持认为，在惩罚中物理上的苦与道德上的恶之间的联系，是“一个直接且必要的联系，物理上的苦是道德上恶的直接后果”[3]，“而那些所有目的在于保护人格和人类财产的作为手段的惩罚，都不过只是惩罚本身（punishment itself）的手段和符号（signs）。”[4]

如我们看到的那样，康德总是在对比中强调人类刑罚与惩罚本身的不同，从而认为前者是功利性的（威慑或者矫正）的惩罚，而后者是正义的（报应性）惩罚。如伍德所说，“康德并不反对立法者或者法官也利用刑罚的制度来达到阻止犯罪、道德上改善罪犯的目的”[5]，可是这种容忍是否就意味着允许功利性目标作为刑罚制度本身的正当性所在呢？并不是这样。康德提到了“惩罚本身”这个概念，它是指一个犯罪行为与其应得或者自己招致的痛苦之间的道德联系，他主张刑罚制度是正当的，仅仅是因为是这种直接必要的联系所要求。[6]按照“惩罚本身”与“惩罚手段（或符号）”的区分，我们能得到的思路是：刑罚从本质上，就是一种物理上的痛苦与行为上的恶之间的因果联系的象征，[7]神圣的惩罚就是惩罚本身的内涵的表现，而只具有有限理性的人类却把惩罚转化为达致另外的目的的手段，刑罚制度在现实的国家中便成了一个符号而已。可是这并不是说，作为“本体”的惩罚就与“现象”中的惩罚完全分隔在“彼岸”与“此岸”，毫无联系，而恰恰相反，惩罚的本质决定了惩罚的价值，对现实的国家来说，能够用来为刑罚正当性做“辩解”的只能是惩罚本质中的正义的价值，而不是某种功利性的目标。“刑

---

〔1〕 LE, p. 79.

〔2〕 LE, p. 79.

〔3〕 LE, p. 308.

〔4〕 LE, p. 311.

〔5〕 Allen W. Wood, “Punishment, Retribution, and The Coercive Enforcement of Right”, in Lara Denis ed., *Kant's Metaphysics of Morals: a Critical Guide*, Cambridge Univesity Press, 2011, p. 114.

〔6〕 See Allen W. Wood, “Punishment, Retribution, and The Coercive Enforcement of Right”, in Lara Denis ed., *Kant's Metaphysics of Morals: a Critical Guide*, Cambridge Univesity Press, 2011, p. 114.

〔7〕 就像我们用“因果”来定义任何一种自然界的因果性范畴一样，“刑罚”不过是在实践中表达着同一范畴的名词而已。

罚的制度本身，作为德行的一个基本事项，是并且必须是主要的、甚至唯一地由报应主义的内涵所证成”〔1〕。

形象来说，人类的刑罚，在康德看来，虽然可能在感性世界中走了样，却仍然是上帝神罚的一个倒影。只不过，我们需要在现实中考虑更多来尽可能地使刑罚符合正义的需求，却不能因为承认真实的国家面临的种种困境就把倒影看成了正当。他的态度很坚决：“主权者的刑罚并不是因为罪犯犯了罪，而是为了犯罪不再发生。但是，在这种刑罚之上，犯罪都必然具有应得惩罚的性质，因为它已经发生。这样的刑罚，都必须跟在行为之后，具有道德性的特征，并且是报应性的”〔2〕。

有必要说明的是，混合论的解读将主权者刑罚制度的功利性目标过度夸大了，以至于将整个刑罚实践的正当性（即哈特所说的一般性的正当化目标）视为是功利性的威慑（角色分离模式），或者强调其在引导公民预期行为方面的首要价值（一机两翼模式）。康德虽然承认威慑可能会成为国家刑罚手段的一个目的，但并不表明他会认同，这个事实就是说明刑罚制度存在的合理性的理由，因为他用“假言命令”来定义人类的刑罚，也就是说国家刑罚制度的正当性是有条件的。如果我们联想到康德在其他地方对幸福学说的批判，就会明白，混合论深深误解了康德。不仅仅威慑等功利性的目标不能够作为刑罚制度的理性基础，而且刑罚的威胁不应当也不一定能够成为引导行为的动机。就前者，康德说道：“如果我们比较一下惩罚和奖励，就会注意到，它们都不应该成为行为的动机性的理由”〔3〕；就后者，他指出，“一个因为恶行而被惩罚的人将会憎恨惩罚。但是他仍然会试图做错事，不过就是试图通过狡猾的方式避免惩罚”〔4〕。正如他在“法权学说”中所警告的，刑罚制度不应该让罪犯“爬过弯弯曲曲的幸福学说来发现减轻罪犯刑罚的东西”。

此外，我们又会发现，在康德那里，国家更像是一个具有一般实践理性的人格。人这个理性存在者，一方面受到感官世界的诱惑，以幸福的目标作为自己行为的准则，另一方面也意识到理知世界的道德法则的命令。但判定

---

〔1〕 Allen W. Wood, “Punishment, Retribution, and The Coercive Enforcement of Right”, in Lara Denis ed., *Kant's Metaphysics of Morals: a Critical Guide*, Cambridge Univesity Press, 2011, p. 114.

〔2〕 LE, p. 79.

〔3〕 LE, p. 79.

〔4〕 LE, p. 80.

我们的行为是否为善的根据，并不在于幸福的准则，而在于道德法则。同理，与启蒙时代契约论的思想家们（如洛克）不同，康德否认了国家之合法性存在是源于人们经验利益的需要。“因为，既然人们在思考什么是幸福以及怎样安置各自的幸福上的想法很不同，所以他们关于此的意志也就不能归结为任何共同的原则，因而也更不能归结为任何外在的、与每个人的自由相协调的法则。”[1]无论是以国家自身的幸福还是组成国家的成员的幸福作为国家行动的准则，都好像是个人把幸福确定为行为的准则一样，并不能说明在这个准则之下的行动（如刑罚）是否是正当的，因为一个正当的行为（善的行为）一定来源于理性的道德法则的命令。对个人来说，这个命令就是道德法则；对国家而言，这个命令就是正义的法则，具体到惩罚便是内在应得命题。

于是，我们就从两种惩罚身份的对照中，找到了一种可能解决拼图游戏之谜题的途径——“双重身份”的惩罚模式，它不只是在“法权学说”的材料中获得了有效的论证，更是在试图融贯于一个更开阔的康德哲学体系中。虽然这个路径也并没有如传统的报应主义解读那样，完全排除掉国家威慑性刑罚的可能性，还将其视为是无法避免的事实，但与混合论者不一样的是：这个新的报应主义的解读，将走过了头的威慑目标从僭妄的企图中拉了回来，从而更接近于一个真正的康德理论。最后，我们要回到“法权学说”去检验这个路径的可行性。

第五节　拼图游戏的结局

威慑因素如何包含在康德报应主义理论中，其实是我们自己制造的一个麻烦，如果惩罚的“双重身份”得到了很好的说明，那么这个看似混乱的拼

〔1〕 PP, p. 291.《历史》何兆武译本，第186页。此外，任何一种幸福学说再诱人，都是摇摆不定和因人而异的，有不同的幸福需求的人不可能达成共同的关于幸福的协议。如果共同体最初的契约是建立在某个幸福理念之上，只有可能成为某一群体的利益代表，而不是全体的普遍意志的代表。只有先天的、绝不考虑经验性目的的、纯粹理性的法则才能够奠定源始契约坚实的基础，才能成为在共同体生活中束缚立法者、衡量公共法律之合法性的准绳。康德明确说道：“它［指源始契约］只是一个理性的理念，然而却具有毋庸置疑的实践的实在性，也就是它能够束缚每一个立法者以这样的方式来制定法律，就好像是从全体人民的联合意志里面产生出来一样，并且将每一个想要成为公民的成员，都看作是似乎已经同意了这样一个意志那样。这将是检验任何一个公共法律是否符合于法权的试金石。”PP, pp. 296-297. 参见《历史》何兆武译本，第195页。

图游戏便很容易重新组合成一个完整的图景。本章所采取的策略是：将威慑性惩罚看作是现实的国家刑罚的重要特征，而报应原则和内在应得命题则是道德法则为国家提出的定言命令。也就是说，以刑罚作为手段去达到国家功利性的偏好，是现实国家（作为有限的理性者）所不可避免的，但是偏好永远不是证成刑罚正当性的理由；国家只有按照正义法则的要求去使用强制（刑罚），才是一个有德行的国家人格。〔1〕

一、仁慈与刑罚的争议

按照内在应得命题的要求，一切罪犯都应该受到惩罚，就像"血债之例"中康德所坚持的，哪怕在国家即将解体时，也应该处死监狱中最后一个杀人犯。可是，在"法权学说"中，却存在着一个明显的例外：

> 如果参与犯罪行为的共犯是如此之多，以至于如果没有这些罪犯，国家就将没有多少公民了；并且如果国家仍然不想解体，也就是不想退回到自然状态中，……那么主权者就可以利用自己的权力，在这种紧急情况下，替代法官作出判决，减轻罪犯的刑罚，用其他的刑罚代替死刑来保存国家的人口。〔2〕

在这个例子中，康德讨论了国家赦免权，我们要考察的问题有三：第一，在这个共犯众多的例子中，康德是基于什么样的理由认为可以施加赦免？第二，为什么只有国家首脑（最高的行政权）可以仁慈地赦免，而不是审判者？第三，满足什么样的情形，赦免才是被允许的？

康德的理由是什么？表面上看，他似乎认为，共同体本身的维持比报应主义的考量更重要，〔3〕或者说，"退回到自然状态"是更糟糕的事情。实际

---

〔1〕 就像康德在道德哲学中所主张的，人不可避免会受到外在欲望的诱惑，从而误以为幸福就是最大的善，但内心的道德法则始终在发出命令，提醒我们过一种真正善的自由的生活。康德在国家刑罚这个问题上，正是表达了同样的想法。更深入地讲，现实中的人们常常把幸福看作是此生最大的愿望，但是越是急功近利地去追求幸福，幸福反而越来越远。在刑罚实践中，国家也陷入了这样的怪圈，当我们想尽一切办法来控制和威慑犯罪，希望社会秩序越来越安定、犯罪率持续下降时，却达到了相反的效果，犯罪率不断上升、社会不稳定因素不断增加，一切功利性的努力都事与愿违。当然，所有的事实性的结果都不足以推翻之前的目标选择，但这些正是值得反思之处。

〔2〕 MM, p. 107. 参见《道德形而上学》张荣、李秋零译本，第 124 页。

〔3〕 See Thom Brooks, "Kant's Theory of Punishment", *Utilitas*, Vol. 15, No. 2., 2003, p. 213.

上，康德在此所指的就是叛军杀害君主的行为，这个犯罪行为指向的是共同体的首脑，是对国家人格犯的罪，而不是公民彼此之间的罪过。

宽恕之所以是允许的，在于这根本不是“普遍法权原则下的自由的共存”的问题，而是国家人格与公民人格之间的关系问题。“即使这是可许可的，他也是在法律之外进行的，严格来说，它与合法权状态的存在不相协调”〔1〕。杀害君主，不同于杀害某个公民，对后者的惩罚是按照普遍法权原则妨碍对自由之妨碍，对前者的惩罚则是国家人格与公民人格之间的事情。换句话说，真正起作用的是国家的伦理义务（保存国家的生命），而不是法权的义务（实现惩罚正义）。也就是说，客观上惩罚的正义法则仍然存在，只是在主观经验中，并没有适用定言命令的情形。对国家来说，“退回自然状态”是违背自己的伦理义务的，而不仅仅是国家的一种利益保护；国家应该选择宽恕，在不需要刑罚权的地方，仁慈是国家的美德所在。

那么，谁可以代表国家表达仁慈呢？在宗教中，上帝是神圣的立法者、仁慈的统治者和公正的法官，是集三重身份于一身的；但在现实的国家中，这三种身份被区分开来。康德通过宗教的教义阐明了仁慈只属于统治者，我们不能使立法者拥有仁慈，否则便会宽纵人类的弱点，也不能让法官拥有仁慈，否则公正便是一句空话。〔2〕在现实的国家中，也只有执政者的首脑才能表达仁慈，“如果我们想要把仁慈与某个确定性的概念联系起来（不同于善良、慈爱、呵护等），那么……只有一个公共机构的首脑可以被赋予这样一个仁慈的主的称呼，他能够带来并分配那些符合于公共法律的美好的东西”〔3〕。

值得注意的是，康德从不认为立法者或者法官应该扮演仁慈的角色，赦

〔1〕 Arthur Ripstein, *Force and Freedom: Kant's Legal and Political Philosophy*, Harvard University Press, 2009, p. 321.

〔2〕 RR, p. 143. 参见《宗教》李秋零译本，第145~146页。伍德解释说：“康德将上帝的道德分配看作是组成了一个‘三合音’（triad），就像是构成四个范畴的三种分类一样，或者像是道德法则的三个主要公式。在每一个‘三合音’中，前两者给我们提供一个对比或者对立，它们在第三者中通过融合、结合或综合的方式得到解决。”据此，神圣的立法和仁慈的统治，一个严格，一个宽纵，二者的对比在公正的裁判中融合在一起。“例如全体性就是单一性和多数性的结合，限制性综合了现实性和否定性，协同性综合了实体性和偶然性，必然性综合了可能性和实在性，自律公式综合了普遍法则和人性目的公式。” See Allen W. Wood, “Punishment, Retribution, and The Coercive Enforcement of Right”, in Lara Denis ed., *Kant's Metaphysics of Morals: a Critical Guide*, Cambridge Univesity Press, 2011, pp. 124-125.

〔3〕 PP, p. 294. 《历史》何兆武译本，第191页。

免的法权永远只属于最高的强制者。并且，“对臣民之间的犯罪，他是绝对不能实行赦免的；……只有当受伤害者是他本人时，他才能行使这种法权”[1]。那么，为什么我们不尽可能多地适用赦免，来展示一个国家的仁慈呢？在很多现实的案例中，犯罪已经发生，罪犯可能表现出极大的悔改，并且可能有立功行为（比如为社会捐献了巨额的善款），是否就可以减轻处罚呢？而且康德也的确在“德行学说”中把“爱别人”看作是人类的伦理义务，这是否就说明实际上基于人类之爱，就可以减轻刑罚了呢？康德是不会支持这样的观点的，原因仅在于，赦免是法律之外的事情，而法律起作用的所有地方，都是惩罚的正义在发出命令。

如果我们用双重身份模式来看待国家的赦免权时，康德的论证便也明晰起来：按照内在应得命题，任何实施了谋杀行为的人都应得到死刑的惩罚，这是正义法则的要求，而且其在当前的这个例子中并没有消失。但是，当共犯很多，以至于国家可能面临解体，人们将退回到自然状态的情况下，并且谋杀的对象指向的是国家人格（如君主）时，这里所涉及的就不再是“在普遍法则下人们彼此外在自由的共存”的公共法权状态，而是公民人格与国家人格之间的伦理关系。在后一种情况下，国家可以并且应该履行保存共同体的伦理义务以及表现宽恕的美德。总结来看，就是客观上惩罚正义的法则并没有被放弃，只是在例外的情形中涉及的是一种法律之外的状态，并不满足在主观上适用惩罚正义的条件。

二、紧急法权与荣誉之例

实践中，国家刑法常常是为了控制和威慑犯罪而规定了刑罚。“双重身份模式”认为，康德是承认威慑性刑罚存在之事实的（惩罚的现象），但是，一方面威慑等功利性目标不能成为刑罚实践存在的道德基础，另一方面惩罚的本体（或者说内在应得命题）始终对实践中的立法者和司法者发布着正义法则的定言命令。

然而，有诸多解读则指出，康德在“紧急法权”中的陈述明确表明了一种威慑主义的证成模式。最先提出且最典型的是比尔德，上文已经分析过他

[1] MM, pp. 109-110.《道德形而上学》张荣、李秋零译本，第126~127页。

对“沉船之例”的观点，简而言之，紧急法权适用于那些罪犯无法被刑罚的威胁所威慑到的情形。

初看起来，这好像就是康德自己的观点：

由法律所威胁的刑罚不可能比丧失生命的威胁还要大。这种刑法不可能达到意想的效果，因为一个仍然不确定的灾祸的威胁（法庭的死刑判决），不可能超越一个确定的灾祸的威胁（淹死）。[1]

康德究竟表达了什么？我们可以在回答这个问题之前，先来看看威慑性的论证。按照威慑主义的理论，刑罚的正当性在于它可以通过痛苦的威胁来使得罪犯放弃下一次犯罪，或者使得其他潜在犯罪者放弃犯罪的意图。它的核心观点在于，法律通过影响人的动机，来引导预期的行为（做或者不做某事），从而达到控制犯罪的社会效果。如果从这种路径出发，康德的观点可以是：在生命受到威胁的时候，法律惩罚的威胁不可能比丧生的威胁还要大，刑罚因而起不到威慑的作用，也就不具有正当性。李普斯坦也持类似看法，他提出，在紧急状态中，法律的至上性与生命的至上性相比，前者并不能超越后者预期地引导人们的行为，也就是说，在法律失去了预期性（威慑）的特征后，法律的至上性也就不存在了。[2]

梅尔（Jean-Christophe Merle）从经验性的角度对此提出了质疑，他认为，不可能存在一种刑罚一点威慑作用都没有的情况，可能存在一些人宁愿选择悲壮地死亡，受到人们尊敬的哀悼，也不愿意受到司法裁判的公开羞辱。[3]同样提出这种经验性质疑的还有伍德：“什么将阻止我们主张，在那些恐怖主义狂热分子的案件中，他们不会被任何刑罚所威胁到，那么任何的刑罚也就得不到证成了？或者更基本的，考虑到那些即便有法律的惩罚威胁仍然实际上发生的罪犯：如果威胁时足够强制性地来防止犯罪，那么犯罪也就不会发生了”[4]。

---

[1] MM, p. 60. 参见《道德形而上学》张荣、李秋零译本，第33页。

[2] See Arthur Ripstein, *Force and Freedom: Kant's Legal and Political Philosophy*, Harvard University Press, 2009, p. 323.

[3] See Jean - Christophe Merle, *German Idealism and the Concept of Punishment* , Joseph J. Kominkiewicz with Jean-Christophe Merle & Frances Brown trans. , Cambridge University Press, 2009, p. 48.

[4] Allen W. Wood, “Punishment, Retribution, and The Coercive Enforcement of Right”, in Lara Denis ed. , *Kant's Metaphysics of Morals: a Critical Guide*, Cambridge Univesity Press, 2011, p. 120.

与之不同，报应主义者似乎并没有给出可靠的说明。墨菲认为康德对紧急法权的态度过于简单，以至于对报应主义来说，“刑法得不到意想的效果”的这种辩护必然是个奇怪的理论，因为报应原则很显然要求国家对杀人行为施加死刑。很可能的情形是，在紧急状态中罪犯的应得比其他的谋杀更少一些，因为我们可能会对一个生命处于危险之中的个人的压力感到同情，并且出于对人性脆弱的同情和怜悯，就允许有例外或者减轻情形。[1]但是，这可能是一种类似康德的解释，却并不是康德自己的解释。

值得注意的是，康德还说道：

> 通过暴力挽救一个人的生命的行为不能被认为是不可谴责的(inculpable)，只能是不可罚的（unpunishable)，并且基于一种奇怪的困惑，法学家们将这种主观上的不惩罚视为是客观上的不惩罚（合乎法律)。[2]

这说明，康德并没有认为，威慑某人的不可能性在道德上证成了不去惩罚他的正当性；相反，他强调了这个事实，即威慑仅仅关乎主观的（经验性）的价值，而非惩罚的客观价值。[3]一个相对合理的解释是：在紧急状态下，对一个正常的有理性的人来说，不可能有什么外在的动机能够让他服从法律的义务了。而按照康德，那些能够提供外在动机的义务才是法律的义务，在没有外在动机的可能性时，便只有内在的动机，于是就只有伦理的义务。而无论何时，国家的强制权力都不能够延伸至人们的内在的动机。[4]克利姆丘克（Dennis Klimchuk）称之为“越权原则”（*ultra vires*)，[5]意思是国家在本不该插手的地方（伦理的领域）越权施加了刑罚。

本章所主张的“双重身份模式”与“越权原则”有异曲同工之妙。康德在“法权学说”中很明确地将紧急法权定性为“没有法权的强制”，也就是说在紧急情况下，对行为人来说，只有伦理上的义务存在，法权的义务根本

---

〔1〕 See Jeffrie G. Murphy, “Does Kant Have a Theory of Punishment?”, *Columbia Law Review*, Vol. 87, No. 3., 1987, p. 529.

〔2〕 MM, p. 28. 参见《道德形而上学》张荣、李秋零译本，第 33 页。

〔3〕 See Samuel Fleischacker, “Kant's Theory of Punishment”, in Howard Williams ed., *Essays on Kant's Political Philosophy*, University of Chicago Press, 1992, p. 194

〔4〕 See Dennis Klimchuk, “Necessity, Deterrence, and Standing”, *Legal Theory*, Vol. 8, No. 3., 2002, p. 349.

〔5〕 See Dennis Klimchuk, “Necessity, Deterrence, and Standing”, *Legal Theory*, Vol. 8, No. 3., 2002, p. 339.

就不存在了。因为如果我们出于不伤害他人的义务选择放弃自己的生命，那么我们就是在做一个有道德的事情；而如果我们选择保存自己的生命而伤害他人，我们只是做了一个不道德的事情：不可能找到一个出于义务之外的外在的动机指引我选择一个正确的行为了。所以，紧急状态下，不是国家刑罚权的威慑力不足以超越死亡的问题，而是在此根本就没有国家刑罚权存在的问题。虽然此时，法律的义务和伦理的义务“不要伤害别人”是重合的，但很明显，法律的义务只是一个空壳。

按照“双重身份模式”，紧急状态是排除在正常的法权状态之外的，但这又很难称为是“自然状态”，因为并不是没有法律的规定，而且这样的案例也必然会提交到法庭来解决，1884 年发生在英国的“公海食人案”〔1〕便是一例证。依康德之见，这“不能客观地理解成法律所规定的”，而“只能理解为主观上法庭将怎样判决”，因为客观上法律的规定是符合内在应得命题的，而主观上国家的刑罚能否适用在“没有法权”的情形中则是需要判明的。

此外，“双重身份模式”也将有助于理解饱受争议的“荣誉之例”。有解释认为，“幸存者免除刑罚，仅仅因为惩罚他将不会达到刑罚应该具有的可期待的效果，即这样的刑罚不能威慑到以后的人们不做类似的行为”〔2〕，这种威慑主义的解读恐怕是站不住脚的。这在上文已经得到了回应，在此不赘述。“双重身份模式”的主张是，法官仍然要按照惩罚正义的法则来判决，也就是在客观上，罪犯是应得死刑的；但现实的情形是，责任被分担了，也就是说，导致罪犯犯罪行为的不仅仅是他本人的自由意志行为，而且还有不文明的伦理社会的引导。所以，并不是说罪犯就不该判死刑，而是说死刑应该因为责任的分担而被减轻。康德的陈述也说明了这一点：“惩罚正义的定言命令仍然存在，但是立法本身（连同公民宪制）只要还是野蛮的和不开化的，就应该为公民主观上的动机违背了客观的法律意图负责任。”〔3〕

从这两个案件的争论中，我们可以看到“双重身份模式”的优势，它更有可能表达了康德真实的观点。初看起来，康德在“法权学说”中对刑罚的论述分为严格遵守内在应得命题的论述和作为例外的论述。角色分离模式将

---

〔1〕 英女王诉达德利和史蒂芬斯案（The Queen v. Dudley and Stephens）。

〔2〕 Thom Brooks，“Kant's Theory of Punishment”，*Utilitas*，Vol. 15，No. 2.，2003，p. 214.

〔3〕 MM，p. 109.《道德形而上学》张荣、李秋零译本，第 126 页。

这种例外的论述看作是一种在刑罚实践的正当目标上的威慑主义证成，却又无法解释什么时候例外是合适的，因为很明显上文的案例都是个案中法官如何判决的问题，而不是一般性刑罚实践的证成问题。一机两翼模式将法律至上性看作是刑罚的目标，却又很难解释什么时候法律是没有至上性的，以至于还是陷入了威慑主义。“双重身份模式”认为，内在应得命题是正义的定言命令，但在现实的国家中却变成了有条件的假言命令，而之所以存在定言命令的例外，要么因为国家刑罚权逾越了法权的边界（如赦免之例和沉船之例），要么是应得惩罚的责任在有限理性的世界无法归咎于公民自身（如荣誉之例）。这就很好地解决了康德文本中尖锐的对立。

三、康德支持死刑吗

通过上文的检验可以确定，“双重身份模式”有助于还原康德刑罚学说的真相，但它能否为他的死刑观做辩护呢？

众所周知，康德坚决捍卫死刑的正当性，他的观点包括：第一，只有谋杀罪和叛国罪才能判处死刑；第二，按照报应法则，在某些案件中，只有死刑才能满足正义的要求，因为没有任何抵偿物能够与生命的价值相等；第三，行刑过程中不能有虐待等不尊重人性的行为。

对第一点，叛国罪为什么应该判处死刑？康德在多个地方都否决了革命权的正当性，他的核心观点是，革命是与源始契约相冲突和矛盾的。但此处涉及一个量刑的问题，就是为什么是死刑？如果联想到国家的道德人格性便不难理解这个问题，如我们上文所提到的，国家通过联合全体人民的意志而成为一个有理性的存在者，从而具有了一种类似人格的性质。而叛国行动就是企图通过破坏国家的宪制，而摧毁国家的人格，这无异于杀害一个人的肉体而摧毁他的人格，所以叛国罪与谋杀罪具有同样的性质。既然按照康德的逻辑，谋杀是应当被判处死刑的，那么叛国也就应该以死刑来惩罚。

更重要的是，我们需要处理第二点与第三点之间的矛盾：按照“人性公式”，即“要永远把人作为自在目的本身来看待，而不能仅仅作为某个任意使用的手段”〔1〕，尊重人性价值和人格尊严是定言命令的要求。然而，按照惩

〔1〕 PP，p. 79.《奠基》杨云飞译本，第62页。

罚正义的法则，对谋杀者施加死刑也是定言命令的要求。除非我们能够证明施加死刑与尊重人性和人格尊严是一回事，否则康德对死刑的辩护就是有问题的。

另外，在现代社会，死刑已经被许多的国家废除，人们普遍认为死刑是古旧的、野蛮的复仇情节的延续，是与人类文明不相容的。一个在道德哲学中如此强调人类理性和尊严的哲学家，又怎么会在“法权学说”中赞同一种野蛮的非理性的制度呢？

可以证明，对“双重身份模式”的解读，将展示一个前后一致的、能够解决这两个难题的死刑理论。

第一，唯一符合内在应得命题的惩罚原则，就是同害报应（*ius talionis*）的原则，因为“其他一切的原则都是摇摆不定的，并且不能符合一种纯粹、严格的正义的判决”〔1〕。于是，正义的原则就是平等的原则，即天平的两端不偏不倚，一边是罪过，一边是刑罚，也就是“你杀死了他，就杀死了你自己（if you kill him, you kill yourself.）”〔2〕。所以照此判断，谋杀者故意剥夺了他人的生命，就应该得到同样的被剥夺生命的刑罚，否则正义的天平就不能保持平衡了。

第二，永远不能把人仅仅当做某个任意的手段，而要看成自身是目的。这意味着，即使罪犯在刑罚中可能会被剥夺公民资格（丧失选举权），但是人性价值和人格尊严是不能被剥夺的。同时，人性价值是不能通约的，也就是说，不能在两个人之间做比较，对所有人来说，人性的价值都是相同的。〔3〕再者，人性价值是不能通过同意而放弃的，所以用契约论来解读康德的思路必然与人性公式不符。

第三，我们说罪犯仍然是有人性价值和人格尊严的，是指我们尊重他们的生命权、运用理性和承担责任的能力。后者表明，罪犯是能够运用自由意志设定目标、选择相应的行为达致目标的，并且有能力和应该承担行为导致的后果。换言之，如果他犯罪行为是自由意志行为的话，他就应该承担应得

〔1〕 MM, p. 106.《道德形而上学》张荣、李秋零译本，第121页。

〔2〕 MM, p. 105.《道德形而上学》张荣、李秋零译本，第121页。

〔3〕 “也就是说，当我们说人人平等的时候，是说他们拥有同样多的权利和义务，而不是说他们的价值在数量上等同。” See Thomas E. Hill, “Treating Criminals as Ends in Themselves”, *Jahrbuch für Recht und Ethik*, Vol. 11, 2003, p. 25.

的法律后果，哪怕这种后果是死刑。

所以，用死刑剥夺罪犯的生命，并不是不尊重他的人性价值和人格尊严，反而是尊重了他承担责任的能力；这样做，也并不是把罪犯的人性和人格作为手段，因为他并没有被用于某种外在的价值，而是承担自己应得的责任。那么，在一种纯粹理性的意义上，我们就得到了这样的结论：罪犯承担死刑，与他的人性价值和人格尊严受到尊重，是一回事。

不过，正如康德关于死刑的论证一样，我们始终没有考虑任何经验性情形，上文只是证明了死刑在一种先天原则中的正当性，却并没有表明在现实国家实践刑罚制度的必然性。而仔细地阅读也将发现，康德除了从纯粹理性出发而阐明的原则外，在涉及经验事实的地方，只有两处提到必须执行死刑：其一，是“血债之例”；其二，是“医学实验之例”。

在这两个例子中，康德之所以反对应得死刑的罪犯被免除刑罚，是因为它们都没有遵守正义的定言命令：前者无视了正义的定言命令〔1〕，后者把正义作为了达致某种社会功利的手段。可为什么在现实中存在的这两个案例与赦免、沉船之例以及荣誉之例不同？按照双重身份模式，正义的法则在现实的国家是有条件的假言命令，其条件表现在国家刑罚权不能超越于法权状态之外，并且犯罪行为完全是罪犯自由意志的行为。在当前这两个案例中，很明显都符合适用这个命令的条件，因此内在应得命题就应该得到适用。

那么，康德是否就与当代文明的死刑观格格不入呢？实际上，按照双重身份模式，在现实国家死刑是否是被允许的，是一个因情况而异的事情。就像我们在“荣誉之例”中看到的，康德坚持认为，应得的死刑责任是否完全由罪犯承担是不确定的，而要参考社会本身的文明程度。这种看法与支持“社会责任论”的当代刑罚理论颇有相近之处。同样，他对罪犯人性价值和人格尊严的强调，更是排除了任何通过功利衡量而判处死刑的可能性。在康德看来，刑罚必须首先是应得的，这意味着国家对不应得死刑的罪犯是坚决禁止以死刑相待的。从这个意义上说，康德又是一个限制死刑的捍卫者了。

归根结底，关于困扰当今社会死刑存废的难题，康德并没有给出一个单一的或存或废的主张，而仅仅提出了死刑在纯粹理性维度的必要性。至于死

---

〔1〕 社会即将解体，并不意味着已经处在自然状态，只要国家宪政还存在，国家的刑罚权就还在，正义的定言命令就要得到服从。

刑作为一种制度在现实国家的必然性与否，康德并没有给出答案，我们更无法断定，如果康德面对当今社会的死刑争论，能有怎样的姿态。即便这样，康德留给我们的思考仍是有价值的，因为他始终在提醒我们的立法者和司法者：不管日常的刑罚实践有多少可考量的因素，我们都不能忽视甚至背弃居于第一位的正义法则。就像他在道德哲学中提醒每个人的：无论我们的偏好和欲望将指向什么样的行为，我们都必须明白，道德法则的定言命令一直在告诉我们什么是应该做的。

小 结

智力拼图的真实结果是什么？相信每一个进行这个游戏的人都会感兴趣这样的一个问题。“双重身份”模式是否成功地让我们接近了康德的理论真相，在本章的论证基础上，是可以得到肯定回答的。只是我们是否还能找到更好的策略来更接近康德一点，对此还不得而知。以上所有的努力，并不是为了批判角色分离模式或一机两翼模式有多么糟糕，也不是为了阐明康德坚守报应主义立场的真理性，因为在刑罚这个实践性极强的问题上，更多依赖于共识而不是思辨。所以，为什么在接受功利主义哲学传统的国家中，人们更青睐于一种对康德的混合论的解读，就是来源于人们对达成共识的希望，而不是来源于批判的热情。

本章的论证是从批评混合论的进路着手的，然后从两个模式面临的问题出发，细致梳理了康德在著作中所有关于刑罚的陈述，并将其分成两个部分：一个是作为定言命令的惩罚的本体，一个是作为假言命令的刑罚的现象。这两种身份的拆分，源于对国家道德人格性的理解，也源于康德的批判哲学。之后，本章通过解读康德在“法权学说”中提出的例子和死刑论证，验证了这种模式的合理性。最终，这个拼图游戏的真相说明：国家像是每一个生活于感性世界的人格一样，也会受到欲望的诱惑，也会为了达致某些偏好的目标而选择一些制度性的手段，比如刑罚。可是，惩罚的正义法则一直都在，不管它当时面临怎样的好处，国家不能忘却定言命令的要求，做那些应该做的事情。

论述至此，本章便完成了预期的目标，即寻找到双重身份模式作为智力拼图游戏的可能真相。但本章限于问题意识和篇幅，并没有展开论证另两个重要的问题：第一，康德的刑罚学说是否具有专业意义上刑罚理论的适格性；第二，康德所提出的“报应”到底与“复仇”有怎样的区别，我将在后面两章分别处理这两个问题，后一个问题与“怎样惩罚”密切关联，而前一个问题则需要在完成所有与主题相关的讨论后才能得以回答。

第六章 什么是正当的刑罚

当我们凭借“双重身份”模式，再次确认了康德的报应主义立场时，似乎也把他从光鲜的花轿上赶下来，重新打回了冷宫。这缘于人们对古老报应观念的嫌恶：报应总是张着吓人的獠牙，用复仇的、无情的目光，怒视着那些失足掉入罪恶之河的“上帝的弃儿”。一方面，义愤填膺的大众为“正义得到了伸张”而欢呼雀跃；另一方面，“过罪化”“过刑化”的担心总是让先知先觉的精英们感到不安。我们不愿意相信，那个在道德哲学中如此敬重道德法则的康德，却对那些失足犯错的同胞如此冷漠。我将通过本章的努力，尽可能消除这样的担忧，以证实一个看似怪异的主张：康德的报应主义惩罚哲学，不但是伸张正义的檄文，而且是深情的、关爱的和尊重每一个罪犯的。

本章追问的核心问题是“什么是正当的刑罚”，或者说“什么是我们最愿意的刑罚”，它又分为三个子问题：该惩罚谁（whom）；怎样惩罚（how）；如何量刑（how much）。这三者是与报应主义立场环环相扣的，同时也与康德道德哲学相依相偎。

该惩罚谁？其一，他是拥有自由意志的、能够承担道德责任的人；其二，他做出了道德上和法律上不允许的行为，并且是出于自由的任意。一言以蔽之，刑罚永远不能指向那些无辜的人，不管他们的牺牲将带来多大的好处，都不能用无辜的鲜血换取繁盛。

怎样惩罚？第一，要把报应性的刑罚和复仇区分开来，刑罚具备善的品质，而复仇只是人类之根的恶习；第二，要永远把罪犯的人格当作目的本身，而非仅仅作为手段，这是“人性公式”为我们提出的命令。

如何量刑？一是“同害复仇”，二是“罪刑均衡”。本书将以康德关于这两个原则的论证为基础，考察在当今社会自由刑已然成为主要施刑方式的情形下，将怎样得出一个康德式的正当的量刑原则。

第一节　该惩罚谁

我们不能无缘无故地去伤害一个人，哪怕这是正义之剑，也必须给出亮剑的理由。谁应当受到惩罚，首先取决于谁能够被惩罚。康德的回答是，拥有自由意志的人才能够承担道德责任，而自由意志与道德责任的关系却是哲学中的千古难题。其次，从积极方面说，惩罚的对象仅仅是并且全部是那些做了错事的人，而主观恶性和不法行为构成“做错事”的两个要件。从消极方面说，无辜的人绝不能受到惩罚。

一、谁能够被惩罚

（一）自由意志

“谁能够被惩罚”的疑问必然指向自由意志这个哲学上幽灵般的问题，我们必须忽视相容论与不相容论的争辩，以把注意力主要聚焦于此：我们是不是自己的主人？这看起来是个很好笑的提问，没有人会否认是自己而不是其他人或事物创造了我的行为，否则的话，人便成了牵线木偶，而被某种神秘力量驱动着。

康德对自由意志的观点，也显然是非决定论的。我们可以把这样的视角看作是人类学的，它的根本出发点是人和动物的区别。从消极的方面来看，人的特点在于他持续脱离了先天和本能的举动方式；从积极的方面来看，人的特点则在于他具有一种能力和任务，即通过理性的行动自行去发现、去创造其行为之正确性的能力和任务。[1]他采用了通常的“也可以作出其他行为”的策略，来证明与“自然原因力”不同的“自由原因力”。他说：

按照这样的考虑，一个理性存在者对于他所为的每一个不法的行为，即

〔1〕　参见郭晔：“康德刑罚情感基础”，载《人大法律评论》2020年第1辑。[德]汉斯·韦尔策尔：《目的行为论导论》，陈璇译，中国人民大学出版社2015年版，第57页。

便表面上看是在过去被充分决定了的，并且到目前为止也是不可避免地必然发生的，他也能够公正地说，他本来是可以不这么做的；因为这个行为，连同所有决定它的过去的事项，都属于他自己性格中的一个单独的现象，并且根据他的性格，作为独立于所有感性事物的原因，将那些现象的原因性归之于他自己。〔1〕

康德概念的一个基本特征是，一个人要能够做某些道德上错误的行为，必须满足至少最低限度的理性和自由的条件，记忆能力、预见能力、反应能力和自我控制力都是必要的。我们可以想到，康德至少想要排除永久或暂时无能力的典型情况。〔2〕在这个框架下，一个拥有健全理智的成年人，一般而言都是具有自由意志、能够承担责任的主体。一个可归责的行为，比非理性的愿望和冲动产生的偶然行为有更多的涵义，其好像是被给予了一种有方向的力量，推动这个人如他所做的那样去行动。我们能够体验到一种情绪或冲动，使我们倾向于做出这种或那种的选择。〔3〕于是，责任之所以能够追溯到一个行为主体，是因为这个行为的发动者是具有责任能力即自由意志的人，准确来说，是在特定时空中能够做出别的选择的人。

（二）真的是“别无选择”吗

可是，这样的说法被批评为太过脆弱，他们质疑于每个人是否有公平的机会去做正确的事情，也就是说，有些人可能别无选择或者选择的机会太少。例如，生而赤贫与兽性的吸毒瘾君子，真的有公平机会不去违反法律吗？胆小的人会屈服于轻微胁迫吗？脾气暴躁的人会容易受到轻微激怒而被激怒吗？或者容易受到诱惑的恋童癖者真的有公平机会去遵守法律吗？〔4〕简言之，性格与环境导致了罪犯在做出犯罪行为时，别无选择。

更进一步，这样的批评有时候也被扩展为：自由意志的说法掩盖了社会

〔1〕 PP，p. 218. 参见《批判》邓晓芒译本（下），第110~111页。

〔2〕 See Thomas E. Hill，“Kant on Wrongdoing，Desert，and Punishment”，*Law and Philosophy*，Vol. 18，No. 4.，1999，p. 415.

〔3〕 See Thomas E. Hill，“Kant on Wrongdoing，Desert，and Punishment”，*Law and Philosophy*，Vol. 18，No. 4.，1999，p. 415.

〔4〕 参见［英］威廉姆·威尔逊：《刑法理论的核心问题》，谢望原、罗灿、王波译，中国人民大学出版社2015年版，第360页。

各阶级的不平等，这被认为是来自于马克思的质疑[1]。也就是说，当我们惩罚一个穷困潦倒的偷窃者时，惩罚一个因为讨薪无果走投无路的报复性杀人者时，惩罚一个被富商始乱终弃精神崩溃的投毒女时，都是在他们原本已经不幸的命运上又狠狠地抽了一顿鞭子。这样看来，社会与其说在伸张正义，不如说是在压迫底层群众。

墨菲认为，社会一日不平等，报应性的刑罚便一日不得实现。因为对那些别无选择的犯罪人来说，不是他们欠了社会的债需要用惩罚来偿还，而是我们欠了他们太多。[2]故而，他把康德的理论归结为一种理想性的理论。

不过，如果我们回到康德哲学，便很容易解答这个“别无选择”的难题。在上一章讨论荣誉之例的时候，我们已经看到了这一点。他说：“惩罚正义的定言命令仍然存在，但是立法本身（连同公民宪制）只要还是野蛮的和不开化的，就应该为公民主观上的动机违背了客观的法律意图负责任。”[3]据此，一个并不理想的社会，应该为它所造成的极端不平等的社会现象承担责任。但这并不意味着社会责任就能够抵消人的意思责任，即使在那些极端案例中，责任能力也没有消失，他们仍然可以坚守着对道德法则的敬重，打消掉那些表面上不得不选择的理由，而去做法律上正确的事情。对持有康德立场的人而言，道德法则永远是最强的理由，一个人基于自己无法抗拒的欲念、性格的弱点以及环境的压迫，都只能要么减轻一小部分的责任，要么博得一点道德上的同情，却无法抹掉自己作为责任主体的事实。

同时，康德指出，良心的自我谴责暴露了别无选择之下被掩饰的自由，他毫不客气地说道：

> 一个人可以使用他所想用的任何手段，来文饰他耿耿于心的不法行为，将它说成是无意的过失，是无法避免的不经意，或者是他被卷入那些已经注定的命运之河，从而哭诉自己的无辜；然而，他终将发现，这位为他作有利辩护的律师，使出浑身解数也无法让存在于自己内心的那个原告保持沉默，

---

〔1〕 See Jeffrie G. Murphy, “Marxism and Retribution”, *Philosophy and Public Affairs*, Vol. 2, No. 3, 1973, pp. 217-243.

〔2〕 See Jeffrie G. Murphy, “Marxism and Retribution”, *Philosophy and Public Affairs*, Vol. 2, No. 3, 1973, pp. 217-243.

〔3〕 MM, p. 109.《道德形而上学》张荣、李秋零译本，第126页。

只要他明白他在做出错误行为的同时是有意地运用着自由；他用自己逐步放松警惕而沾染的坏习惯来解释他的不当行为，将其看成是自然的后果，却无法逃脱自己对自己发出的谴责和训斥。[1]

这一点仅凭直觉就是可以确证的，无论怎样的辩解都无法欺骗自己的内心，只是增强了面对定言命令时的羞愧感和悔罪感。对一个拥有自由意志的人来说，过去的所有遭遇都不过是充当了背景，行为发动的真正力量是意志自由的原因力，因而也是行为结果（责任）的真正归属。

（三）应该惩罚好人吗

还有一种批评的声音来自失足者，他们的抗辩理由是：不要归罪于我，我的行为并没有反映那种使我应受非难和处罚的坏性格。[2]这似乎是说，好人不当罚，功德可抵消刑罚，或者说，刑法应该宽容人们的一时糊涂。

且不论这种抗辩本身的伪善，我们更需要辨明的是：我们能否认识到"好与坏"？在《道德形而上学奠基》第一章开篇，康德指出了什么是绝对好的："除了善良的意志，我们无法想象，在这个世界上或者超出这个世界外，还有什么东西可以被认为是无条件的好的"[3]。善良意志就是永远遵守道德法则的意志，除此之外，所有的好坏都是相对的。我们无法通过现象的观察来判定一个人性格的好坏，因为我们只能评判外在的行为，却很难洞察内在的动机，所以也就无法判断他的行为是否总是出于义务而发生的。

另外，康德并不认为能够被惩罚的人，就一定是性格恶劣的人，而只要他是能够承担责任的人。所以是行为当时是否出于自由意志决定了一个行为是否可以被归咎于他，而不是因为他性格上的瑕疵有无。一个人活了 99 年都还是一个值得称赞的好人，并不能证明他第 100 年的行为就是完全好的。而只要他的犯罪行为是自由的，他就是能够被归责的。

事实上，大多数的犯罪都不是由恶劣性格的人作出的，而是我们通常认为的好人或者普通人。但是，他们行为时的主观恶性仍然是可以得到证实的，

---

〔1〕 PP, pp. 218-219. 参见《批判》邓晓芒译本（下），第 111 页。

〔2〕 参见［英］威廉姆·威尔逊：《刑法理论的核心问题》，谢望原、罗灿、王波译，中国人民大学出版社 2015 年版，第 364 页。

〔3〕 PP, p. 49.《奠基》杨云飞译本，第 11 页。

正如达夫所言："我们就是我们的性格，正是因为这一原因，我们就要为产生于性格的行为承担责任"[1]。实施犯罪的人，正是通过其行为，透露了他们真实的自己。

最后，值得一提的是，具有自由意志的人不但是自己行为的创造者，而且还是行为法则的创造者。这倒不是指，在政治共同体中，每个人都是联合意志的一部分，而是说，我们都能够认识到道德法则的存在，认识到我们应该如何行为。因此，当责任归于我们自身的时候，我们也能够承认这是正义的归责，而非别人的恶意。所有犯罪的人，只要他深刻地反省自身，必然会发现自己（作为现象的人）已经背叛了自己（作为纯粹理性的人），没有谁将他推入了罪恶的深渊并遭受刑罚的苦难，是他自己招致了这些恶果。

二、仅仅惩罚那些做了错事的人

康德很明确地说，惩罚"无论何时都必须仅仅是因为罪犯犯了罪才施加于他的"[2]，也就是，刑罚的对象是犯了罪的人。那么，我们怎么去判断被告人是否是犯了罪的呢？如果把犯罪等同于违背刑法条文，是过于简单化了。我在讨论"犯罪是什么"的时候，将康德的自由学说置于核心位置，其只是说明了犯罪的一般化特征，却无法具体地揭示，一个人做出怎样的行为以及怎样做出行为，才能认为是法律和道德上应受谴责的。相应地，做错事（wrongdoing）与责任（liability）之间的关系，将有助于我们认识这一点。

（一）做错事

康德对道德上行为对错的判断是以他关于道德义务的观念为基础的，它们是：（1）道德义务在某种承担上是自我施加的；（2）每个理性人都有作为道德法则之立法者的尊严；（3）我们每个人都有责任来履行我们的道德义务，尊重它们的理性基础。[3]

从这些观念出发，一个康德式的关于"做错事"的图景便展现出来：

---

〔1〕 R. A. Duff, "Choice, Character and Criminal Liability", *law and philosophy*, Vol. 12, No. 4., 1993, p. 345.

〔2〕 MM, p. 105.《道德形而上学》张荣、李秋零译本，第121页。

〔3〕 See Thomas E. Hill, "Kant on Wrongdoing, Desert, and Punishment", *Law and Philosophy*, Vol. 18, No. 4., 1999, pp. 416–420.

第一，与做错事首先关联在一起的，就是由自责而产生的痛苦情感。依康德之见，所有的道德义务都是建立在无条件的道德法则之上的，而道德法则的主人就是我们自己。这个定言命令式对我们来说是权威性的、理性的、高于一切的，它代表了一个更好的自己，一个我们在深思熟虑和不欺骗的情况下纯粹理性的自己。那么，当我们违背了这个最高法则的要求，也就是认识到我们做了一件道德上的错事时，就是认识到自己的行为与我们本来理性所赞成的东西相左；他的行为脱离了自我尊重的方式，从而降低了自我评价。〔1〕康德将这种因违背道德义务而产生的痛苦情感称为“良心的公正判决”，他说：“这个人每当想起过往的行为就会产生无尽的悔恨，这是一种由道德倾向而产生的痛苦的感情，虽然在实践上已经于事无补，但仍然是合乎法则的。因为理性在关乎道德法则的时候，不计时间距离而只问这个行为是否真正地属于我，而如果是，就总是将这痛苦的情感与我的行为联系起来”〔2〕。

值得注意的是，居于“做错事”之内涵第一位的是自我评价，也就是说，是我自己认为自己是错的，而不是被别人指责为错的。而在英国经验主义传统中，“做错事”的判断来自旁观者。例如，在哈奇森、休谟和斯密的理论里，赞成和不赞成他人是基本的道德现象，也是我们所有道德观念的源泉。〔3〕康德哲学吸引人之处在于，它始终把理性主体的自我立法、自己审判放在道德命题的泉眼，用一种启蒙的观点来看待道德上的对错。

第二，做错事要承担其他理性主体的反应性态度，即谴责。正是因为每个人都是理性立法的主体，我们才必须在一种道德相互性中处理彼此的关系，也就是说，我们要尊重彼此，以对方的目的和理由作为自己行为的目的和理由，同时把他人也看成是拥有选择能力和承担责任的主体。与那种政治相互性相反，康德在这里所说的是，我们每个人基于相互的尊重构建起共同的道德框架，分享纯粹理性认为的好的理由，如果我选择了那些正确的准则而行为，我就是在尊重每个人，而如果我做了错事，就是把别人仅仅作为手段来看待。于是，不是因为别人感到利益失衡（如墨菲所说，每个人都为遵守法

---

〔1〕 See Thomas E. Hill, “Kant on Wrongdoing, Desert, and Punishment”, *Law and Philosophy*, Vol. 18, No. 4. , 1999, p. 420.

〔2〕 PP, p. 219.《批判》邓晓芒译本（下），第111页。

〔3〕 参见［美］克里斯蒂娜·科斯嘉德：《创造目的王国》，向玉乔、李倩译，中国人民大学出版社2013年版，第205页。

则而做了牺牲），而是因为人格价值没有被同等看待，他人才产生了对做错事者的消极态度，从而希望他通过承担责任而恢复到自由状态，尊重他人的人格也尊重自己的理性。

在这种由他人而来的谴责中，并不掺杂着任何的嘲讽和贬低，“对错误的谴责永远不能变成十足的蔑视和否定做错事者的一切道德价值而爆发出来；因为如果是那样的话，他就再也无法进步了，并且‘作为道德主体的人不能完全丧失他向善的禀赋’这一理念也不允许这种谴责”〔1〕。相反，谴责是一种平等的尊重，正如科斯嘉德所言：“如果我的朋友严重对不起我，而我又不责备他，我只是用不在乎的方式像对待一个孩子或宠物的恶作剧一样，那么我根本就没有要他承担责任”〔2〕。我们能够被谴责、被要求承担责任，就在于我们值得别人尊重我们，所有人都处在平等的关系中，而不是像孩子般乞求怜悯和原谅。

第三，做错事是背叛了目的王国的共同信赖。除了来自行为人本身和来自他人的谴责之外，做错事者还作为目的王国的立法者和成员，而被赋予了信任，即他们的准则能够成为目的王国普遍的客观法则。正是这种信赖之网，将每个理性存在者都联结起来，一方面作为立法者来为他自己也为每个人制定正确的行为理由，另一方面作为成员无条件地服从于目的王国的立法。错误行为背信弃义的地方在于，他用某个例外的准则（不能被普遍化）打破了这种稳定的信赖结构，既否定了理性立法的普遍性，又使得对法则的普遍服从成为有条件的。

不难发现，这三点关于做错事的要点与“犯罪就是对自由的妨碍”的命题是一一呼应的。自责的根源就是对内在自由的妨碍；他人谴责的原因在于自由受到了妨碍；维系目的王国之共同信赖的是客观的道德法则，这被表现为源始契约，做错事就是对共同体的自由的妨碍。

此外，我们可以将其与功利主义的“做错事”内涵对照起来看：首先，功利主义支持的是一种外在主义的对与错的概念，而康德则是显然是内在的。〔3〕

---

〔1〕 MM, p. 210.《道德形而上学》张荣、李秋零译本，第 240 页。

〔2〕［美］克里斯蒂娜·科斯嘉德：《创造目的王国》，向玉乔、李倩译，中国人民大学出版社 2013 年版，第 212 页。

〔3〕 See Thomas E. Hill, “Kant on Wrongdoing, Desert, and Punishment”, *Law and Philosophy*, Vol. 18, No. 4., 1999, p. 422.

功利主义更重视一个外在的行为能否带来社会功效，而不论这个行为的动机以及由错误行为而导致的内心谴责。其次，对功利主义者而言，外在谴责包含被侵犯者和社会大众两个部分，前者谴责的理由是错误行为造成的利益损害，后者的理由在于减少了社会总利益；而康德则把谴责视为是对人格平等的尊重。再次，在功利主义者看来，做错事并没有破坏任何信赖基础，因为用社会压力来维护共同的秩序和利益才是他们惯用的手段，至于人们是否在彼此的需要中获得信任感，则并不是值得关心的事情。最后，功利主义的责任概念更多不是把行为的道德评价联系起来，而是把行为本身导致的后果（不利益）联系起来，那些引发后果越严重的行为，越是值得谴责和应当惩罚的。

（二）错误的准则

做错事体现的不仅仅是一个作为现象的行为本身被评判为不合法的，更重要的是它背后所显示出的准则是与理性相背离的。换言之，一个行为被评价为错误，不是指行为所带来的后果是不可欲的，而是指行为的理由是为理性所不接纳的。

意志作为一种自由原因，意味着“自愿”一个行为，道德主体将自身视为是有选择权的，且他们因为好的或坏的理由来选择行为。康德假设，为了实践目的，我们可以把他们设想为按照准则或主观原则来行事，这些准则展现出他们对自己所作所为的看法以及做事的理由或根据。[1]通过检验所选择的准则能否成为普遍的法则，我们可以确定选择是否被允许，也确定了行为是否得当。同时，透过行为本身，我们可以假定特定时空下行为人的准则，即使这个准则与行为人过去或者将来的准则完全相悖，行为人也是它当然的创造者，或者说是这个行为的主人。

而如果我们把行为看作是可谴责的，我们就假定了这些倾向并非不可抗拒的，行为主体也可选择其他的行为，这种突破原有选择的可能性来自更强的理由，比如道德法则。但是，我们既然做出了错误的行为，就可以被看作是根据准则作出的深思熟虑的行为。虽然很多时候错误行为可能来自于冲动

〔1〕 See Thomas E. Hill, “Kant on Wrongdoing, Desert, and Punishment”, *Law and Philosophy*, Vol. 18, No. 4., 1999, p. 416.

和一时糊涂，可毕竟都是自由意志的产物。例如贪污行为，并不能被理解为由强烈的内心力量必然引起的行为，而是反映了一个主体当时对某个准则的服从，即损人利己。因此，康德至少假定了犯罪行为必须作为“自由原因”归于主体，法权意义上的“外在行为”不是在一个人控制之外的身体的物理移动，而是准则被表现出来的样子。我们必须要判断行为人的意图、疏忽和精神能力等，来决定行为本身是否是可罚的；而且要通过犯罪动机的种类和严重程度，来决定刑罚的手段和量刑。〔1〕

然而，并不是所有出于错误准则的行为都是在法律上可罚的行为，因为介于违法与违背道德之间，还有一种违背道德却合法的行为存在。从准则上来说，行为人必然是选择了错误的准则，或者说他并不是出于义务而行为；可是从行为的表现来看，我们又可以推测他选择了正确的准则，或者说他做出了合乎义务的行为。所以，我们只能从行为中找出内心的准则，通过判断准则来判断行为，但却不能反过来做；原因在于，我们是属于两个世界的存在者，行为与它的准则之间并不总是一一对应的。表面看来，我们通过追溯行为准则而追究责任，仿佛法律只关乎动机；事实上，法律上的责任都是行为责任，只是行为的合法性必须要参考它的准则才能做出判断。

三、惩罚无辜者是否可能

既然只有那些做了错事的人才能够被惩罚，那么，我们就没有任何理由去惩罚无辜者。而且在直觉上，没有过失的人却遭受苦难，而有罪者却逍遥法外，必然是伦理纲常所不容的。

（一）粉碎功利之梦

当我们沉浸在功利主义诱人的酒香中时，就很容易放松一种忠诚于原则的神经，而让任何手段的选择都变得任意。对一个深信功利主义将带来最大幸福的善良者而言，他必然会产生这样的疑问：出于好心的功利主义哲学，怎么可能会做出惩罚无辜这样的坏事呢？而如果我们确实承认存在着良善的功利主义而不是伪善，并且认真思考这个问题的话，就会发现，康德哲学早

〔1〕 See Thomas E. Hill, “Treating Criminals as Ends in Themselves”, *Jahrbuch für Recht und Ethik*, Vol. 11, 2003, p. 35.

已作出了明确的回答。也就是说，惩罚无辜者是达成某个功利化目标（迅速结案、维持社会稳定）的手段之一，而如果手段的选择是没有法则的因而是任意的，那么目标的正确性并不能保证任何达致目标的手段都是适恰的。换句话说，为什么功利主义走不通，原因就在于它仍然代表了一种“人治”的思维，或者一种自由的任意；而使得某个社会实践（如刑罚）是正当的，并不在于最终结果或者目标的善，而是在于实践是依照理性的法则而处在“法治”状态中的。

实际上，在关于谁应当受到惩罚这个问题上，功利主义的理论已经为当代刑法学家所抛弃。麦克洛斯基（H. J. McCloskey）提出的对无辜者惩罚的反例，〔1〕催生了向规则功利主义的转变，因为几乎我们所有人都直觉地认为无辜之人有不受刑法惩罚之权利，这是功利性利益无法逾越的权利。〔2〕

（二）隐形的惩罚无辜

然而，实践与理论的紧张关系并没有我们想象的那么简单。如果功利性的思维只是潜藏在法袍之中，而不断重复的警钟已在最大程度上减少错案冤案的发生，那么，任何纠结便显得多余了。不过，功利主义的迷惑已经蔓延到另一个地方，以至于无辜者已血滴成河的时候，我们也丝毫不会察觉刑罚的不妥。

胡萨克敏锐地察觉到了这一点，他提出，如果司法官员不能惩罚无辜者，却又想追求功利性目的，那么立法者可以帮上忙，也就是说，通过修订法案把原本无辜的变成有罪的。〔3〕他举了一个例证：

假设警察收到消息，在一个空的大楼有人在使用毒品。他们进入了这栋楼，并且在地板上找到了毒品。但是，在这栋大楼当中的四个人都不认罪。在这种情况下，由于没有排除合理怀疑，任何人都不应该以持有毒品而定罪。为了保护无辜者，四个人都应该被释放，尽管他们其中的一人或者数人可能

〔1〕 See H. J. McCloskey, “A Non-Utilitarian Approach to Punishment”, *Inquiry*, Vol. 8, No. 1-4., 1965, p. 249.

〔2〕 参见［美］道格拉斯·胡萨克：《过罪化及刑法的限制》，姜敏译，中国法制出版社2015年版，第297页。

〔3〕 参见［美］道格拉斯·胡萨克：《过罪化及刑法的限制》，姜敏译，中国法制出版社2015年版，第300页。

是有罪的。然而，国家可以通过用另一种罪名施加集体性或替代性刑罚，从而轻易地回避该难题。罪名可以从实际持有毒品转变为推定持有毒品，而后者的界定可以使在这栋大楼的每个人都变成有罪。〔1〕

在这个例子中，总会有无辜者受到惩罚，而通常有法律常识的人却认为无可非议，因为服从法律的规定是不可推翻的法治原则。可是，如果法律本身就是不正当的呢？在此，我们又回到了康德那句不断被重复的箴言：“刑罚永远不能为了他者或其本人的好处仅仅把罪犯作为手段，而必须是他犯了罪而施加于他”。这个命题不仅在大西洋彼岸的美国具有极端的重要性，而且对我国刑法实践来说也有很强的指导性。近年来，我国刑法吸纳进许多新的罪，例如，醉酒驾驶入刑、收买拐卖妇女儿童入罪、“医闹”纳入刑法。这些新加入的犯罪类型可能有助于社会安全和威慑犯罪，但这也打开了把刑罚作为达成社会利益之手段的大门，新罪有可能随着国家不断发展的需要而逐步增多，从而产生过罪化的危险。关于这一点，有学者已经敏感地提出来了，〔2〕但对过罪化和惩罚哲学的讨论还微乎其微。

（三）罪刑法定足矣

胡萨克的担忧让我们不得不重新思考“罪刑法定”原则的价值，这将打碎人们长久以来天真的信念：只要罪刑法定得到审慎的遵行，就将阻止无辜者受罚的灾难。可事实上，罪刑法定原则只是在雨天撑起的一把纸伞，能遮蔽的不过一隅而已。

信手拈来的两个案例，便暴露了这个原则的单薄之处：

例一：2014年，河南新野县的4名猴戏艺人携带自家繁殖饲养的6只猕猴，在牡丹江市街头表演猴戏时，被该市森林公安局民警带走。理由是猕猴为国家二级保护动物，而耍猴艺人并没有“野生动物运输证”，“涉嫌非法运输珍贵、濒危野生动物罪”。最终被判“非法运输珍贵野生动物罪”。传承了

〔1〕参见［美］道格拉斯·胡萨克：《过罪化及刑法的限制》，姜敏译，中国法制出版社2015年版，第301~302页。

〔2〕参见乔新生：“我国刑法罪名不断增加 专家称或易滋生新问题”，载《法制日报》2012年11月27日。

两千多年的“非物质文化遗产”为何突然“犯了罪”?〔1〕

例二:22岁的刘海洋,原系清华大学机电系学生。2002年,他先后两次将事先准备的氢氧化钠溶液、硫酸溶液投喂、倾倒进北京动物园熊山黑熊、棕熊展区,致使3只黑熊、两只棕熊受到不同程度的损伤,给北京动物园造成了一定的经济损失。2003年,西城法院作出一审判决,认定刘海洋的行为已经构成故意毁坏公私财物罪,但考虑到他能够真诚悔罪,且其在故意毁坏财物犯罪中,情节轻微,故免予刑事处罚。〔2〕

这两则涉及动物的案例,都属于“法无明文规定”,行为人应当受到罪刑法定原则的保护,而真实的情境却恰好相反:例一的民间艺人的行为被推定为“非法运输珍贵野生动物罪”,例二的大学生被张冠李戴为“故意毁坏公私财物罪”。甚至针对例二,专家认为,“防止虐待、虐杀动物”应该成为动物保护立法中的最基本的底线原则;为了更好地保护野生动物不受伤害,我国应该尝试将“防止虐待、虐杀动物”纳入法律的规定中。〔3〕于是,罪刑法定原则就轻易地通过扩大解释和填补立法空白的方式被超越了。

真正值得关心的,并不是人们该如何对待动物和保护动物,而是无辜的人怎么会身陷囹圄?更难以理解的是,既然人对动物应该施以关爱,不让无辜的动物受到人的欺凌,那么,为什么这种友爱在人与人之间却如此吝啬,而要让法律上的无辜者遭到惩罚?很显然,在法律实践中,刑罚越来越具有工具性的价值,它的枪口跟着人们任意选择的目标而转移,而康德关于“人是目的”的强调永远不过时。一旦功利主义成为我们立法司法的固定思维,刑罚制度便会堂而皇之地成为既得利益阶层的工具,“惩罚无辜者”演变为“变戏法”,正义便消失得无影无踪了。

总而言之,不要惩罚无辜者是一件看起来容易做起来难的事情,难在它以各种各样的形态温柔地伏在我们身边,难在它总打着幸福和慈善的招牌扼杀着正义,更难在多元价值的迷阵中我们找不到起点。康德为我们提供了这

---

〔1〕“耍猴艺人牡丹江被判犯罪惹争议,疑选择性执法”,载《京华时报》2014年9月30日。

〔2〕“‘硫酸泼熊案’一审判决:刘海洋被法院定罪免刑”,载中国新闻网 http://news.sina.com.cn/s/2003-05-01/0924102910s.shtml,最后访问日期:2016年9月12日。

〔3〕“‘硫酸泼熊’‘虐猫’等折射我国动物保护法律空白”,载《法制与经济》2009年第23期。

样的起点，就是“正义”的定言命令，它是亘古不变的纯粹理性立法，所有相对的幸福价值在绝对的正义面前都将黯然失色。而且，定言命令不单是为司法者而提，更是为立法者而提，没有谁能取代人们自己的纯粹理性立法而居于他人之上成为别人的主人。

第二节　怎样惩罚

面对有罪过的做错事者，我们该以怎样的态度对待他们？在康德看来，国家的刑罚既不是替被害人报仇雪恨，把罪犯看成敌人，也不是扮演上帝居高临下，把罪犯看成动物；而是要把他们作为目的本身，看作我们的邻人。于是，本节的讨论就围绕这两个命题展开：一为“报应不是复仇”；二为“把罪犯看作目的本身”。

一、报应不是复仇

（一）复仇欲

康德把复仇的欲望归于“情节严重的幸灾乐祸（malice）”[1]，从而看作是与人类之爱截然相反的人类之恨的恶习。在这之前，他明确区分了两种不同程度上的幸灾乐祸，一种是人类本性使然的一般的幸灾乐祸，另一种则属于表现了人类之恨的情节严重的幸灾乐祸。他说道：

当别人的不幸和堕落与我们自己的条件放在一起时，前者就作为一个陪衬，把有光者照得更加明亮；通过想象的法则（也就是对比的法则），我们就更加强烈地感受到自己的福乐和良善的行动，这些都是非常自然的。然而，如果我们对这样的一种毁灭了整体世界中最好的东西的罪恶之存在，感到直接的愉悦，并且也希望它们发生的话，那么就是隐秘的对人类的恨；这是直接与我们对他人的爱相悖的东西，后者为我们义不容辞的义务。[2]

这种区别表现在：前者是基于对比的法则，在他人的不幸遭遇或者耻辱行径中，更加体会到自己的幸福际遇或者良善行为，这体现了人的理性的认

---

〔1〕 MM，p. 207.《道德形而上学》张荣、李秋零译本，第236页。

〔2〕 MM，p. 207. 参见《道德形而上学》张荣、李秋零译本，第236~237页。

识能力，也是“人性的禀赋（the predispositions to humanity）”〔1〕。而后者是基于邪恶的情感或欲望，把他人的痛苦作为自己快乐的原因或者部分，这体现了人的邪恶倾向，是“魔鬼般的恶习（diabolical vices）”〔2〕。

在康德看来，复仇的欲望就是以一种招人喜爱的形式来表现这个恶习的。它叫人迷惑的地方在于，似乎人们有最大的权利甚至是义务（作为一种对正义的愿望），来把伤害别人作为他的目的，即使于己无利。〔3〕也就是说，复仇的欲望是披着羊皮的狼，以正义之名行不义之事。

（二）报应与复仇之辨

表面看来，复仇和报应就像是孪生姐妹，它们都是对侵犯他人者的一种强烈的反制行动，二者都强调犯罪者应该得到惩罚，二者也都强调惩罚的性质上必须对犯罪者造成一定程度的痛苦。如果不理清“报应”与“复仇”之间那剪不断理还乱的复杂纠葛，我们便很难澄清报应主义面临的误解：在大多数人看来，回到报应就意味着回到了野蛮的、复仇的古代。正如这个巧妙的比喻：“刑法之于复仇情绪，正如婚姻制度之于性欲”〔4〕，拒绝报应主义很大程度上只是表明我们讨厌复仇情绪。

报应与复仇的区别在康德那里显得理所当然，主要包含四个方面：

第一，执行的主体不同。报应是由法庭代表国家主持公共正义的表现，而复仇则是私人之间的冤冤相报。依康德之见，刑罚不是受害的一方基于他私人的权威而采取的行为，而是一个不同于他的法庭的行为，它使得最高权威者的法律对所有服从于它的人产生效果。〔5〕更准确地说，报应是国家针对罪犯的行为，是国家的权利和义务；而复仇是施害者与受害者之间的行为，既不是权利也不是义务，是嫁接在人性之上的恶意的外显。

第二，立足的情感基础不同。报应主要从正义感出发，而复仇则更多是义愤和快感。康德将报应性的刑罚归之于正义的定言命令，而把复仇看成是

---

〔1〕 RR, p. 51.《宗教》李秋零译本，第21页。

〔2〕 RR, p. 51.《宗教》李秋零译本，第22页。

〔3〕 MM, p. 207. 参见《道德形而上学》张荣、李秋零译本，第237页。

〔4〕 Macmillan and co., *a General View of The Criminal Law of England*, charleston, SC: BilioBazar, 1863, p. 99.

〔5〕 MM, p. 207. 参见《道德形而上学》张荣、李秋零译本，第237页。

非理性的欲念之满足。当法庭对罪犯作出应得的刑罚判决时，它表达的是正义感，这是一种对定言命令的敬重感，既不是出于法官自己的自利感情，也不是借法庭抚慰被害人的情绪。关于这种敬重感，康德指出："来自这种强迫意识的情感不是病理学上的、即由一个感性对象引起的那种情感，相反，它仅仅是实践上的，也就是通过一个先行的客观的意志的决定和理性的原因性才可能的"〔1〕，因而这种感情并不是我们通常理解的愉悦感，甚至与愉悦恰好相反。与之相对，复仇的情感则恰好就是一种愉悦感，别人的痛苦就是自己最大的快乐，这样的快感是与人们的"爱"相对立的，体现出病态的怨恨。

第三，报应要服从理性的法则，而复仇则只屈从于欲望。报应性的刑罚要符合罪刑均衡的原则，也就是说，法庭始终按照正义的理性法则裁判，是自由的而非任意的。但在复仇的情况下，人的行为完全受到怨恨之情的支配，理性成为情感的奴隶，人的自由也被完全束缚住了。于是，报应遵循的是"恰到好处"，而复仇则追求"越重越好"。复仇文学在中外文学史上都是重头戏，〔2〕一些复仇者以"斩草除根"为最终目标，手段非常残暴，并且伤及无辜甚至造成大屠杀。例如赵氏孤儿的故事中，主人公的复仇一直到仇人屠岸贾被灭族为止。

第四，本质不同。报应是善的，而复仇则是恶的。功利主义通常的观念认为，刑罚因为给人带来痛苦也是一种"恶"，正如哈特所言："这是一种奇妙的道德炼金术，其中两件道德上邪恶且造成苦难之恶，搅和在一起，居然成为一种善"〔3〕。康德哲学则并没有把报应性的刑罚看作是恶，而是本身就是善的，而它之所以善，原因也不在于它阻止了恶这个结果，而是它本身就是正义的，善是报应的本质。与之相反的是，复仇却体现了恶的本质。它之所以是恶的，理由不在于它将带来诸如冤冤相报的后果，也不在于它将伤害人们的感情，最根本的在于，复仇的欲望是与对道德法则的违背相关联的，

〔1〕 PP, p. 205.《批判》邓晓芒译本（下），第94页。

〔2〕 在西方社会中，从古希腊的《安提戈涅》《阿卡门农》到莎士比亚的《哈姆雷特》，乃至近现代的《基督山伯爵》《凯旋门》都反映或涉猎了复仇的主体。在中国，著名的有伍员鞭尸、卧薪尝胆、荆轲刺秦、赵氏孤儿等，还有武松血刃潘金莲为兄复仇的故事。参见苏力："复仇与法律——以《赵氏孤儿》为例"，载《法学研究》2005年第1期。

〔3〕 H. L. A. Hart, *Punishment and Responsibility* (*2d ed.*), Oxford Universtity Press, 1969, p. 234-35.［美］哈特：《惩罚与责任》，王勇等译，华夏出版社1989年版，第223~224页。

它显示出人的仇恨。而按照康德的说法，“对他人的仇恨总是可恨的，即使当它仅仅以回避（avoiding）他们的方式出现而没有真实的敌意。因为仁慈总是一种义务，即使针对厌世者（misanthropist），我们无法真正去爱，也仍然能够做到行善”[1]，而复仇恰恰是站在了仁慈的对立面，把恨而不是爱作为伴随行为准则的唯一感情。

当代政治哲学家诺奇克（Robert Nozick）对二者作了更加精细化的区分，并与康德的观点有许多重叠之处。[2]并且，他提出了非常重要的区分，即报应只能针对做了错事的人，而复仇则可能会涉及伤害无辜者。而这也恰恰是康德必然赞同的，在上文关于“应该惩罚谁”的讨论中已经印证了这一点。这些区分不完全是概念意义上的，还体现出人类历史的不断向善发展。[3]

（三）复仇正义

有趣的是，在我们日常理解中，复仇就是报应主义身上的一个毒瘤，它们只具有形式与实质的区别，而没有本质的不同。当代刑法哲学家摩尔（Michael S. Moore）也表达了这种看法，“对于报应的情绪之合理性的真正有力的批判在于：驱动报应判断的情绪永远是病态的，并非因为情绪的强度过高以至于动摇我们的理性，也不是因为这样的情绪能够满足特定的功能，而是因为其道德本质可疑”[4]。在人们的眼中，报应性的刑罚的华丽外表下，潜藏着一只邪恶的巨兽，就是复仇情绪。

在文学作品中，我们也很容易看到复仇与正义被搅在了一起。据《后汉书·列女传》所载：

酒泉庞淯母者，赵氏之女也，字娥。父为同县人所杀，而娥兄弟三人，时俱病物故，仇乃喜而自贺，以为莫已报也。娥阴怀感愤，乃潜备刀兵，常帷车以候仇家。十余年不能得。后遇于都亭，刺杀之。因诣县自首。曰：“父

---

[1] MM. pp. 161-162.《道德形而上学》张荣、李秋零译本，第185页。

[2] See Robert Nozick, *Philosophical Explanations*, The Belknap Press of Harvard University Press, 1981, pp. 366-68.

[3] 台湾学者许家馨认为，复仇与报应的区分，其所反映的是“前现代”的刑事裁罚体制和“现代”国家司法体制的区别。

[4] 许家馨：《应报即复仇？——当代应报理论及其对死刑之意涵初探》；Michael S. Moore, *Placing Blame: A Theory of Criminal Law*, Oxford University Press, 1997, p. 119.

仇已报，请就刑戮。”禄福长尹嘉义之，解印绶欲与俱亡。娥不肯去。曰：“怨塞身死，妾之明分；结罪理狱，君之常理。何敢苟生，以枉公法！”后遇赦得免。州郡表其闾。太常张奂嘉叹，以束帛礼之。〔1〕

为父报仇的赵娥，虽然触犯了刑律，却因为孝悌之道而被赦免。宋代王安石在《复仇解》中说道：“《春秋传》以为父受诛，子复仇不可也。此言不敢以身之私，而害天下之公。又以为父不受诛，子复仇可也。此言不以有可绝之义，废不可绝之恩。”〔2〕“报仇”非但没有受到谴责，有时甚至彰显了正义和孝道，成为“以礼压法”的典范。

然而，如果按照康德的阐释，复仇是复仇，报应是报应，二者不但不是相伴随的，反而是互斥的。复仇在人们的惯常思维中存在着，但存在并不意味着正当，康德一针见血地指出了复仇与人类之善的脱轨。所以，当我们用复仇的野蛮和恶意来批评报应主义的情绪基础的时候，是“指鹿为马”了。不过，又如何理解中国古代的“复仇式正义”呢？王安石已经做了回答，即“故书说纣曰：‘凡有辜罪，乃罔恒获。小民方兴，相为敌仇。’盖仇之所以兴，以上之不可告，辜罪之不常获也。方是时，有父兄之仇而辄杀之者，君子权其势，恕共情而与之，可也。”〔3〕他将复仇之兴盛的原因归于乱世官员失察、百姓无处诉冤，“乱世”与“治世”之分，恰如“自然状态”与“法权状态”之别，殊途同归。也就是说，公共正义将人们从复仇的情感中解脱出来，不是通过“替代”的方式，而是“善”战胜了“恶”，就好像太阳赶走了黑暗似的。

归根结底，报应与复仇的纠缠在康德眼中，不过是一种影子的假象，就好像邪恶的狼也拥有忠诚的狗相似的外形，本质却迥然不同一样。在这个意义上，报应与复仇几乎是割断了亲缘关系，而完全成为风马牛不相及的异类，康德对这两个表象一致、本质却背道而驰的概念所作的区分，是彻底的、毫不妥协的、具有普遍意义的。它构成了长期以来把复仇当成报应的迷思的批判。

---

〔1〕 参见许嘉璐主编：《二十四史全译·后汉书》（第3册），汉语大词典出版社2004年版，第1690页。

〔2〕 郭预衡、侯光复：《中国古代十大散文家精品全集》，大连出版社1998年版，第105页。

〔3〕 郭预衡、侯光复：《中国古代十大散文家精品全集》，大连出版社1998年版，第105页。

(四) 报应的情感基础

复仇与正义的分崩离析，又将问题推进了一步：报应的情感基础是什么？康德反对把复仇之恨纳入到任何关于刑罚的决定中来，他说道：

(正如我们在伦理学中必须做的) 当我们将人类视为在一个正当性的条件下，仅仅根据理性的法则 (而非公民的法律)，没有人有权施加惩罚并报复人们做的错事，除了同样是最高的道德立法者之外；并且只有他 (即上帝) 能够说："复仇是属于我的，我将要报应 (repay)"。因此，不但避免出于仅仅复仇的仇恨来报应他人的敌意是一种德行义务，而且德行也要求世界的审判者不能复仇，部分是因为人类已经受够了自己的罪恶而需要宽恕，部分是因为没有任何惩罚，无论来自谁，可以出于仇恨而得到施加。[1]

在康德看来，真正正义的惩罚只有全知全能的上帝可以作出，并且只有在作为人类道德立法者和审判者的上帝那里，复仇才是能够相融于正义的。但是，他同时又否定了仇恨之情在任何一种惩罚裁判 (包括神的审判) 中的正当性，甚至认为宽恕才是必需的，因为"原谅就是人类的一个义务"。[2]

不过，他又强调，宽恕并不意味着纵容："但是这必须不能混淆与对错误行为的逆来顺受 (meek toleration)，以及阻止别人再做错事而采取严格的手段；因为如果那样的话，一个人就是抛弃他自己的法权，让别人踩在他们的头上，从而也违背了他对自己的义务。"[3]"任何触犯了人类法权的行为都应得惩罚，它的功能是将对一个犯罪的报复 (avenge) 施加于犯罪者身上 (而不仅仅是补偿已经造成的伤害)。"[4]

凭借这些陈述，我们可以回答"报应的情感基础"的问题。

首先，刑罚不能是人们发泄私愤甚至公愤的一个手段。当代英美学界以墨菲和汉普顿 (Jean Hampton) 为代表的学者，尝试证立报应刑罚的情感基础。这些讨论也因二者的不同论证路径而被分为两类：其一为墨菲对复仇情

[1] MM, pp. 207-208. 参见《道德形而上学》张荣、李秋零译本，第 237 页。

[2] MM, p. 208. 参见《道德形而上学》张荣、李秋零译本，第 237 页。

[3] MM, p. 208.《道德形而上学》张荣、李秋零译本，第 237~238 页。

[4] MM, p. 207.《道德形而上学》张荣、李秋零译本，第 237 页。

绪的辩护。他认为，复仇情绪并不是绝对不道德的，如果被控制在一定的限度内，复仇也能带来好的威慑和控制犯罪的效果，因为它有助于保护人的自尊（self-respect）、自卫（self-defense）以及对道德秩序的敬重（respect for moral order）。[1]看起来，他的策略更像是“大禹治水”，复仇就像洪水一样，一味地压制不如合理地疏导。其二为汉普顿以愤恨（moral hatred）代替复仇来规定报应的情感基础。她认为，道德上的愤恨是一种以尊重的形式表达的恨，它与复仇表现出来的怨恨有很大不同。[2]这种策略实际上是重申了复仇与报应的不同，而关于愤恨与报应间的关联的阐释却是模糊的。

如果我们从康德的立场出发，就会发现这两种策略都是有缺陷的，它们都把刑罚当作表达了某种情感的工具。墨菲对复仇概念的重构，只是为了说明刑罚必须起到疏导人们复仇情绪的作用，才能达致控制犯罪的效果；汉普顿用愤恨替代复仇，也不过是表明，愤恨的满足就是报应性刑罚的正当性所在。这样，满足被害人以及公平的旁观者的某种情绪，便成了刑罚的一个功用，刑罚的价值仅仅是工具性的。

值得注意的是，康德对复仇与报应的辩白，并不仅仅排除了复仇作为刑罚情感基础的可能性，而且排除了任何经验性情感的证明力。原因是，如果用经验性的情感去规定刑罚的基础，刑罚的价值就是外在的，情感的满足还可以选择刑罚之外的手段，如个人的报复。此外，无论是愤恨还是复仇，都不是具有普遍意义的，即不是所有的人都会产生这样的情感，经验也同样证明了，对有些良善的人而言，原谅比愤恨是更可欲的。所以，刑罚与宣泄任何情感都是不相关的，无论是被害人还是社会大众，甚至是法庭本身，都不能用情感左右刑罚裁判，更不能完全成为情感的傀儡。

其次，唯有一种情感是与报应相关的，就是对正义的敬重。规定报应之根据的不在于任何经验性的情感，如复仇或愤恨，而是惩罚正义的定言命令。对代表国家正义的法庭而言，作出刑罚决定应该是出于义务的行为，与这个行为相伴随的情感也只能是对规定义务的定言命令的敬重。而这种敬重的情

〔1〕 See Jeffrie G. Murphy, *Getting Even: Forgiveness and its Limits*, Oxford University Press, 2003, pp. 19-20.

〔2〕 See Jeffrie G. Murphy & Jean Hampton, *Forgiveness and Mercy*, Cambridge University Press, 1988, p. 137.

感，“是一种通过智性的根据起作用的情感，这种情感是我们能完全先天地认识并看出其必然性的唯一情感”〔1〕。因此，这就与经验性的情感区分开来。对正义的敬重情感，产生于正义的定言命令对意志（此处指作为道德人格的国家意志）的规定作用，因而定言命令在先、敬重情感在后。相反，经验性的复仇和愤恨，则是想要替代定言命令成为意志的规定根据，而把情感放在了前面。简单来说，康德的意思是，正义的定言命令规定了义务，我们在出于这样的义务去行为（即刑罚）时，排除了所有诸如复仇这样的经验性的情感，而唯独只有对命令本身的敬重是被允许的。在《实践理性批判》中，康德也是以同样的方式，将对道德法则的敬重，与其他经验性的道德情感（如哈奇森的“第六感”）严格划分界限。

这便再次确证了报应与复仇的区别。即使如墨菲那样，为复仇寻找各种各样与正面价值相一致的根据，也改变不了它作为经验性情感的定位。因为在我们谈及复仇的时候，永远把情感放在了正义法则的前面，而把法则本身当成了手段，从而颠倒了二者的次序。相反，康德要说的是，包括刑罚在内的所有理性者的行为，都要始终把道德法则（此处是指正义的法则）放在第一位，以服从法则为动机而产生的情感只能是敬重，它不但不属于经验性的情感，而且与其完全对立。

最后，正义的审判能够与爱相容。康德把“爱”作为人类的美德，并把“恨”从任何的审判中剥离了出去；但同时他又反对放弃对正义法则的敬重，反对对做错事者的纵容。那么，正义能否与爱共存呢？换言之，我们能否在惩罚的同时，也爱着那些做了错事的人？这看起来是二律背反的，因为刑罚就意味着给他带来痛苦，而我们又何以能给所爱之人带来痛苦呢？

悖论的消除，来自对“爱”的阐明，“爱不能被理解为感觉（feeling），也就是因为喜欢别人而产生的愉快（plesure）；也不能理解别人的高兴（delight），因为其他人不能让他有义务来产生某种感觉。爱必须被认为是一种善意的准则（实践性的爱），由善意导致善行”〔2〕。与“爱”相伴随的，还有“敬重（respect）”，“它也不是在我和他人的价值的比较中产生的感情，而要被理解为这样的一个准则，即考虑他人所具有的同样的人性尊严而限制对自

〔1〕 PP. pp. 199-200.《道德形而上学》张荣、李秋零译本。

〔2〕 MM, p. 199.《道德形而上学》张荣、李秋零译本，第226~227页。

己的过高评估"[1]。按照康德的解释，"爱"让我与他人越来越近，而"敬重"则让我与他人保持距离，通过这两种实践性的力量，人与人之间在"吸引（attraction）"和"排斥（repulsion）"间形成稳定的结构。[2]据此，爱就不是施舍和迁就，而是出于善意；敬重也不是顺从和畏惧，而是出于对人性尊严对平等相视。这也就意味着，即使正义的惩罚带来了痛苦，只要是出于善意和敬重，就是与爱相容的。

值得一提的是，本节所有的论证都是围绕"怎样惩罚"的主题而展开的。辨明复仇与报应的目的在于表明，对罪犯的任何惩罚都不能是出于仇恨的。而更重要的是，我们要爱每一个人，哪怕他做了错事，也是值得爱的。我将在下个部分讨论，康德是如何看待"爱"在刑罚中的意义的。

二、把罪犯看作目的本身

如上文所言，把刑罚从复仇的情绪中解脱出来，只是我们解释"怎样惩罚"的初步的策略。更关键的是要回答，我们该如何在刑罚中表达我们的"爱"？对此，我们必须要回到康德关于"人是目的"这个基本的论断上来，因为他在"法权学说"中无数次诉诸这个理念，并作为道德原则和判断的根据。这为我们考察"应该如何对待罪犯"提供了思路，从"人性公式（the humanity of formula）"中扩展出更宽泛的原则，来找到把罪犯作为目的本身的途径，将是可欲和可行的。我将回顾康德关于人性公式的几个要点，然后继续讨论在刑罚这个主题上，人性公式提出的要求是什么，而这些讨论最终落脚在死刑与人性公式的关系上。

（一）人性公式

在《道德形而上学奠基》中，人性公式是这样表达的：

> 这样去行动，把不论是你自己人格中的人性，还是其他任何人的人格中的人性，总是同时作为目的，而绝对不能只是用作手段。[3]

---

〔1〕 MM, p. 199.《道德形而上学》张荣、李秋零译本，第227页。

〔2〕 MM, p. 198. 参见《道德形而上学》张荣、李秋零译本，第226页。

〔3〕 PP, p. 80. 参见《奠基》杨云飞译本，第64页。

这个公式包含两个要点：其一，不将任何人格中的人性仅仅作为手段来对待；其二，总是把人性作为目的。后者包含着前者，也就是说，如果总是把人性作为目的，就不会将人性仅仅作为手段。人性，是内在于人格中的某种东西，而与人的“动物性”相对照。康德认为，理性存在者之所以被称为人格（persons），是因为他们的本性（理性）已经凸显出他们自身就是目的，也就是作为那些不能仅仅用作手段的东西，因而就限制了一切任意对人的利用，而把人作为敬重的对象。[1]同时，与那些仅仅用价格来标记的事物相比，人格的价值不是外在的而是内在的，没有任何等价物能够替代人格，这是人性的尊严所在。[2]

为什么人格中的人性具有尊严，并且只能作为目的本身？康德在《实践理性批判》中做了更清晰的阐释：

道德法则是神圣的（holy）（不可侵犯的）。一个人实际上是不够神圣的，但是内在于他人格中的人性对他来说却是神圣的。在包含所有存在者的世界中，人们所欲求的和有能力掌控的东西，都只能作为手段被使用；只有人类以及每一个理性存在者，自身就是目的。这是因为，凭借着他自由的自主性，他是道德法则的主人，而道德法则是神圣的。职是之故，每一个意志，甚至是每个人格所特有的针对他自己本人的意志，都被限制在与理性存在者的自主性相一致的条件下，也就是说，这样的存在者不能屈从于任何不能与产生自主体自己的意志中的法则相一致的目的；因此，这个主体就不能仅仅被用作手段，而是同时作为目的。[3]

一言以蔽之，人之所以必须作为目的本身，是因为他是道德法则的立法者，而道德法则是神圣的。康德认为，我们借助道德法则认识到自己是自由的主体，同时也认识到自己的崇高性，在与其他诱惑我们的目的的比较中，我们就更能够感受到自己对服从法则的命令的崇高使命的敬重。[4]然而，我们需要时刻警惕“唯我独尊”的崇高感，因为“我”不是唯一的自身就是目的的有尊严的理性存在者，这就是说，我必须把所有其他人格也看作目的本

〔1〕 PP, p. 79. 参见《奠基》杨云飞译本，第62~63页。
〔2〕 PP, p. 84. 参见《奠基》杨云飞译本，第72页。
〔3〕 PP, p. 210. 参见《批判》邓晓芒译本（下），第100~101页。
〔4〕 PP, p. 211. 参见《批判》邓晓芒译本（下），第101页。

身，而不妄想以自己自由的任意去支配别人的身体或者理性。

此处的“目的”，并不是我们通常所说的意欲达到的“目的”，而是指：理性立法的价值，即我们永远不能与这样的立法者作对。根据迪安（Richard Dean）的解释，我们通常所说的“目的”和“目的本身”略有不同。目的是行动的理由或者目标，大多数的目的都是偶然的目的，取决于每个人不同的愿望或者感情。例如，学习外语可能是你的目的，但却不是我的目的，因为我们有不同的愿望和规划。没有人能够被要求拥有这种偶然的目的，我如果没有想要学习外语的欲望，而且学习外语对我自身想要达到的目的也起不到什么促进作用，我就没有理由把学习外语当作我的目的。而“目的本身”却不同，它为每一个理性主体提供了以特定方式行为的强迫性的理由，是每个主体的都不能忽略和放弃的目的。这种“目的本身”只有一个，即理性的本质。由于理性本质的特殊地位，我们不能将它的意义仅仅停留于它能给我们带来什么，也就是说，不能把它只作为手段来对待。[1]

人是目的本身的论断，要求我们在考虑应当如何行为时，必须给予人性以特殊的对待。而人性独特的重要性也引发了一些特别的义务，如发展我们的理性能力、避免自取灭亡、重视别人的选择以及尊重别人。具体到刑罚，我们必须意识到，罪犯同样自身即是目的，因为他之所以能够做错事，恰恰就在于他拥有理性的本质。所以，我们对罪犯也要像其他理性存在者一样，把他们作为目的本身，而非作为自己或者他人任意的手段。理由是，我们不尊重作为理性主体的罪犯，就是放弃了对理性这个“目的本身”的价值，从而也就是把自己降低为动物性的存在，而非人格性的存在。

（二）犯罪会丧失人格性吗

然而，我们对罪犯享有人性尊严的论断，需要更进一步的理由。一方面，关于“谁应该被看作目的本身”仍存在较大的争议；另一方面，康德在相关的论述中似乎表达了“犯罪行为减损了人格性”这样的看法。

我们先来看第一点。所有的人都应该被看作目的本身吗？或者说，真正

〔1〕 See Richard Dean, “The Formula of Humanity as An End in Itself”, in Thomas E. Hill ed., *The Blackwell Guide to Kant's Ethics*, Blackwell Publishing Ltd., 2009, p. 84.

作为自身就是目的的，是人的哪个部分呢？

按照康德的思路，应当作为目的本身来看待的，是人格中的人性，而人性指的就是人的理性本质（rational nature）。但是，“理性本质”却是模棱两可、充满争议的，这取决于对康德所谓之“理性（rationality）”概念的理解。我们必须将这个概念与经济学的理性模型区别来开，后者关涉工具理性，是指为满足欲求而选择最有效的手段；同时也要区别于与“情感”相对的“理性”。当我们运用康德的理性概念时，并不是指为达致目标而精打细算的能力，也不是指压抑所有的情感保持冷静的能力。在康德哲学中，“理性”是一个基础性的概念，它包含理论理性和实践理性两个部分，或者说是理论和实践的两个面向。在理论面向，理性为认识提供原理，帮助我们把感觉印象组织成融贯的、可理解的模型，它体现了认识的主动性。在实践面向，理性是指意志的行为能力，又包括自由的任性和自由意志两个方面。

那么，当我们说人的理性本质使得人必须自身就是目的时，指的是哪种理性能力呢？

科斯嘉德认为，康德把人性或理性本质的特征看作是设定目标的能力，〔1〕也就是自由的任意。但是，鉴于康德强调选择服从理性的道德要求的重要性，如果选择的能力是无条件的、必须给予特殊关注的目的本身，将是很奇怪的。因为选择能力仅仅只是实践理性的一个方面，拥有选择能力的人可能会作出违背理性意志立法的选择。〔2〕所以有更多的评论者倾向于另一种“道德能力（capacity for morality）”的解释，也就是说，不仅仅是自由的任意，而且还有自由意志和道德情感（敬重感）共同结合成“道德能力”，才被赋予自身即是目的的地位。〔3〕迪安则更进一步，他认为，当康德说一个存在者自身即是

---

〔1〕 参见［美］克里斯蒂娜·科斯嘉德：《创造目的王国》，向玉乔、李倩译，中国人民大学出版社 2013 年版，第 126 页。

〔2〕 See Richard Dean, “The Formula of Humanity as An End in Itself”, in Thomas E. Hill ed., *The Blackwell Guide to Kant's Ethics*, Blackwell Publishing Ltd., 2009, p. 86.

〔3〕 See Thomas E. Hill, *Dignity and Practical Reason in Kant's Moral Theory*, Cornell University Press, 1992, pp. 40–41. Also see Onora O'Neill, *Constructions of Reason*, Cambridge University Press, 1989, p. 138. 参见［英］奥诺拉·奥尼尔：《理性的建构：康德实践哲学探究》，复旦大学出版社 2013 年版，第 175 页。

目的的时候，是指他总是按照自己的理性能力要求的道德法则行为。[1]换句话说，自身即是目的指的就是善良意志。

这些争论是非常有趣的，评论者意在找到究竟是人身上的哪种能力特征，是真正配得上“目的本身”之称号的。可是，这些评论者显然忽视了康德在《单纯理性限度内的宗教》中对人的原初禀赋的划分，即动物性、人性和人格性，这个划分意味着康德把人性置于动物性和人格性之间。并且康德指出，“人性的禀赋可以被一般地归于自爱的明目下，这种自爱是物理性的、但又包含比较（因此就需要理性）；也就是，只有在与其他人的比较中，才能判定自己是否幸福”[2]“第二种禀赋虽然是实践性的，却是隶属于其他动机的理性为根源”[3]。这样看来，似乎科斯嘉德的观点更符合康德对人性的界定。但康德同时说道：“这些都是源始的，因为它们都属于人的本性的可能性。我们既把理性存在者的禀赋理解为他必然需要的部分，又将它们的结合看作是组成了存在者本身”[4]，这表明动物性、人性和人格性，并不是可以分割开来的，它们都属于并同时存在于一个理性存在者身上。依康德之见，这三种原初禀赋都只是某种可能性，却不代表任何的善恶之别，我们不能通过一个人的习性或者行为就推测出他具有或者不具有人性或人格性，因为我们所见的都只是现象，而人性或人格性所指的则是人的本质。

如此说来，评论者们关于“什么应当是目的本身？”的争论，就显得徒劳了。当康德说“必须把人格中的人性作为目的，而不能仅仅作为手段”时，并不意在强调是哪种理性本质值得被视为自身即是目的，而是表明人这个理性的主体本身的独特性。换句话说，当我把你的身体仅仅作为手段时，同样是侵犯了你的理性本质，虽然表面看来，我并没有想要把你的理性也作为工具。例如，当罪犯“强奸”了一个精神病患者时，只是利用了她的身体，却很难说是利用了她的性羞耻心，但是这个行为被犯罪化仍然是合理的，原因就在于，精神病患者从本质上也是具有那三种禀赋的人，即便她已经丧失了自由的任意和自由意志。

---

〔1〕 See Richard Dean, “The Formula of Humanity as An End in Itself”, in Thomas E. Hill ed., *The Blackwell Guide to Kant's Ethics*, Blackwell Publishing Ltd., 2009, p. 86.

〔2〕 RR, p. 51.《宗教》李秋零译本，第 21 页。

〔3〕 RR, p. 51.《宗教》李秋零译本，第 21 页。

〔4〕 RR, p. 52.《宗教》李秋零译本，第 21 页。

所以，第一点的争论并不能使我们放弃将罪犯视为目的本身，只要我们确定他在本质上仍然是个“人”，他就值得我们尊重。

关于第二点质疑，主要来源于“法权学说”中的这段陈述：

> 当然，在一个国家中不可能有人不享有任何尊严，因为至少他还有作为公民的尊严。唯一的例外是，他通过自己的犯罪而丧失了尊严，正因此，他虽然活着，但却仅仅被作为其他人（无论是国家还是其他的公民）自由的任意之工具。那个成为他人的工具的人（他只能通过判决和法律而变成如此），就是一个奴隶，并且是另一个人的财产，这个他者不仅是他的主人，也是他的所有者，因此可以转让他、随心所欲地使用他（只要不是为了耻辱的意图）、剥夺他的能力，虽然不能剥夺他的生命或肢体……即使他通过犯罪而变成一个人格上的卑微者，但他的卑微不能遗传给后代，因为其仅仅是因为自己的罪恶而引起的。〔1〕

透过这段话，似乎可以推出，一个人犯了罪就丧失了人格和尊严，因而也就仅仅作为手段被看待了。人性公式又如何能适用于一个丧失了尊严的人呢？此处，我们必须注意到隐含在康德道德哲学和政治哲学之中两种不同的关乎尊严的概念，一是作为公民人格的尊严；二是作为自然人格的尊严。

《道德形而上学奠基》中对人性公式的强调，所指涉的是，人作为一种有别于动物的自然的理性存在者，应该被视为理性的主体而被其他理性存在者尊重。据此，任何人不能把别人作为自己任意的工具，而是必须将其作为目的本身，也就是说我不能捉弄、欺骗、利用任何人来达致自己的目标。

而上文所引的段落中“作为公民的尊严”，则指涉的是，人作为在政治共同体中的成员，应该享有自由、平等和独立的法律属性，不能被任何人随意地剥夺。一个丧失了公民尊严的人，意味着不再享有表决权、不再拥有政治上的自由、不再保持与其他公民一样的平等地位。康德所谓的“他虽然活着，但却仅仅被作为其他人自由的任意之工具”，并不是说罪犯就沦为如动物或无生命的物体那样的工具，任人宰割、由人伤害和侮辱，而仅仅是说，他将受到刑罚，不再享有一个正常公民在公共生活中拥有的法权。然而，犯罪只是

〔1〕 MM，p. 104. 参见《道德形而上学》张荣、李秋零译本，第119~120页。

让他丧失了作为正常公民的尊严，却并没有丧失作为自然的人格的尊严，所以，我们必须仍然把他作为“人格”而非“事物”来看待。把他作为人格，就是把他看作自身即是目的本身，尊重他除了刑罚所剥夺的法权之外的一切价值。

依这个区分，我们就在第二点上也消除了对“罪犯也是目的本身”的质疑。

（三）怎样对待罪犯

那么，我们怎样对待罪犯，才是满足了人性公式的要求呢？

在直接讨论这个问题之前，我们可以先参考一下西尔对这个公式的分解。他认为，人性公式至少提出了六点戒律：第一，我们要无偏见地对待每一个人的人格，尊重他们的尊严；第二，因为尊严是不可通约的价值，所以就不能将一个人的价值与另一个人作比较；第三，我们必须把人格作为具有重要的道德地位来对待，其限制我们利用人格来获取哪怕是善的目标；第四，每个理性人格的存在是一个个客观的目的，他们应该被所有的理性人格都看作是有价值的东西，要阻止杀害任何人以及帮助他们为成为一个理性自主的人格创造条件；我们必须将他们作为理性主体进行沟通，而非对他们施加强制、欺骗和摆布；第五，避免对人格表达不尊重，积极地表达对他们的尊重，这些表达包括愿意商议、倾听、尊重隐私和信赖；第六，只有当我们把别人的人格性的目的看作是值得我们关注和帮助的，哪怕这些目的是建立在道德上无关紧要的偏好之上，而非基本需要，才是充分地尊重了人性尊严。[1]按照西尔自己的观点，前三点是形式化的，后三点是实质性的，它们构成了人性公式提出的基本要求。

这六点戒律，也同样暗含着对刑罚程序和实体的诸多限制，这些包括：第一，与对待犯罪的方式有关的政策，必须对每个人来说都是可证成的，因而在相关法律程序中，罪犯也要有必要的表达意见的可能性；第二，刑罚的方式必须保护罪犯的生命和健康；第三，要尊重罪犯作为一个理性自主的主体正常生活的能力，不要使用一些野蛮的措施像对待动物那样对待罪犯，如

〔1〕 See Thomas E. Hill, “Treating Criminals as Ends in Themselves”, *Jahrbuch für Recht und Ethik*, Vol. 11, 2003, pp. 25-26.

拖拽、推搡、使用镣铐以及关在笼子里；第四，要避免刑罚之外的嘲笑、捉弄和蔑视，无论是来自警察、法庭官员还是普通大众；而且要防止让罪犯承受刑罚之外的其他痛苦；第五，要以各种方式鼓励罪犯发展他们的理性能力。[1]

康德在“法权学说”中直接提及要尊重罪犯的人性尊严的地方主要有两处：一是执行惩罚过程中不能虐待，“虐待将使得人格中的人性遭受到恶劣的对待”；二是刑罚本身不能是非人性的，例如以同态报应的形式来惩罚兽奸等违反人性的犯罪。除此以外，康德对人性公式的强调都是形式化的，而非实质性的。

值得注意的是，由人性公式引出的这几条戒律，与“矫正措施”有很大的不同。其中需要特别提及的是两个方面：

其一，人性公式提出的是必然性的要求，而矫正措施则具有偶然性，因为前者是定言命令，而后者则属于假言命令。按照人性公式提出的义务性要求，我们必须要把罪犯作为目的本身，不能剥夺他们睡觉的时间，不能施加刑罚之外的屈辱，不能破坏他们的身体等，如果做不到这些，我们便是没有履行义务，是不道德的。而矫正措施的要求则不同，矫正手段的选择取决于矫正目标的设定，一旦矫正目标发生了改变，所采取的矫正手段就可能被废弃。以“投机倒把罪”为例，1997 年《中华人民共和国刑法》取消了该罪名，因该罪而被惩罚的罪犯也就不再有被矫正的必要了，从理论上看，矫正措施的要求也就不需要执行。

其二，“尊重人性”与“改造人性”有天壤之别。尊重，意味着在自然人格上的平等，也就是说，我们把罪犯也看作是与我们一样的理性主体。而改造，则表明一种居高临下的位置关系，即按照我们自己的意图，把别人塑造成像我们一样的人。以监狱内的宣教为例，尊重人性是指，要让罪犯通过自己的理性能力认识到遵纪守法的重要性，而不是被当成改造人性那样，被强行灌输法律教条和纪律规范。

总结来看，人性公式要求我们对待罪犯像对待作为理性主体的自己一样，既要在法律政策上满足形式化的要求，又要在刑罚的实际执行中满足实质性

〔1〕 See Thomas E. Hill, “Treating Criminals as Ends in Themselves”, *Jahrbuch für Recht und Ethik*, Vol. 11, 2003, pp. 27-28.

的要求。归根结底，把罪犯看作自身即是目的本身，就是把罪犯也当作具有内在价值的“人”看待，而非如动物那样的“事物”。

（四）死刑就是魔鬼吗

既然人性公式要求我们尊重罪犯的生命和健康，那么随之而来的一个问题就是：剥夺生命的死刑符合人性公式吗？表面看来，这又是个二律背反：正题是要尊重罪犯生命，反题是剥夺罪犯生命的刑罚是被允许的。西尔也指出了死刑与人性公式的冲突，他说：“可以证明，死刑倾向于毁掉人性公式的核心信息，即理性主体的存在具有无条件的价值，需要被珍惜、保护和尊重”〔1〕。

正如我们在上一章的讨论中所辨明的，康德并不是坚决的死刑鼓吹者，而是具有正义之道德信念的慎刑者。他的观点更像是个中庸者，一方面反对宽纵应当被判处死刑的罪犯（如血债之例），另一方面又反对任何对死刑的滥用和缺乏深思熟虑的盲目适用（如荣誉之例）。那么，康德将如何看待人性公式与惩罚正义的定言命令之间的紧张呢？简言之，死刑也是罪犯作为理性主体承担责任的一种方式，而基于正义对罪犯生命的剥夺，是尊重他的意志自由。

康德首先排除了“自己愿意被判处死刑”的猜测，这体现在他针对贝卡利亚关于死刑论断的反驳中。贝卡利亚认为，死刑是不正当的，因为没有人在签订社会契约的时候同意自己被判处死刑。依康德，这样的说法完全是诡辩和耍法律的花招。〔2〕他反驳道：

没有谁遭受刑罚是因为他愿意，而是因为他愿意一种应得惩罚的行为；因为如果他只能被以他想要的方式对待，就不会有刑罚存在了，不可能有人愿意受到刑罚。说我愿意因为谋杀而受到刑罚，不过是表达了，我与其他每个人一样都服从于法律，这些法律在人们中存在罪犯时，就是刑法。……因此，当我起草了一个针对作为罪犯的自己的刑法的时候，是我的纯粹理性（本体的人）根据法权在立法，使得我作为可能犯罪的、另外一个人格（现象的人）与在公民联合中的其他人格，共同服从于刑法。换句话说，不是人民

〔1〕 Thomas E. Hill, “Treating Criminals as Ends in Themselves”, *Jahrbuch für Recht und Ethik*, Vol. 11, 2003, p. 31.

〔2〕 MM, p. 108. 参见《道德形而上学》张荣、李秋零译本，第124页。

中的每个个人决定了死刑，而是法庭（公共正义），因此也不是罪犯本人；社会契约并不包含任何使自己接受刑罚、处置自己和自己生命的承诺。[1]

凭借这些论述，我们可以把康德的反对意见总结为三点：一是作为立法的人格和作为罪犯的人格不是同一个人格；二是刑事责任的承担不是来自同意，而是来自对理性意志（法律）的服从；三是决定刑罚的是法庭的公共正义，而不是公民中的任何一个人。透过这些可以看出，死刑的施加是公共正义的要求，而不是罪犯自己的承诺，也不是任何其他公民的任意。真正充当法官的，既不是罪犯本人，也不是担任法官职位的这个人（即其他公民），而仅仅是公共的正义。

此外，死刑正义的定言命令来自道德法则，而不是一国的实体法律。在涉及“刑罚”的论证中，康德几乎句句不离“正义”。例如“正义一旦远离，人类生存在这个世界上就没有任何意义了”[2]“如果正义能够被估价，正义就不再是正义了”[3]“如果谋杀了就必须死，这里没有任何替代物能够满足正义的要求”[4]“这是根据先天的普遍法则，作为法律权威之理念的正义所希望的”[5]。

在《实践理性批判》中，康德说道：“在我们实践理性的理念中，有与违背道德法则相伴随的东西存在，就是应得惩罚。……在每一个惩罚之中，首先必须有正义，这是构成这个概念本质的东西”[6]。刑罚的唯一目的就是正义，或者说，惩罚行为必须满足正义的定言命令。而按照我们对康德正义观的分析，正义的要求就是平等原则，也就是罪罚完全相等。那么，当我谋杀某个人格（谋杀个人人格构成谋杀罪，谋杀国家人格构成叛国罪）时，对我的刑罚依报应法则就同样是“被杀死”。这样死刑的必要性就从谋杀行为发生的可能性中推导出来了。

需要澄清的是，在死刑这个问题上，康德始终只限定在谋杀罪和叛国罪

---

〔1〕 MM, p. 108. 参见《道德形而上学》张荣、李秋零译本，第124~125页。

〔2〕 MM, p. 105.《道德形而上学》张荣、李秋零译本，第121页。

〔3〕 MM, p. 105.《道德形而上学》张荣、李秋零译本，第121页。

〔4〕 MM, p. 106.《道德形而上学》张荣、李秋零译本，第122页。

〔5〕 MM, p. 107.《道德形而上学》张荣、李秋零译本，第124页。

〔6〕 PP, p. 170.《批判》邓晓芒译本（下），第51页。

之上，而没有扩展到其他类别的犯罪。这是因为正义要求的平等原则，不允许有任何东西能够与生命的价值相抗衡。正义的定言命令决定了是否施加死刑，这不是一国的实体法律能够改变的。也就是说，那些不包含谋杀行为的犯罪，不能被施加死刑，否则就是超越了正义的界限。从康德的立场出发，并不是现存实在刑法的规定有权设定死刑，而是正义要求死刑不能被放弃。换言之，死刑能否被消除，不依赖于国家立法者的仁慈，而仅仅依赖于谋杀行为是否有可能发生；谋杀在哪里失声，死刑就在哪里遁形。

最后，承担被判处死刑的责任，是否与对自己的完全义务，即“不得自我谋杀”相矛盾？事实上，这个二律背反的解决已经在康德对贝卡利亚的反驳中体现了出来。承担被判处死刑的责任，并不是说罪犯就愿意去死，因而也就不等同于自我谋杀。甚至，能够为自己的谋杀行为而承担责任，是一个理性主体人格性的体现；而自我谋杀则是一个主体逃避责任的表现。正如康德所说：“一个人，只要他活着，就不能放弃自己作为责任主体的人格性”，所以也就不能为了逃避责任而放弃生命，否则就是把自己的生命当成了逃避责任的手段。但是，一个人能够因为承担责任而丧失生命，这样他就是体现了人格的目的性，也维护了人性的尊严。

总结而言，死刑并不是魔鬼，只是一个做错事者（谋杀者）根据正义的要求，承担自己应得的责任的方式。当一个理性主体勇敢地接受死刑时，他不是作为其他人任意的工具，也不是自己放弃自己的生命，而是以崇高的人格表达对道德法则的敬重。

第三节　如何量刑

该怎样确定刑罚的尺度呢？康德提出的“同害复仇”原则在当今刑法学界的争论中已经被淡漠。相应地，流行于英美学界的沟通报应论主张，“同害复仇”已经被“实质适应性”的现代版本所改良，它们都是在罪刑均衡原则下的子命题。本节将以罪刑均衡原则为起点，进一步探讨“同害复仇”的内涵和价值，并检验“实质适应性”的适格性，最后关注死刑是否满足罪刑均衡的要求。在量刑这个问题上，康德的立场依然是守护正义，他所赞成的“同害复仇”在当今自由刑和罚金刑已成定势的背景下，仍然具有待挖掘的独特价值。

一、罪刑均衡原则

罪刑均衡原则是公正报应（just desert）的本质性要素，它包含两个方面：一是比例性（proportionality），即犯罪轻重与刑罚成轻重比例；二是相称性（commensurateness），即犯罪与刑罚程度的相称关系。

（一）比例性

比例性说的是两个序列的关系。其一，犯罪根据严重性分为由重到轻不同的等级序列；其二，刑罚也根据痛苦的程度分为由大到小不同的等级序列。这两个序列相互对应，较严重的犯罪对应较大程度的痛苦，较轻微的犯罪对应较小程度的痛苦。如果可以将它们数字化，以犯罪为分子，以刑罚为分母，形成的运算结果都是同一个数字，这便是比例性的涵义。更形象地说，抢劫罪比盗窃罪严重，前者的刑罚就要重于后者；而杀人罪的刑罚则更要高于前两者。比例性支持的是重罪重罚、轻罪轻罚，反对的是重罪轻罚、轻罪重罚。

比例性是相对的。一个以最低刑为 1 元罚金、最高刑为 1 年有期徒刑的刑罚体系，以及一个以最低刑为 1 年有期徒刑、最高刑为死刑的刑罚体系，虽然二者在严厉程度上相距甚远，但它们都可能符合于比例性的要求，只要与刑罚体系相对的犯罪体系能够按照从小到大的严厉程度与之相适应。而至于对某个特定犯罪施以某种特定刑罚是否是合理的，则要诉诸相称性。

（二）相称性

相称性说的是分别居于两个序列中的两个点的关系，它强调的是一个具体的犯罪与一个具体的刑罚种类和量是否相配的问题。例如，盗窃罪是否能够被判处死刑，或者仅仅被判处罚金呢？很显然，这两种情况要么过重、要么过轻，并不符合相称性的要求。相称性并非一个绝对的标准，尤其在如今各国刑法实践中，自由刑和罚金刑已经成为刑罚的主要形式，我们很难再用相称性的原则来批判哪些刑罚是过重或者过轻了。况且，受不同文化背景和经济水平的影响，试图在全球各地区取得关于刑罚相称性的共识，将是天方夜谭。

与比例性相比，相称性是一种实质性的标准，它追求犯罪和刑罚在“质”

和“量”两个方面相互关联。同害复仇是最严格的符合相称性的量刑法则，它不但要求犯罪和刑罚具有合理的密切关联，而且要求二者完全等同。

二、同害复仇

同害复仇的内涵是：在种类上和程度上，罪犯应该获得他施加于别人之上恶行，刑罚是犯罪的镜面反射。根据 *lex talionis* 的字面解释，*talionis* 来自拉丁文 *talion*，意指复仇，即对罪犯以相类于其犯罪行为之刑罚加以报应；*lex* 指法则，*lex talionis* 就是说“以眼还眼、以牙还牙”。

康德对这个古老的法则寄予了厚望，他说：“公共正义将选择什么种类和程度的刑罚作为自己的原则和方法呢？不是别的，正是平等原则（正义天平上的指针的位置），一视同仁、不偏不倚”〔1〕。他之所以偏爱这个法则，是因为只有它在确定刑罚种类和量的时候，能够被不假思索地、准确地适用，“其他所有的原则都是摇摆不定的，并且由于掺杂了种种干预性的考量，而不能与纯粹的、严格的正义之判决相适应”〔2〕。

（一）何种相同

同害复仇原则指出了罪刑相称的绝对标准，提供了最直接也是最明确的罪刑均衡的尺度，康德说：“那些你施加于他人的所有不应得的恶的行为，都以同样的方式回报给你自己。你侮辱他，就是侮辱你自己；你偷了他的东西，就是偷了你自己；你攻击他，就是攻击你自己；如果你杀害他，就是杀害自己”〔3〕。准确来说，同害复仇所考察的是两个行为的关系，即犯罪行为和刑罚行为，按照这个法则，这两个行为应该是一样的，只不过是原来的实施犯罪行为的罪犯，在另一种情况下成了受害者的角色。

然而，这段文字一旦推敲起来，便存在模糊不清之处。它表现在，当我们说“以同样的方式”时，指的是“相同的行为”（act-token）还是“相同的行为种类”（act-type），这一点在英文译本中体现得更加明显。〔4〕

---

〔1〕 MM, p. 105.《道德形而上学》张荣、李秋零译本，第121页。

〔2〕 MM, p. 106.《道德形而上学》张荣、李秋零译本，第121页。

〔3〕 MM, p. 105.《道德形而上学》张荣、李秋零译本，第121页。

〔4〕 英文为：“whatever undeserved evil you inflict upon another within the people, that you inflict upon yourself.” MM, p. 332.

公认的解释倾向于“相同的行为种类”，理由是：

第一，康德在某些地方谈及报应法则的时候，使用了另外一个术语“jus talionis”，其涵义为“punishment in kind”，通常被理解为刑罚必须与原初的犯罪行为相类似。[1]这将表明在康德的解释框架中，相同的方式应该指的是相似的行为类型，而非完全一模一样的行为。

第二，几乎不可能将一模一样的行为倒置在罪犯身上，因为行为中许多要素都是没有意义的。[2]例如，一个女孩上周三晚上七点在公园里用匕首杀死了她的男朋友，此案中有一些与犯罪行为有关的要素，没有必要在同害复仇原则下复制到刑罚行为中，包括“周三”“晚上七点”“在公园”“用匕首”等。很显然，这些要素都不是行为之所以为“恶”的核心要件，唯一只有“杀人”才是值得复制的。这样看来，相同的方式就应该指的是“杀人”这个行为类型，而不是指完全一样的行为。[3]

同时，相同的行为类型还要与行为导致的相同单位的痛苦相区别。即使痛苦可以得到精确的测量，康德的意思也不是指，罪犯给别人造成了 20 个单位的痛苦，刑罚也同样要回报给罪犯同样单位的痛苦。原因是，同害复仇所针对的是两种行为本身的置换，而不关乎行为的结果；换句话说，决定行为是否为恶的因素，不是它导致了痛苦，而是它妨碍了自由。

墨菲采用了“比例性”来解读同害复仇，也就是说，如果刑罚 P 能够按照严厉性大小排列成一个等级序列，犯罪 C 也能同样地进行排列，那么 P 的等级对应 C 的等级，就是满足了这个法则的要求。很显然，这个解读是扩大化了。事实上，与比例性相比，同害复仇更关注的是相称性，也就是完全的对等性。

---

〔1〕 See Stephen Kershnar, “Kant on Freedom and the Appropriate Punishment”, *Jahrbuch für Recht und Ethik*, Vol. 3 / *Annual Review of Law and Ethics*, Vol. 3, 1995, p. 311.

〔2〕 See Jeremy Waldron, “Lex Talionis”, *Arizona Law Review*, Vol. 34, 1992, pp. 33-34.

〔3〕 沃尔德伦进一步区分了犯罪行为中存在的三种特征：一是义务性特征，如行为的不法性、错误性、表现了邪恶的一面等；二是使得一个行为成为错误的、邪恶的、不允许的特征，即错误来源性（wrong-making）特征；三是与法律和道德观点无关的特征，比如时间、地点、工具等。他认为，同害复仇所要求的“相同方式”是针对错误来源性特征而言的，除非这种特征的复制是道德上不允许的或者客观上无法实现的，例如不可能强奸强奸犯，这是不道德的。在后一种情况下，我们才可以考虑是否要进行寻找直接复制之外的其他方案。See Jeremy Waldron, “Lex Talionis”, *Arizona Law Review*, Vol. 34, 1992, pp. 34-37.

那么，究竟是“何种相同”呢？我们必须依赖于康德对行为恶性的解释，才能找到这个问题的答案。第五章关于“犯罪是什么”的讨论确认了一个恶的行为的本质，就是对自由的妨碍；一个行为之所以被称为犯罪行为，是因为它背后的准则违背了纯粹理性的普遍立法，从而妨碍了三重自由。从这样的解释出发，同害复仇所要求的“同样的方式”就是指“相同的行为准则”，换言之，国家根据这个法则将罪犯的行为准则普遍化，就是刑罚行为的表现形式。例如，对强奸犯而言，他的行为准则就是“她没有性自由，我可以任意侵犯她”，而将这个准则普遍化就意味着剥夺罪犯自己的性自由，即宫刑。同样，对盗窃罪而言，他的行为准则就是“别人没有财产自由，我可以任意地拿走属于他的东西”，将此普遍化意味着也剥夺罪犯的财产自由，使他在特定时期内无法拥有财产并且还要服劳役。这两个例子也被康德作为同害复仇的例外进行了解释，却仍然是符合同害复仇的精神的。

（二）例外

按照康德的解释，同害复仇有三点例外：

一是违反人性的犯罪不能按照字面意思进行回应。例如强奸罪、鸡奸罪和兽奸罪，而必须转译成宫刑或者流放；〔1〕

二是罪与罚在形式对等、实质不对等的情况下，要调整为实质对等。康德特别指出了在不同社会地位的人之间发生的犯罪，如何做到在效果上以恶制恶，而不是形式上的“以眼还眼”。他举例说道：

例如，为口头侮辱而施加的罚款，与侮辱行为本身没有关系，因为有钱人有时候会拿侮辱别人来取乐；但是，如果他被判决当众向他侵犯的人道歉，而且还要亲吻对方的手，即便对方属于下等阶层，那么，他对别人的爱和荣誉施加的暴行，就与对他的骄傲所造成的伤害具有了相似性。同样，施加暴力的具有较高地位的人，可能被宣判不仅向他所侵犯的比他地位低下的人道歉，而且要经历痛苦而孤独的监禁；除了他所经历的不舒适之外，罪犯的虚荣心也将遭到痛苦的打击，这样透过这种耻辱，他也就得到了以牙还牙的刑

〔1〕 MM, p. 130. 参见《道德形而上学》张荣、李秋零译本，第149~150页。

罚。[1]

三是客观上无法按照字面意思回应的犯罪类型，就要进行“意义解释”。典型的例证就是盗窃罪：

但是，“你偷了别人的东西，就是偷了你自己”又如何解释呢？那些偷窃的人，使得每个人的财产都陷入了不安全状态，因而根据报应法则也剥夺了自己的财产安全。他一无所有而且也一无所获；但是他仍然想要活下来，却只能靠别人的供养而活。但是，既然国家不可能免费供养他，他必然就把劳力交给国家，由国家决定他要做的任何工作（在狱中服劳役），并且在一个特定时期，或者国家认为合适的永久时期内降低为奴隶的地位。[2]

（三）质疑

通常，人们对同害复仇法则的质疑主要包含三个方面：

第一，在字面上，这个法则包含复仇的涵义，因而就是赤裸裸的复仇的延伸。这是对同害复仇法则的误解，我在上文已经详细讨论了复仇与报应的不同，在此只需要提及一点，即同害复仇法则只是借用了“复仇”中“回应性”这个特征，却并没有夹带任何复仇情感（无论是来自个人还是来自法庭）。而且，这个法则对量刑提出了明确的界限，就是不要超过犯罪本身所施加的恶。它体现的是理性的规则和标准，而不是感性的愤恨和冲动。

第二，黑格尔提出，这个法则只是形式上公平，实质上并不公平，甚至荒诞不经。例如，如果要求以眼还眼以牙还牙，那么假设罪犯本身是独眼或者没有牙齿，又怎样保证同害复仇呢？因此，黑格尔说：“这一基于概念的同一性，不是侵害行为特种性状的等同，而是侵害行为自在地存在的性状的等同，即价值的等同”[3]，于是他提出了用“等价报应”替代“同害复仇”。康德对这个问题已经做了初步解答，例如他对违反人性对犯罪、盗窃罪、不同阶层间的犯罪的解释，突破了“同害复仇”的字面意义。

第三，现代社会已经用实践抛弃了这个法则。现代社会基本上只保留了

---

〔1〕 MM, p. 106. 参见《道德形而上学》张荣、李秋零译本，第122页。

〔2〕 MM, p. 106. 参见《道德形而上学》张荣、李秋零译本，第122页。

〔3〕［德］黑格尔：《法哲学原理》，范扬、张企泰译，商务印书馆1961年版，第104页。

罚金刑、自由刑和死刑，同害复仇法则下可能发生的不同种类的刑罚都被前者所吸收，这个法则也便被扔进了历史的故纸堆。尽管各国的量刑标准各异，但都一致采用了后果主义的考量，而普遍认为，刑法对于劝阻那些不受欢迎的行为而言，仅仅只是一个“价格体系”。[1]换言之，我们看待犯罪就像看待商品一样，法定刑的确定就是给这些商品明码标价而已。当然，人们并不情愿放弃罪刑均衡的原则，甚至不愿意放弃报应主义立场，于是由沟通报应论所主张的“实质对等性”法则便应运而生，成为同害复仇的现代改良版本。

进一步深入分析便会发现，后两种质疑都是针对同害复仇法则的“可行性”而展开的，而关于复仇情节的批评也并没有构成对“可欲性”的实质性挑战。正如康德所表明的，这个法则的吸引力在于，没有其他原则能如它一样接近正义的要求，而且不需要担心出错。然而，这个法则在现代社会水土不服的说法却是事实，如果不赋予其新的解释方案，便很难找到它在当今文明中的生存空间。而在方案确定之前，我们先来检验一下所谓的“实质适应性”（substantial fit）原则。

三、沟通报应论与实质适应性原则

（一）基本理论框架

沟通报应论（communicative retributivism）对当今英美刑法学界影响很大，它的代表人物是达夫。但这个理论最先受启发于范伯格关于刑罚具有表达功能的论证，[2]他将表达共同体的谴责视为刑罚概念的本质。沟通报应论以此出发，进一步区分了“表达”（expression）与“沟通”（communication），前者是单向性的，只需要表达者存在即可，是否有接收者以及接收者是否理解和认同并不是表达者所期待和关心的；后者则是双向性的，接收者是沟通程序的积极参与者，被期待理解和回应表达者传达的讯息。[3]据此，沟通报应

[1] See Thomas E. Hill, “Kant on Wrongdoing, Desert, and Punishment”, *Law and Philosophy*, Vol. 18, No. 4., 1999, p. 428.

[2] See Joel Feinberg, “The Expressive Function of Punishment”, in Joel Feinberg ed., *Doing and Deserving: Essays In The Theory of Responsibility*, Princeton University Press, 1970, pp. 105-110.

[3] See R. A. Duff, *Punishment, Communication and Community*, Oxford University Press, 2003, pp. 79-80.

论强调，国家作为发出谴责讯息的一方，要重视另一方罪犯作为道德主体的理性特征，尊重他们运用自己的理性接受谴责和悔改，以良性沟通为最终目的。它的核心主张可以被概括为：国家通过对特定罪犯施加刑罚，表达对他的行为的谴责，并将共同体所认可的价值传递给他，希望他改过自新；而罪犯也在接受刑罚的同时，接收了这样的谴责讯息和价值信念，并用自己的理性判断是否在思想上和行为上认可它。

沟通报应论将刑罚实践看作是国家与罪犯之间的对话，而把刑罚所具有的“严厉处遇”看作是罪犯向国家表达的赎罪仪式。但是，我们为什么不能通过语言或者其他方式来向罪犯表达这样的信息，偏偏要采用刑罚这么极端的方式？沟通报应论的回应是，罪犯通过他的行动已经表明，他对那些传统表达方式所传递的信息不屑一顾，所以我们只好放弃诸如语言文字之类的方式，而以实际行动告诉他这样的行为是错误的，这是最直接而有效的方式。〔1〕

这样看来，沟通报应论所指的“谴责”就是罪犯的“应得”，也就是说，刑罚的严厉处遇表达了对罪犯的谴责，处遇程度的严厉性与谴责的严厉性相一致。因而，犯罪行为越严重，应该受到的谴责就越严厉，相应的刑罚也就越重。〔2〕

（二）实质适应性

根据沟通报应论，刑罚的目的不仅仅是表达某种程度的谴责，而且意在让罪犯能够直面他们的所作所为，直面他们实质的道德品格和错误行为的内涵。相应地，刑罚所包含的负担，即严格处遇，意在促进刑罚作为赎罪仪式使得罪犯悔过的目标。而如果要保证罪与罚在实质上相适应，就不单要表达适当程度的谴责，而且要服务于沟通性的目标，即要让罪犯认识到自己的品行和所作所为的性质，从而唤起他赎罪的意愿。〔3〕

沃尔德伦解释说，我们可以站在沟通报应论的立场来解释同害复仇理念，也就是说，我们把罪犯对他人做的错事反过来施加于他本身，以表明如果每

〔1〕 See Jeremy Waldron, “Lex Talionis”, *Arizona Law Review*, Vol. 34, 1992, p. 30.

〔2〕 See R. A. Duff, *Punishment, Communication and Community*, Oxford University Press, 2003, p. 132.

〔3〕 See R. A. Duff, *Punishment, Communication and Community*, Oxford University Press, 2003, p. 142.

个人都像他那样行为将是什么样子，从而让他意识到自己行为的错误性，并促进其悔改。[1]诺奇克也表示，这个法则可能是想传达这样的信息给罪犯，即“这就是你所做的错误的行为”[2]。但达夫却将他所支持的实质适应性原则与同害复仇划清了界限，他认为，罪犯对受害人施加的错误行为所表现出的“创伤、耻辱和屈辱”，并不是一个沟通性的行为，因其并非将罪犯视为共同体的一个成员。[3]正如墨菲所言，它可能会使罪犯改变对自己行为的看法，但这并不是将他视为道德主体而对待，而仅仅是试图羞辱他。[4]

依达夫所见，使罪犯明白自己所作所为的错误性，当然属于刑罚沟通功能的题中应有之义，但是同害复仇的形式并不可取；而是要通过诸如缓刑、社区服务、与被害人达成和解以及修复式程序，来让罪犯面对并悔恨自己的行为、改善自己以及对被害人表达原谅。[5]在他看来，这些刑罚类型将使得罪犯有机会参与到沟通过程中来，能够最大程度上实现化干戈为玉帛。

那么，怎么确定适合于特定犯罪的刑罚方式呢？达夫认为，这一部分取决于人性化和可行性的非沟通性的考量，另一部分取决于不同类型的刑罚方式所具有的涵义，即它们将对罪犯表达什么，以及怎样描绘罪犯与共同体和法律的关系。[6]基于此，达夫的观点更接近于矫正论的观点，但他也不排除监禁刑的运用，如果罪犯暂时无法被沟通并自愿悔改的话；在他的框架中，监禁已经是最严重的刑罚，终身监禁和死刑是不允许的。

于是，沟通报应论的刑罚原则就是实质适应性，也就是根据不同的犯罪人，选择适合于他们的刑罚作为沟通形式。这个原则追求的是实质上的罪刑均衡，而不是形式上的；因而它并不能普遍适用到所有情形，只是指明了刑罚应该努力的方向。更重要的是，这种实质适应性是一种经验性的原则，它所关心的是犯罪人能不能变成好人。与特别威慑论不同的是，它传达给罪犯

---

〔1〕 See Jeremy Waldron, “Lex Talionis”, *Arizona Law Review*, Vol. 34, 1992, p. 29.

〔2〕 Robert Nozick, *Philosophical Explanations*, The Belknap Press of Harvard University Press, 1981, pp. 370-371.

〔3〕 See R. A. Duff, *Punishment, Communication and Community*, Oxford University Press, 2003, p. 144.

〔4〕 See Jeffrie G. Murphy, “Cruel and Unusual Punishments”, in Wilfrid Sellars & Keith Lehrer eds., *Retribution, Justice, and Therapy*, D. Reidel Publishing Company, 1979, pp. 233-234.

〔5〕 See R. A. Duff, *Punishment, Communication and Community*, Oxford University Press, 2003, p. 145.

〔6〕 See R. A. Duff, *Punishment, Communication and Community*, Oxford University Press, 2003, p. 145.

的不是犯罪的后果有多么可怕，而是犯罪本身的不可欲和社会价值的可欲；与矫正论不同的是，它并不是把罪犯看成生了病的人，而是看作与正常人一样的理性主体。

（三）几点批判

表面看来，这样的理论具有极大的吸引力和人情味：第一，它把罪犯作为理性主体，是尊重罪犯作为目的本身的价值；第二，它帮助罪犯与社会达成和解，将坏人变成好人，体现了刑罚的宽容和慈善；第三，实质适应性原则具有灵活性，能够对症下药，是对称性的最好诠释。不过，用实质适应性原则替代同害复仇原则，成为罪刑均衡原则的现代解读，是否具有足够的说服力呢？本书认为，至少存在四点理由反驳这样的说法。

一是沟通报应论具有很浓的功利主义底色。它将罪犯的悔罪作为刑罚的目的，沟通是为了劝服；对那些沟通无效的罪犯，则通过监禁将他们排除在共同体之外。虽然刑罚的谴责是起点，但沟通才是终点，刑罚只是通向目标的交通工具，这是典型的功利性思维。实质适应性原则根本没有提供任何量刑基准，只是设定了量刑的目标而已，而这个目标的实现却依赖于现实的各种情况。像所有功利主义理论一样，它将无法避免各种不可预期的不择手段和不怀好意的利用。

二是作为经验性的量刑原则，实质适应性原则带来的效果和价值都是偶然的，甚至是完全相反的。正是对实质适应性的追求，给了司法者很大的空间，什么样的人是沟通有效的、什么样的是沟通无效的，都取决于法庭的自由量刑；而在刑罚执行中，什么样的沟通算是达到了效果，又有赖于执行刑罚的官员之自由判断。所以，且不要说其中为腐败留存了缝隙，就自由判断的极大不确定性就足以打败这个理论。在量刑实践中，又如何确定罪犯是得到了最好的沟通呢，毕竟口是心非、世故圆滑的罪犯不在少数，沟通最终很可能以欺骗结局。

三是对罪犯本人的过度关注，完全忽视了犯罪行为的恶性，会出现同罪不同罚的极端不正义。实质适应性只是冠冕堂皇地对人标价而已，那些好说话的、容易悔改的就获得轻判，而那些强硬的、排斥训导的就获得重罚。这实际上完全抛弃了罪刑均衡原则，因为要与刑罚严重性形成均衡对照的，不是犯罪行为，而成了犯罪人。试想一下，如果一个杀人犯悔罪态度非常好，而一个盗窃犯却坚决不认罪，将两者都判处监禁5年，在特定情形下也是符合实质适应性的，却严重与罪刑均衡原则不符，甚至严重违背了正义。

四是刑罚的核心概念并不在于谴责，而在于要求罪犯承担责任。报应主义刑罚概念的本质在于“正义”，也就是给予罪犯应得的；而罪犯的应得，更多的是要罪犯承担其应该承担的责任，而不仅是让他接收应得的谴责讯息。痛苦是责任概念的应有之义，而谴责并不能涵盖痛苦的特征，沟通报应论是用“应得谴责”偷换“应得责任”，以偏概全地缩小了责任的尺度。

此外，不单沟通报应论，甚至所有的报应理论对罪刑均衡的强调，都会面临这样的指责：刑罚的痛苦是不可丈量的，我们仅凭想象就宣告了正义，是不负责任的做法。正如我国台湾学者李茂生所言：“刑罚是个痛苦，但是因为正义的基准从来都没有被适用在受惩罚人身上，而仅是施刑者或旁观者的想象而已，所以所谓的妥当、适宜的痛苦，亦即衡平的报应只存在于施刑者与旁观者的观念中而已。充其量，报应性刑罚的主张仅是一种这些人自我满足（自慰）的手法”。

（四）回到同害复仇

透过对沟通报应论及其量刑原则的批判，我们会发现，任何质料性的原则都难以逃脱诸如此类的打击；一个理论若是科学性的、明确的和禁得起检验的，就必须产生自先天的法则，从而是形式性的。那么，正义的先天法则将召唤怎样的量刑原则呢？康德早就给出了答复，就是同害复仇原则。正如他所说：“唯有在罪犯因自己的罪行自食恶果，尽管不是按照刑法条文的字面涵义而是根据其精神让他遭受到他曾施加于别人之上的恶行时，他才不会抱怨我们对他不公正”[1]，以其人之道还治其人之身，是我们唯一能轻松做到且避免一切闪失的原则。

可是，回到同害复仇，就要回到拯救它在现代社会量刑实践中已经奄奄一息的命运上来，否则便只能是理论上的自说自话了。不幸的是，这样的拯救计划就像在沙漠里种花，遥望着远处繁花遍野的海市蜃楼，手边浇花的喷壶里却一滴水都没有。同害复仇原则很难在现代社会找到生存的土壤，却并不意味着它的精神之光就无法照射到当今的刑罚实践中。而且，现代刑罚相

---

〔1〕 MM, p. 130.《道德形而上学》张荣、李秋零译本，第150页。

比过去同态复仇的古代，是文明进步的体现，回到同害复仇原则，并不是回到野蛮的刑罚体系中。本书认为，要在现代文明中重述正义法则之命令，可以借鉴沟通报应论关于刑罚之表达和沟通功能的要点，还原一种文明化的同害复仇原则。

具体说来，包含两个方面：其一，要利用刑罚具有的谴责功能，把犯罪行为具有的罪恶特征传达给罪犯本人，帮助他认识到行为的恶性和唤起承担责任的意识。但是，这并不是强行的教育和灌输，而是尊重罪犯运用他自己的理性，对他的所作所为的性质有明确的定位，同时通过刑罚之苦承担自己应得的责任。之所以必须强调刑罚的表达功能，是因为现代刑罚体系已经删除了“同态”刑罚本身所具有的传达性。以侮辱罪为例，根据康德的解释，应该让罪犯亲吻对方的手，来感受到他对别人造成的荣誉的伤害；而现代刑罚的罚金或监禁无法将这种感受传达给罪犯，便只能选择语言说教的形式来代替。这并不是说，现代刑罚体系要恢复到文明社会之前，而是说要保留刑罚本来应该具有的功能，就好似不能因为想倒掉洗澡水就把婴儿一起倒掉一样。其二，要把对司法量刑过多的关注转移到立法和监狱管理上来。刑罚实践不仅涉及罪犯与国家之间的沟通关系，而且也关乎国家人格意行合一的内部沟通关系，也就是说，国家刑罚的判定（立法和司法）与刑罚的执行（执法）应该是一样的。正如康德所言，“（这三重人格中的）每一个都有自己的原则，也就是说，它具有作为一个特殊人格的能力，但是它们仍然是在一个最高意志的条件下发布命令”[1]，刑罚实践是国家的三重人格共同参与的，因而必须保证它们也是在一个意志之下的行为，却不能毫不相干地任意行动。一方面，立法在决定量刑基准时，既必须考虑到同害复仇法则的要求，又必须结合监狱执行刑罚的现实情况；另一方面，司法要遵循罪刑法定原则，在立法确立的量刑幅度内根据比例性审慎判决。同时，刑罚的执行要尊重罪犯的人性尊严，统一执行标准，减少人为造成的同判不同罚现象。

现实中司法量刑与执行刑罚之间的脱节，是导致罪刑均衡原则无法取得效果的重要因素。法官从来就无法确切地掌握在监狱中受刑人会遭到如何的处遇，亦即法官根本就无法计算刑罚的痛苦程度；刑罚的执行者的所作所为，

〔1〕 MM, p. 93.《道德形而上学》张荣、李秋零译本，第106页。

纵然会增加许多受刑人的痛苦，但是这些痛苦都不会成为审判者的考量对象。[1]这也是为什么我们要回到同害复仇的现实原因，只有平等原则才能确保正义的定言命令之效果，其他的所有实质性原则都是不确定和偶然的。那么，在现有的刑罚体系下，最能接近平等原则的方法，就是立法、司法和执法的良性沟通，使得罪犯应得的责任与接受到的谴责、受到的刑罚之苦是对等的。

四、罪刑均衡必然要求死刑吗

上文的讨论已经涉及了康德关于死刑的两个要点：其一，死刑是作为本体的刑罚之必然的组成部分，报应法则只是证明了死刑在一种先天原则中的正当性，却并没有表明在现实国家实践刑罚制度的必然性；其二，死刑并不是魔鬼，只是一个做错事者（谋杀者）根据正义的要求，承担自己应得的责任的方式，因而它与“人性公式”并不冲突。本部分的问题意识在于：根据罪刑均衡原则，死刑是必须的吗？在此将排除一些其他视角的分析，比如基于功利性的控制犯罪的视角和法律经济学的视角，也将排除宗教性的分析，而仅仅关注死刑与罪刑均衡原则的推论关系。

（一）废除死刑的可能性

有诸多学者立足于刑罚的比例性原则认为，既然比例性仅要求刑罚体系与犯罪体系的对应，而并没有限制我们选择怎样的刑罚体系，那么，善良的人们当然可以选择那些不包含死刑在内的体系。菲尼斯（John Finnis）在一篇文章中表达了这样的主张：

在人类的刑罚中，法官必须在一定的范围内选择适用什么样的刑罚。不存在“自然”的量刑尺度，也就是说，没有任何理性决定的和独一无二适合于某种犯罪的刑罚。刑罚是传统上需要决疑的类型，即自由地从一定范围内的理性的备选方案中作出选择，这些方案没有哪个更胜一筹。所以，并没有自然的或者说理性的要求，让杀人者（即便是最残暴的那种）要受到死刑的

[1] 参见李茂生：“应报、死刑与惩罚的心理”，载《中研院法学期刊》第17期。

惩罚。[1]

（二）保留死刑的必要性

对此，戴维斯（Michael Davis）提出了不同的看法，他主张，有时候死刑不仅在道德上是允许的，而且还可能是理性所要求的。他举例说道：

> 设想一下，例如，在伊利诺斯州，抢劫罪、加重的放火罪以及相似严重的非武器犯罪，它们的法定刑是6~30年监禁；而简单的一级谋杀，法定刑是20~60年监禁；复杂谋杀是终身监禁不得假释。如果有人在某案中以极度残暴的方式犯了多种一级谋杀罪，他应该比单纯的复杂谋杀判处更严重的刑罚。……这便是死刑。[2]

按照戴维斯的说法，必然存在着那些极端的情形，使我们选择比诸如终身监禁不得假释这样的最高刑更严重的刑罚，而死刑就是为这些极端者准备的。我们可以把这样的解释称为"沸点隐喻"，它将犯罪与刑罚之间的比例性，比作为加热程度与水温之间的比例性，也就是说，随着热量的不断增强，水的温度会不断升高，直到达致最高温度100摄氏度，热量再增强，温度也不会改变，但水会沸腾起来。刑罚就像是不断升温的水，犯罪越严重，刑罚就越严厉，直到最高刑（如终身监禁不得假释），一旦犯罪更加严重，就将达致沸点即死刑。而现实生活中，具有极端严重程度的犯罪是不可预期的，这意味着总有某个时刻，犯罪严重到无法保持常态，而必须处以死刑。这样的解释，在戴维斯看来，既是罪刑比例性原则的要求，也符合人们的道德直觉；因而，死刑就不能脱离刑罚体系之外，必然在最高的位置为某些罪犯准备着。

---

〔1〕 See John M. Finnis, "Retribution: Punishment's Formative Aim", *American Journal Of Jurisprudence*, Vol. 44, No. 1., 1999, p. 103.

〔2〕 See Michael Davis, "A Sound Retributive Argument for the Death Penalty", *Criminal Justice Ethics*, Vol. 21, No. 2., 2002, pp. 22-26.

克雷默（Matthew Kramer）虽然并不赞成戴维斯的主张，[1]而另行提出来“剪除论”[2]来论证死刑的合理性。但是在本书看来，二者的论证并没有太大区别，只不过后者更注重犯罪背后的主观恶性，而前者只是针对犯罪行为之严重性而言的。他们都是提出了某种极端严重或邪恶的犯罪之可能性，将它们与常态化的犯罪行为区别开来，从而要求给予不同的刑罚待遇，即死刑。这种逻辑是建立在对比例性的特定理解之上的，也就是说，犯罪和刑罚都被视为不断延伸的序列；如果我们选出犯罪序列上的某个点，对应刑罚序列上的某个最高点（如终身监禁不得假释），便会发现在犯罪序列被选定的那个点之后，更加严重的犯罪行为仍然在无限延伸，而刑法序列却人为地被截止了。这必然是不符合比例性原则的，毕竟在人为最高刑之后，还有自然的最高刑是更严厉的，即死刑。

这种分析不得不使我们回到问题的起点：究竟是什么让我们始终对死刑抱有希望？或许更多时候人们将这种死刑情节看成是内心的某种恶在作怪，或者是阴魂不散的复仇情绪感染了我们，然而，戴维斯和克雷默的论证可能指出了另一种可能，即总是有比我们能想到的严重犯罪更严重的犯罪存在，因而也必然需要我们突破最初的最高刑的选择，来满足这种比例性的要求。也许我们可以将之称为“比例性之窘”。

（三）康德的立场

康德对死刑的论证，将我们拉回到同害复仇中，而拒绝了人道主义关怀式的低于死刑的最高刑。他说：“然而，如果他杀了人，他就必须死。在此不存在任何替代物来满足正义。在哪怕多么悲惨地活着与死之间都没有任何相

---

〔1〕 克雷默的批判主要包含三点：第一，如果戴维斯要在终身监禁不得假释之上，以比例性的理由施加比前者更严重的刑罚，就必然要证明后者在道德上是正当的，而死刑的正当性却是充满争议的，而这就成了循环论证；第二，戴维斯并没有提供一个满意的解释，说明死刑是人性化的，他反而采用了相对主义的立场；第三，存在着比终身监禁不得假释更加严重的刑罚，而并非如戴维斯所言，只有死刑一种，例如剥夺被监禁者通信、阅读的权利等。See Matthew Kramer, *The Ethics of Capital Punishment: A Philosophical Investigation of Evil and Its Consequences*, Oxford University Press, 2011, pp. 125-128.

〔2〕 “剪除论”的基本主张是：对一个国家或者社群来说，有一些极端邪恶的犯罪人（如希特勒）和无法为社群所容忍的罪恶（如毁灭人类），有必要使用死刑来让它们消失在社群之外，就像洗净和抹去人类身上的污秽一样。See Matthew Kramer, *The Ethics of Capital Punishment: A Philosophical Investigation of Evil and Its Consequences*, Oxford University Press, 2011, pp. 223-266.

似性，因此除非对做错事者施加死刑，否则犯罪和报复就无法相等”〔1〕。同时，“从来没有听说过，一个被判处死刑的谋杀犯会抱怨，对他的刑罚太重了甚至是错误的；如果他这样抱怨，会遭到任何人的嘲笑”〔2〕。

在上文提及的关于报应法则的例外中，强奸罪、盗窃罪、侮辱罪等都通过灵活的解释，避免了报应法则在字面上的使用，因为它们要么是违反人性、不道德或不公平的，要么是客观上无法实现的。但谋杀罪不属于例外情形中的任何一个，康德的理由也很简单，就是生命找不到与之价值相当的替代品，与其等价的只能是生命本身。他似乎认为，如果我们不把谋杀者处死，就是没能履行我们将罪犯的准则普遍化的义务，也就是违背了正义的法则。

然而，或许我们可以找到一些与杀人有相似性的方法来替代死刑，当代学者沃尔德伦提到了两种可能性：第一，从杀人造成的死亡结果来看，它之所以是错误的特征包括引发恐怖和不安全，剥夺亲人之爱，降低了 GNP 等，而如果我们将罪犯监禁起来，也将有效地避免一些后果；第二，从杀人行为本身的特征来看，它极度瓦解了一个自主性的生命，那么我们也可以采用其他破坏罪犯自主性的方式，而不杀死他。〔3〕与之类似，克雷默也试图通过对杀人的特征进行重新解读，来找到替代死刑的方式，他说：“相比于关注杀人者终止了受害者生命的自主性，我们更应该关注的是，它不可挽回地完全终止了受害人经历未来有意义的生活的机会”〔4〕，终身监禁不得假释就可以做到剥夺罪犯经历未来有意义生活的机会，而不需要死刑。〔5〕

可以相信，还有其他的解释路径，来说明按照同害复仇死刑不是必须的，例如，通过科技手段让罪犯失去记忆。这些替代措施的寻找必然是有益的，不以结束罪犯肉体生命的手段，就能够实质上“杀死”罪犯，科技的发展将可能带来刑罚制度的大变革。但是，在信心满怀地等待科技革命的同时，我们必须澄清一些针对康德以同害复仇法则论证死刑的误解。

---

〔1〕 MM, p. 106.《道德形而上学》张荣、李秋零译本，第 122 页。

〔2〕 MM, p. 107.《道德形而上学》张荣、李秋零译本，第 123 页。

〔3〕 See Jeremy Waldron, “Lex Talionis”, *Arizona Law Review*, Vol. 34, 1992, pp. 41-42.

〔4〕 Matthew Kramer, *The Ethics of Capital Punishment: A Philosophical Investigation of Evil and Its Consequences*, Oxford University Press, 2011, p. 134.

〔5〕 See Matthew Kramer, *The Ethics of Capital Punishment: A Philosophical Investigation of Evil and Its Consequences*, Oxford University Press, 2011, p. 134.

第一，犯罪与刑罚的对等性，是指行为准则的相同，既不是行为的后果相同，也不是行为的抽象特征相同。沃尔德伦提出的那两种方案，要么基于杀人的后果，要么基于杀人的抽象特征，并未切中康德观点的要害。谋杀罪的行为准则是，“我可以任意剥夺他人的生命”，依同害复仇法则，这个准则要适用到罪犯身上，就好像它可以被普遍化，也就是说，“国家可以任意剥夺罪犯的生命”。那么，我们能否在不杀死罪犯的同时，剥夺他的生命呢？这看起来就是悖论，除非科技创新到能够让死去的人复活，才能做到既杀死他又不杀死他。

第二，终身监禁不得假释并不一定是对罪犯仁慈的做法。事实上，任何有限理性的存在者都缺乏知性直观来作出判断，究竟是死了更舒适一些，还是忍受着痛苦和羞耻活着更可欲。虽然康德本人也认为，“在哪怕多么悲惨的活着与死之间都没有任何相似性”〔1〕，但他并没有作出断定，哪种应是更为人所偏好的。一来，这样的对比超越于思辨理性之外；二来，对痛苦的感受也是因人而异的。正如康德在谈及叛国之例时说道：“具有荣誉感的人把某些他认为有价值的东西看得比生命都重，比如荣誉”〔2〕，对某些人来说，与其苟且地活着，不如从容就死。实践中也不乏这样的例证：据报载，因绑架并囚禁 3 名女子 10 年而被判终身监禁的美国男子阿里埃勒·卡斯特罗，在被判处终身监禁后自杀身亡。〔3〕无论是具有荣誉感的革命者，还是残暴的歹徒，痛苦的终身服刑与死刑相比，并不总是慈爱的象征，甚至刚好相反。

根据同害复仇法则的推论，死刑是刑罚体系中不可避免的，但这终究只是本体意义上的惩罚。换句话说，康德把死刑的必要性和罪刑均衡原则的要求联系起来，是符合理性的，但现实案件中能否执行死刑，则是个依情况而定的事情，在上一章的讨论中我们已经确证了这点。

小结

怎样的刑罚是合理甚至可欲的？这是长久以来惩罚哲学争议的难题。相

〔1〕 MM, p. 106. 《道德形而上学》张荣、李秋零译本，第 122 页。

〔2〕 MM, p. 107. 《道德形而上学》张荣、李秋零译本，第 123 页。

〔3〕 “美囚禁女性被判终身监禁一罪犯监狱自杀”，载《聊城晚报》2013 年 9 月 5 日。

比于应该采用什么立场来支持已成定局的刑罚实践，我们在“如何刑罚”这个问题上更为审慎。因为任凭学者们对前者达成报应或功利的共识，都无法避免为实践中该怎么做而争得面红耳赤。本章站在康德报应主义的立场上，爬疏了他在“该惩罚谁”“怎样惩罚”“如何量刑”这三个子问题上的观点。最终的论证指向了这样的结论：只有那些有罪之人值得并且应当接受正义的刑罚，但任何刑罚都不能是复仇情绪的发声筒或者仅仅把罪犯作为手段，它必须在罪刑均衡原则下完成正义的使命。

除了这些已经被反复提起的论断外，本章更想说明的是：虽然在刑罚这个问题上，正义的呼声已经逐渐微弱，多元化价值观的现代社会已经不再满足于单薄地坚守正义，但是，康德的论证仍然在刑罚实践向前迈进的每一步，都闪耀着夺目的光彩。尤其是，本章的讨论再次揭示了，正义法则的定言命令带给我们的，不是严厉的训导和无情的复仇情结，而是对做错事者的尊重和对无辜者的悲悯，它终会唤起人们心中无限的敬重。与循循善诱、无微不至的慈母般的关怀不同，康德施于每一个人格的关心，都好似从纯粹理性中渗出的甘泉，透彻、深邃、带着自由的芬芳。

第七章 自成体系的理论图景，还是作为起点的批判

如果说“能否从道德法则中推出康德的政治哲学”的问题已经让政治哲学家们焦头烂额，那么“康德能否提供一个有意义、完整而融贯的刑罚理论”则更让法哲学家们困惑不解。这个问题的棘手，不在于我们解释文本的方法出了缺漏，而在于那些萦绕在批判哲学之上的重重谜团，只多不少地扩散到他的刑法哲学中来。更要命的是，康德不假思索地驳斥了功利主义的刑罚观，却又以极少的文字阐明了似是而非的报应主义论断，他对死刑的支持让我们走向他的每一步都举步维艰。

这一章的尤为重要体现在它将执行双重使命：一方面，它要论证，康德的报应主义刑罚学说能够对刑罚理论的关键问题作出融贯的回答；另一方面，它要说明，全球化时代刑法理论回到康德的必要性，即他的刑罚学说和永久和平理念将引导人们建立全球法治联盟。这两个独立的任务并不会破坏本章的整体性，反而是紧密联系在一起的：正因为康德的刑罚学说能够解答刑法学上的固有难题，它才能引发我们对全球化刑罚理论的思考，并开拓全球化背景下新的刑罚议题。相应地，本章的结构也分为两个重要的部分：其一，如何看待康德的刑罚学说；其二，如何用康德哲学破除沉疴、开拓新题。

第一节　如何看待康德的刑罚学说

所有阅读了“法权学说”的人都会同意康德提出了关于国家刑罚的批判性意见，甚至那些集中在附释中的素材，也能刚好凑成一篇观点鲜明、论证缜密的专题论文。可是，一旦我们把对刑罚问题的关注蔓延到康德所有可见的文本中，便会立即打消重构一个完整的康德刑罚学说的念头。这种消极态度，一方面来自出尔反尔的矛盾论述和忽明忽暗的观点表达，另一方面来自康德在回答刑罚核心问题时的单薄乏力。那么，我们该鼓足勇气重新规划更可行的康德刑罚学说图景呢，还是绕过康德或站在破碎的思想废墟上建造全新的理论大厦呢？本书得出的初步结论更倾向于前者，也就是，我们既不能在刑罚的重点问题上忽略康德，更不能在康德刑罚学说的解读中解构了他。

一、灰心丧气之叹

在为这种倾向提供证明之前，我们可以从一位当代法哲学家学术心路的有趣发展中窥探一二，他就是美国亚利桑那州立大学法哲学教授杰弗里·墨菲。

在 1970 年出版的《康德：法权哲学》[1]一书中，墨菲追随罗尔斯的脚步，站在康德的立场上提出了所谓的“还债说”[2]。其本质的观点是：因为一个市民从他所在社会的法律中受益，他对他的同胞就负担了一个遵守法律的债，要求其他人维持对法律的遵守；如果他不想做这样的牺牲，不去自我限制和遵守法律，那就要做另一种形式的牺牲，即受到刑罚。这种分析将刑罚视为是对共同体其他守法成员所负的债，一旦偿还，就被允许回到共同体中，与其他的好公民处于平等的地位上。正如昂（Bruce Aune）所坦言：“墨菲并没有从康德普遍法权原则中找到思路，而是基于源始契约的理念，但康德所说的源始契约与公平性毫无瓜葛”[3]。墨菲似乎只是描绘了罗尔斯的原初状态，而不是康德的，不过至少他确认了康德报应理论的说服力。

可就在不久以后（1973 年）的“马克思主义和报应”[4]一文中，墨菲的思想发生了改变，他既受到马克思揭露的资本主义刑罚制度之虚伪本质的影

---

〔1〕 See Jeffrie G. Murphy, *Kant: The Philosophy of Right*, Macmillan Education UK, 1970. Also see Jeffrie G. Murphy, *Kant: The Philosophy of Right*, Mercer University Press , 1994. 后者已经于 2010 年由吴彦译成中文，即［美］杰弗里·墨菲：《康德：权利哲学》，吴彦译，中国法制出版社 2010 年版。

〔2〕 参见本书第四章第三节第三部分的分析。

〔3〕 Bruce Aune, *Kant's Theory of Morals*, Princeton University Press , 1979, p. 167.

〔4〕 See Jeffrie G. Murphy, “Marxism and Retribution”, *Philosophy & Public Affairs*, Vol. 2, No. 3. , 1973, pp. 217-243.

响，又联想到罗尔斯关于人在自然或社会中全凭运气的论断，以至于不得不承认，在一个不公平的社会中，说居于底层的罪犯通过犯罪获得了巨大的社会优势，是匪夷所思的。他转而认为，我们是在一种理想的情境下，即确保了每个人都是自主个体并且罪犯的确通过犯罪获了利的情况下，才确证了康德的报应主义观点；而在非理想的不公平的社会现实中，国家的刑罚权要大打折扣。据此，他否认了康德的报应理论在实践层面的应用，而仅仅把它放在理论层面上。

但紧接着，受到诸如伯（Richard Burgh）、多林考（David Dolinko）、德雷斯勒（Joshua Dressler）、达夫（Antony Duff）和诺奇克（Robert Nozick）的影响，他甚至开始怀疑任何一种报应主义在理论层面的合理性。[1]他不但对"还债说"提出了质疑，甚至动摇了初始的信念，即对康德刑罚学说的信赖。在1987年发表的"康德真的有一个刑罚理论吗?"一文中，他忧心忡忡地描绘了自己对康德态度的转变：

我曾以为，康德理论是意义深远的、鼓舞人心的，且虽然面临一定的困难，但却是唯一的道德上可接受的刑罚理论。我甚至自信地以为，罪与罚的所有僵局都可以通过一般性的康德的视角得到哲学上的化解。……而当我现在重新检验康德的刑罚学说时，我发现这一理论却带来了焦虑和失望，而非我所预期的那般充满激情。我不再确信，它在一般意义上是正确的，我有些怀疑我是否都理解了康德关于罪与罚的观点。对我来说，在多大程度上继续把康德视为教义上的报应主义者，也不那么清晰了。事实上，我甚至无法确定，康德真的发展了一个被称为刑罚理论的东西，或许他仅仅只是留给我们一些任意的陈述，其中表达了他对刑罚的零星意见而已。[2]

我们可以把这段表述称为"灰心丧气之叹"，它完全颠覆了墨菲之前对康德理论的青睐，并且以一种否定性的结论宣告了康德刑罚学说之失败。这篇

---

〔1〕 See Jeffrie G. Murphy, "Legal Moralism and Retribution Revisited", *Proceedings and Addresses of the American Philosophical Association*, Vol. 80, No. 2., 2006, pp. 45-62.

〔2〕 See Jeffrie G. Murphy, "Does Kant Have a Theory of Punishment?", *Columbia Law Review*, Vol. 87, No. 3, 1987, pp. 509-532.

文章之后，墨菲转而去辩护报应主义之情感基础即复仇，来坚持报应主义直觉，〔1〕直到被尼采“我们不应该相信任何有强烈惩罚欲的人”的论断所中断。〔2〕他最终将报应主义分成两种面向，一是引导我们尊重人类尊严和责任，二是诱导我们产生自欺欺人的残忍性，并将自己称为“勉强的报应主义者（reluctant retributivist）”。〔3〕他认为，康德关于道德应得和人类尊严的强调属于第一种面向，而报应主义内涵的对“内在邪恶”的判断，则可能深藏了我们内心的残忍本质。

经历了千回百折的转变后，墨菲把终点停靠在“爱”之上，他在“以爱释法”一文中，给出了令人心旷神怡的说法：我们要向上帝一样去爱每个人，但爱并不禁止惩罚，它禁止的只是出于恨的惩罚。〔4〕依他之见，出于尊敬的刑罚是合乎理性的，这只是报应主义好的一面。但爱是法律的最后归宿，它能够化解报应主义坏的一面，即那些可能淤积在我们心底的怨恨和残酷。

墨菲的思想经历了由坚持“公平”到理解“复仇”，再到反省“残忍”，最后回到主张“爱”的转变，每一个主题中都有康德的影子，但他却否认了康德能够提供融贯性刑罚理论的可能性。为此，我们有必要回到他 1987 年的那篇文章上来，以重新检验他对康德刑罚学说适格性的判断。

二、康德能否提供完整的刑罚理论

“灰心丧气之叹”反映了康德刑罚学说的复杂性，却不一定能推翻我们重构康德刑罚学说的可能性。墨菲在多大程度上精确把握了康德，又在什么地方误解了康德，是本部分关注的重点，同时也将引出本书在以上所有论证之后对康德刑罚学说的一个总结。

要回答康德能否提供完整融贯的刑罚理论，必须要先确定，刑罚理论完

〔1〕 See Jeffrie G. Murphy & Jean Hampton, *Forgiveness and Mercy*, Cambridge University Press, 1988. Aslo see Jeffrie G. Murphy, *Getting Even: Forgiveness and its Limits*, Oxford University Press, 2003.

〔2〕 See Jeffrie G. Murphy, “Legal Moralism and Retribution Revisited”, *Proceedings and Addresses of the American Philosophical Association*, Vol. 80, No. 2., 2006, pp. 45-62.

〔3〕 See Jeffrie G. Murphy, Some Second Thoughts On Retributivism, in Mark D. White ed., *Retribuitivism: Essays On The Theory and Policy*, Oxford University Press, 2011, pp. 93-106. Also see Jeffrie G. Murphy, “Legal Moralism and Retribution Revisited”, *Proceedings and Addresses of the American Philosophical Association*, Vol. 80, No. 2., 2006, pp. 45-62.

〔4〕 See Jeffrie G. Murphy, “Law Like Love”, *Syracuse Law Review*, Vol. 55, 2004, pp. 15-32.

整的问题集是什么。墨菲指出了五个方面：（1）罪和罚的本质；（2）惩罚的道德证成；（3）刑罚的政治证成；（4）刑事责任的原则；（5）刑罚的种类和量刑。[1]依他之见，拯救康德理论成功与否，就取决于康德能否为这些问题提供答案并有效辩护。本书将以这五个问题为基础，一方面分析墨菲的论断，另一方面尝试找到康德的答案，以期搭建一个当代问题域下的康德刑罚学说框架。

（一）罪和罚的本质

顾名思义，罪和罚的本质关系到“什么是犯罪”与“什么是刑罚”，前者要把犯罪与一般性的侵权区分开来，后者则要求区分刑罚与国家其他强制性权力。按照墨菲的解读，康德主张分为两个层次：其一，包含刑罚在内的法律强制，其正当性在于保护普遍法权原则下外在自由的体系；其二，公罪与私罪的区分，不是伤害严重程度的不同，而是公罪伤害的是共同体，因而控制私罪与控制公罪的手段就不同，后者需要国家的刑罚权。透过这两个层次，刑法就完全是技术性的，刑罚不是国家针对不道德行为（犯罪）的处理方式，而是控制犯罪不要发生的工具。这完全是一般威慑主义的论调，将法律和刑罚都作为控制犯罪的工具。

关于第一个层次，强制是否只具有工具性的正当性？我们必须注意到两种相似表述之间的细微差别：一是“强制是符合于普遍法权原则的”，二是“强制是为了保护外在自由共存的状态”。当它们与强制的正当性联系起来的时候，我们就会发现这些表述蕴含着不同的证成方式。第一种是“义务论”的，也就是说，强制行为之所以是正当的，是因为它符合一个更高的道德原则，即普遍法权原则；第二种是“目的论”的，其把强制行为的正当性放在了保护某种社会状态之上。墨菲显然是采用了后者，本书的主张则刚好相反，即不是因为社会要保护外在自由的体系，才需要法律的强制手段，而是强制之所以被允许，是因为它符合于普遍法权原则。换句话说，普遍法权原则是先天的普遍原则，而不是后天的社会目标。

关于第二个层次，如果将公罪与私罪区别开来的是伤害对象的不同，那

[1] See Jeffrie G. Murphy, “Does Kant Have a Theory of Punishment?”, *Columbia Law Review*, Vol. 87, No. 3., 1987, pp. 509-532.

么国家刑罚的目的就是为了防止对自己的伤害？关于公罪，康德的确说道："它们危及的是共同体，而不仅仅是个人"〔1〕，但是这是否就等于说，刑罚的目的就是国家自卫呢？如果是这样，国家就是一个自私自利的利维坦，而不是一个自由的人格。而本书认为，在公与私的区分方面，康德暗含了国家人格性的概念，刑事犯罪是一个妨碍国家自由的行为，它表现为对国家意志行为的强制，国家通过刑罚权获得的不是自己的安全，而是履行自己的义务，恢复普遍法权原则要求的自由。

因此，正如我们在第四章的讨论中看到的，康德对罪和罚的认识始终没有脱离自由概念，无论是普遍法权原则，还是国家人格性的特征，都是指向他哲学规划的最终目标，即自由。犯罪概念的核心是对自由的妨碍，妨碍的对象既包括他人的自由，也包括自己的内在自由和国家人格的自由。而刑罚权，实际上是先天普遍法权原则的要求，是对自由的恢复。这也正是康德理论的吸引力所在，因为刑罚不仅不是国家自利的需要，反而指向整个国家和人民的自由，是国家的德行所在。

（二）惩罚的道德证成与刑罚的政治证成

惩罚的道德证成和刑罚的政治证成是联系在一起的，前者考察的是对做了错事的人进行惩罚是否是道德上值得期待的，后者考察的是国家为什么是刑罚的唯一适格主体。

墨菲否认康德能够提供前后一致的论证，他指出了"法权学说"中相互矛盾的陈述：

一方面，"法权学说导论"回答了"什么行为是正当的"问题，即一个外在行为能够在普遍法则下与其他人的外在自由相一致，那么这个行为就是正当的；而任何对这个正当行为的阻碍即强制，就是不正当的。同时，如果某强制被称为正当的，是因为它是对自由之妨碍的妨碍，也就是一种法权。墨菲认为，那些不正当的行为可能被正当性地预防，这种预防是国家权力的合法使用，并且只有在其他所有的预防手段都失败了的情况下；人民通过社会契约一定会同意为了保护自由而产生的这种强制手段，但必须是用尽了所

〔1〕 MM, p. 105.《道德形而上学》张荣、李秋零译本，第 120 页。

有可能手段之后的最后选择。〔1〕由是，国家刑罚权就是一条假言命令的要求，即预防那些不正当的行为之最后手段。

另一方面，在关于刑罚的附释中，康德却说“刑罚是一条定言命令”，批评那些通过其现实或可能结果来评判刑罚的人，强调避免“血债”的重要性，热情地为没有任何社会效益的死刑布道，将刑罚“内在邪恶”作为国家的目标。〔2〕

基于“法权学说”中的前后矛盾，墨菲质疑了任何协调二者的尝试，并对“还债说”进行了反省和批判。同时，他指出，报应主义的概念和外在的法律体系根本不能合作，康德的二分法（内在与外在、本体与现象、德行与正义、准则与行为）决定了，内在应得与外在刑罚是断裂的。〔3〕

值得注意的是，墨菲对第一方面的假言命令的断定并未忠实于康德，而是进行了无故的演绎。康德在“法权学说导论”中，只是表达了什么样的行为是正当的和不正当的，并且说明强制若是对自由之妨碍的妨碍就是正当的；但他并没有说，我们应当用正当的强制去预防不正当的行为。这种“预防性思维”是他站在一般威慑主义的角度强加给康德的。康德要说的只是，强制是由于符合于普遍法权原则而获得正当性的，并且正当性的强制与法权是一回事；这就是说，刑罚权作为正当性的强制的一种，是符合于普遍法权原则的，即能够与每个人在普遍法则下的外在自由保持一致。换言之，它的思路是“只有符合普遍法权原则，刑罚权才是正当的”，而不是“只要符合了普遍法权原则，刑罚权就是正当的”。其初步论证了刑罚权为什么在道德上是被允许的，却没有进一步回答为什么在道德上是可以被期待的。

由此看来，这两个方面非但不是矛盾的，反而是一种递进关系，第一个方面回答了刑罚权能否在道德上被允许，第二个方面则回答了刑罚权为什么在道德上是可期待的。

那么，在政治证成上，康德能否提供充足的理由呢？墨菲似乎把这个证

---

〔1〕 See Jeffrie G. Murphy, “Does Kant Have a Theory of Punishment?”, *Columbia Law Review*, Vol. 87, No. 3. , 1987, p. 521.

〔2〕 See Jeffrie G. Murphy, “Does Kant Have a Theory of Punishment?”, *Columbia Law Review*, Vol. 87, No. 3. 1987, p. 521.

〔3〕 See Jeffrie G. Murphy, “Does Kant Have a Theory of Punishment?”, *Columbia Law Review*, Vol. 87, No. 3. 1987, pp. 523-524.

成的目标与社会契约联系起来，国家的刑罚权是人们在原初状态的一种选择，他说："这个契约签订于理性人之间，他们将自由看作是最重要的价值；这些热爱自由的人们也一定会接受这样的强制，其只能是为了保护自由而得到正当化"[1]。在这里，他对康德的误解有两点：其一，康德并没有把源始契约看作是人们在原初状态的选择，后者是罗尔斯的思想，社会契约在康德理论中是纯粹理性的自由选择，而非有限理性的自利选择；其二，无论是内在自由还是外在自由，康德并没有把自由看作是一种价值，而是看作人的一种能力。

但是，社会契约的确可以提供刑罚的政治证成来说明为什么刑罚权只能归属于国家。依康德，源始契约是人民的联合意志的立法，也就是国家的道德法则，因而国家人格的自由能力就体现在服从源始契约上。而这个契约的目标就指向公共的分配正义，也就是让每个人都能获得他应得的，正如康德所言，与自然状态相对的，就是"处于分配正义之下的社会的公民状态"[2]。这样说来，正义的定言命令就是源始契约的一部分，服从它是国家人格的义务。而为什么刑罚不能是个人的行为，也就同样得到了回答，因为个人只能决定什么对自身而言是正当的，却不能决定什么就人民而言是正当的。

（三）刑事责任的原则

刑事责任原则处理的是该惩罚谁的问题，本书第六章第一节专门阐述了康德在这个问题上的立场，即刑罚只能针对那些自愿犯了罪的人，而不能惩罚无辜者。

墨菲分析了"沉船之例"和"荣誉之例"，把它们视为是康德关于刑事责任的唯一着墨之处，除此之外，无论是"免责或减轻责任"还是"一般的责任原则"，康德都没有再多说什么。[3]这话不假，我们在"法权学说"中几乎找不到任何诸如正当事由、宽恕事由或者豁免事由的说法，这些后来被英美刑法学看作是刑事责任中极为重要的概念，康德都没有涉及。当代刑法教义学偏重从消极方面分析责任，他们更倾向于分析责任的辩护事由，即在

---

[1] Jeffrie G. Murphy, "Does Kant Have a Theory of Punishment?", *Columbia Law Review*, Vol. 87, No. 3., 1987, p. 521.

[2] MM, p. 85.《道德形而上学》张荣、李秋零译本，第99页。

[3] See Jeffrie G. Murphy, "Does Kant Have a Theory of Punishment?", *Columbia Law Review*, Vol. 87, No. 3., 1987, p. 521.

什么情况下犯罪者可以不用承担责任。而康德则更加注重从道德上看，刑罚行为能够针对以及应该针对什么人而行使，因此他分析了人的自由意志、人的不法行为（做错事）等，而没有关注教义学上的辩护事由。或许我们可以像墨菲那样，把“沉船之例”或“荣誉之例”归于现代法意义上的辩护事由，而得出康德只能提供单薄的责任理论的结论。但是，我们仍然不能否认，康德对责任的讨论是根本性的，因为他解答了“我们能够被归责的真正原因”和“做错事与谴责、惩罚之间的关系”，这些问题更多是哲学性的，而不是法学的。

（四）刑罚的种类与量刑

墨菲在这个问题上对康德的分析更为简略，在“残忍与非同寻常的刑罚”〔1〕一文中，他进行了较为细致的讨论，但基本思路并没有改动。

简单来说，康德的量刑原则就是“同害复仇”，即那些你施加于他人的所有不应得的恶的行为，都以同样的方式回报给你自己。这个原则要求犯罪行为与刑罚行为完全对等，但并非在所有案件中都得到字面意义上的适用，那些不可能（impossible）和非人性（inhuman）的适用是不允许的，而需要进行“精神上”的解释和适用。〔2〕

墨菲的质疑的要点有：〔3〕

第一，如果需要对同害复仇原则作精神上的解释，那怎么去把握精神的涵义呢？一旦放弃字面运用，我们很难找到系统化的理论来指导“精神上”的适用。若按照公平原则来解释，那些造成了不公平优势的犯罪应得到更严重的刑罚；但是如何确定杀人就比抢劫取得了更多的不公平优势呢？另外，若不能强奸强奸犯，而要施加于他“同等的恶（equal evil）”，那么，怎么判断两种恶是相等的呢？所以，真正得到落实的同害复仇原则，就只能是次一级的比例性原则了，即重罪重罚、轻罪轻罚。

第二，康德反对非人性和降低尊严的刑罚，那他又怎么允许阉割（宫刑）呢？

〔1〕 See Jeffrie G. Murphy, “Cruel and Unusual Punishments”, in Wilfrid Sellars & Keith Lehrer eds., *Retribution, Justice, and Therapy*, D. Reidel Publishing Company, 1979, pp. 223-249.

〔2〕 参见本书第六章第三节的讨论，此不赘述。

〔3〕 See Jeffrie G. Murphy, “Cruel and Unusual Punishments”, in Wilfrid Sellars & Keith Lehrer eds., *Retribution, Justice, and Therapy*, D. Reidel Publishing Company, 1979, pp. 231-235.

第三，罪犯只能因为他能够负责的、应得谴责和惩罚的行为，而受到刑罚；却不能为除此之外的其他东西受罚，比如因为社会对他及其行为的厌恶（例如男同性恋者之间自愿的性行为）。否则的话，罪犯就被作为工具使用，而非按照正义所要求的承担刑罚。这就意味着，刑罚必须与行为的客观严重性成比例，而非主观严重性。但是，我们必然缺乏一个客观严重性的融贯理论，单纯的正义理论并不能告诉我们什么犯罪是更严重的，而必须要参考其他实质性的行为特征。

归根结底，墨菲主要质疑了同害复仇原则的可行性，一方面仅靠字面解释，无法确保每一种刑罚都是合理的、符合人性的；另一方面，“精神上”的解释，缺乏客观的标准来衡量究竟什么是同等的恶。不得不承认，康德对同害复仇的坚持是很难在刑法教义学上站得住脚的，现代国家已经完全抛弃这种古老规则正是体现了这一点。然而，不可否认的是，同害复仇原则仍然具有巨大的吸引力，这种完全的平等所具有的公平性、明确性敌过所有的实质性原则。因此，康德对它的偏爱，事实上是对纯粹理性的偏爱，他更倾向于表明，什么是真正的正义的法则。而这个唯一正确答案对所有的实质性的备选方案来说，具有指导意义。

由此不难看出，在当代问题域的检验下，我们仍能勾勒出独特的康德理论，并能较为成功地击破理论上的障碍。那么，我们是否就可以兴高采烈地宣称，康德提供了一种健全的“专业化”的刑罚理论呢？本书认为，墨菲将康德的理论视作是发展一个更加有趣的理论的起点，而否认了康德刑罚学说的当代价值，这或许是有道理的。康德在刑罚这个问题上的态度，更多是批判意义上的，他苦口婆心劝导的，是希望在现实的刑罚实践中，能够意识到正义的定言命令。它不是建构式的，似乎康德并不想建立一个完整的理论大厦，而只是如他在“道德形而上学导论”中所说的，只提供一个初始根据而已。

三、刑罚中的永久和平论

到目前为止的所有阐释和论证，都是以为康德刑罚学说作辩护为宗旨而展开的，但并没有涉及刑罚理论在康德整体哲学规划中的位置。本部分的任务就是阐明这个主张：康德刑罚学说是归属于他整体哲学规划的一部分，隐含在报应主义刑罚立场背后的一条线索就是，人要运用自己的理性自由地生活。

（一）为什么是报应主义

我们必然会产生这样的疑问，即康德为什么会选择一种报应主义的刑罚立场？而在他的哲学命题中，有许多有吸引力的诸如人性公式这样的观点，很可能会指向矫正论而不是报应论。西尔在“把罪犯作为目的本身”一文中提出：“如果我们把法权学说遮盖起来，单独从康德的人性公式出发，会得出什么样的刑罚理论呢？”〔1〕；墨菲在“康德真的有一个刑罚理论吗？”一文中提出：“假设康德没有写过‘法权学说’，或者这部著作丢失了，我们通过他发表的其他作品去构建康德的刑罚学说会得出什么呢？”〔2〕。当代学者们的这些设想是有趣的，而且似乎都断定，抛开“法权学说”去整合的刑罚理论可能是更有意义的。换言之，凭着我们对康德批判哲学的共识，康德对刑罚的理解可能指向报应主义之外的方向，如一般威慑论或矫正论。

果然是这样吗？基于本书的分析，当代学者梦幻般的设想终究是妄测而已，第五章关于智力拼图的讨论已然证实了这一点：康德坚定地站在报应主义阵营中，不论是批判哲学还是“法权学说”，我们都只能看到纯粹的报应主义图景。可是，为什么会如此呢，康德难道不能有其他选择吗？原因要回到康德的批判哲学中寻找。

（二）始于“启蒙”，终于“和平”

本书的前两章白描式地概述了康德的批判哲学和形而上学体系，从《什么是启蒙》开始，到《永久和评论》结束。只要我们仔细地去翻阅康德的哲学著作，便会发现这恰恰就是所有讨论展开的路径：从“启蒙”开始，至“永久和平”结束。

《纯粹理性批判》围绕“我们能认识什么”，提出人的知性为自然立法，既不求助于后天经验，也不求助于独断的第一原理，而是要我们运用自己的

〔1〕 Thomas E. Hill, “Treating Criminals as Ends in Themselves”, *Jahrbuch für Recht und Ethik*, Vol. 11, 2003, p. 18.

〔2〕 Jeffrie G. Murphy, “Does Kant Have a Theory of Punishment?”, *Columbia Law Review*, Vol. 87, No. 3., 1987, p. 512.

知性能力，主动地把握经验性的对象。正是以“启蒙”的方式，康德既赶走了怀疑论的游牧民族，又告停了所有独断论之间的战争，从而使自然王国因为有了人的知性立法而接近永久和平。

《实践理性批判》和《道德形而上学奠基》围绕“我们应该做什么”，提出人的纯粹实践理性为自己的行为立法，并不是我们偏爱做什么（外在幸福），或者上帝要求我们做什么（天启），而是我自己的善良意志，决定了我应该作出的行为。道德法则正是人充分运用自己的纯粹实践理性，由自由意志的自己立法得出的，因而也是“启蒙”的功劳。康德既否定了一切非理性的宗教，又推翻了各式各样的幸福学说，从而停息了一切对“道德是什么”的无休止的争论，使得自由王国因为有了纯粹实践理性立法而走向永久和平。

“法权学说”围绕“什么是正当的”，提出人们将所有人的意志联合起来制订公共的法律，来决定什么是正当的行为，而不是靠听从某个强权者的权威，或者完全在无法的状态中争斗下去。康德放弃了柏拉图论证哲学王的思路，也削弱了经验性契约论的论证，用源始契约理念（也即人们纯粹理性的意志立法）说明了国家法治的重要性。我们运用自己的理性建立的法律，成为真正的主权者，从而终结了你我之间的内战、个人反抗国家统治者的革命，进入永久和平。同时，在国家人格之间形成自由的联盟，共享联盟的法律，而不断接近永久和平的目标。

而具体到刑罚，康德仍然遵循了同样的思路。围绕“什么是正当的刑罚行为”，威慑论说刑罚的目的就是阻止罪犯重蹈覆辙、劝阻其他人随俗浮沉；矫正论说刑罚是为了犯罪人的利益。无论哪种学说，都是在经验意义上探索什么是“好”的刑罚，希望用刑罚带来幸福。但康德认为，刑罚的正当性并不依赖于那些可能带来的好处，因而关于好处的所有争吵都是徒劳，我们首先要运用自己的理性决定什么是应得的。“启蒙”意味着，不再依靠别人决定，什么是对我好的刑罚，而是我自己运用纯粹理性决定，什么样的刑罚是我应该承担的责任。这样，刑罚就不是一个关于好处的叙事，而是关于应得的命题，是关于我应该承担责任，而非别人的虐待或施舍。刑罚的启蒙思想，不但必然地指向了报应主义，而且终结了所有有关刑罚目的的战争，刑罚因为有了纯粹理性的法则而趋向永久和平。

如本书第一章所阐明的，“启蒙”与理性的自我立法是一回事，从不成熟状态中摆脱出来，就是抛弃所有理性之外的影响因素，树立对法则的敬重而非对利益的偏爱。只有这样，才能结束所有关于后者的混战，而可能走进一个“法治的”永久和平状态。这个与康德哲学每一种思想都分不开的核心线索，在刑罚的问题上也突出地表现出来。

（三）永久和平的预言

报应主义能够带来刑罚理论的永久和平吗？自康德以来的两百多年，刑罚理论的混战并没有结束，反而愈演愈烈。不过戴维斯在“刑罚理论的黄金半世纪：1957～2007年的发展状况”〔1〕一文中，似乎预言了在理论混战后走向和平的可能性，只是他未曾意识到，康德早在两百多年前早就预见到了这一点。

按照戴维斯的分析，在20世纪后半叶（尤其是1965年之后），“刑罚的预防理论”（preventive theories of punishment）陷入了长期的低迷时期，代替它的是报应主义的回归，后者既囊括了古老的理论（如教育理论）在几十年沉寂之后的复兴，又包含了一些新的理论（如公平理论）。〔2〕近几十年来，我们可以找到不同的理论模式，诸如应得理论、家长主义、公平理论、沟通报应论、权利保护理论等，而更明显的趋势是，很少有学者再坚持单一的理论模式，而是更倾向于在不同的讨论背景中让各种理论各取所长。例如，莫里斯就在“一个家长主义的刑罚理论”一文中，为家长主义辩护的同时，加入了沟通报应论和威慑主义的因素。〔3〕于是，当代学者们更倾向于融合多元化的主张，博采众长、消除对立，这表面看来是一种混合论的潮流，可背后有一股力量推动理论向着以合作代替争吵的永久和平方向前进。

戴维斯在经验性的现象中，发现了刑罚理论逐渐趋于和平的前景，这是难能可贵的。而康德对永久和平的预言，却不是推测或占卜，而是基于对人类纯粹理性的信念。按照康德的观点，我们可以选择许多有价值的理论嫁接

〔1〕 See Michael Davis, “Punishment Theory's Golden Half Century: A Survey of Developments from (about) 1957-2007”, *The Journal of Ethics*, Vol. 13, No. 1., 2009, pp. 73-100.

〔2〕 See Michael Davis, “Punishment Theory's Golden Half Century: A Survey of Developments from (about) 1957-2007”, *The Journal of Ethics*, Vol. 13, No. 1., 2009, pp. 73-100.

〔3〕 See Herbert Morris, “A Paternalistic Theory of Punishment”, *American Philosophical Quarterly*, Vol. 18, 1981, pp. 263-271.

在正义法则之上，就像我们除了宪法还可以有其他有助于社会繁荣的实体法律一样，但是“正义法则”就如同宪法，是整个理论王国的核心。所以，正如我们在各色各样的报应主义理论中所见的那样，无论在政治上，国家将以什么样的目标（如共同善）为刑罚手段增添附加值，它们在道德上，都必然以“正义”作为默认值。或许可以说，康德刑罚学说只是提供了一个批判性的入门，但它却如定海神针一般，为走向永久和平带来了希望。

第二节　全球化刑法理论回到康德的必要性

令人遗憾的是，理论上永久和平的预言，并不能让我们释然，反而增添了焦虑。尽管近几十年新的刑罚理论层出不穷，但理论发展的局域性和全球化刑法实践的紧迫性，已经让火速追赶的理论研究疲惫不堪。我国经济的迅速崛起和国际地位的提高，让世界无法不再重视中国学界的声音，而在刑罚这个领域，我们的理论研究却始终缺位，不但没有形成国内共识的特色理论，也很少参与到国际化的讨论中来，这是其一。全球化与互联网，使犯罪行为突破了原有的地域界限，恐怖主义犯罪、毒品犯罪、网络犯罪等跨文化跨地域犯罪问题，亟须在犯罪与刑罚理论上达成全球共识，可是大陆刑法与英美刑法的对抗仍然存在，其他各种意识形态的刑法观点也不容忽视，在刑法理论上的谈判要更加艰难，这是其二。我们能够在全球化浪潮中期待怎样的刑罚理论变革？康德哲学又如何为新议题注入活力？这是本节要考察的重点。

一、破除沉疴

全球化刑罚理论的革新要从反省开始，打破旧有的理论范式，解构停滞不前的陈旧理念。与 21 世纪以前所有的理论变革不同，全球化所冲击的不再是某个国家或者某种意识形态，而是生活在地球上的每一个人。于是，改变的方法就不再是“拿来主义”式的，而需要彻底的创新；改变的方向也不再是“适应”式的，而是全体的接纳与融合。横观各国和各地区的刑法理论，亟待攻克的难题至少有四个。

（一）刑罚体系的地方化

20 世纪刑法的发展是与各民族国家刑事法典化分不开的。法典化的一个后果，就是每个国家都在各行其是；每个国家都采用自己的应受刑罚惩罚行为的概念，自己的犯罪定义，自己对自我防卫、紧急避险、精神病、过失和共犯问题的处理原则。[1]用弗莱彻教授的话说，“刑法体系的数量将与飘扬在各主权国家国家上空的不同国旗的数量一样多”[2]。这种地方化的现象在全球化背景下，显得非常刺眼，因为它极大地阻碍了世界各国在刑法概念和原理上的交流。

更为明显的是刑罚的差异，虽然各国表面上都在遵循罪刑法定原则、罪刑均衡原则，但要在全球范围内达成同罪同罚的共识，几乎是不可能的。仅拿死刑来说，有的国家废除死刑，有的国家还在频繁适用死刑，而且处死的方式也有很多种。更有甚者，在一个国家不算犯罪的行为，拿到另外一个国家可能就构成了重罪。赫费（Otfried Höffe）便提到了这一点：

> 一位塞内加尔男性答应一对塞内加尔的父母，要把他们一位未成年的女孩带到德国和他同住。不久后，这位男性和这位十六岁的女孩发生了性关系。根据德国刑法，这位塞内加尔男性犯了强奸罪。德国刑法第 174 条规定，任何人被托付以照顾 18 岁以下他人之责，而滥用监护之依赖关系，对后者进行性行为，则应受刑事处分。如果犯罪者和受害者都是德国原住民，那么判决当然有罪。但是这位女孩说，在塞内加尔的习俗中，一位男子把一位女子带回家并且供养她，她当然就要在性事上服从他。这位女孩强调，她的行为是自愿而无被迫的。[3]

这个案例将是普遍性的，鉴于刑罚体系的差异，罪刑间的联系在跨文化的犯罪形态中将变得不确定，而究竟是属人主义还是属地主义，理论上很难给出有说服力的论证。

---

〔1〕 参见［美］乔治·P. 弗莱彻：《刑法的基本概念》，蔡爱惠等译，中国政法大学出版社 2004 年版，第 1 页。

〔2〕［美］乔治·P. 弗莱彻：《刑法的基本概念》，蔡爱惠等译，中国政法大学出版社 2004 年版，第 2 页。

〔3〕 参见［德］赫费：“文化际的刑法 I”，蔡庆桦、孙善豪译，载《复印报刊资料（台港澳及海外法学）》2000 年第 8 期，原载《二十一世纪（港）》2002 年第 2 期，第 78~86 页。

（二）国际刑罚权的归属疑难

隐藏在刑罚体系地方化背后的，除了文化性因素，更重要的是国家主权的不可侵犯性。试想一下：甲国公民S在乙国犯了罪，被乙国法院判处死刑，而在甲国死刑是被废除的。那么，看起来S是受到了不公平对待，因为行为若发生在甲国，他是可以免于一死的。另外，甲国的主权威严似乎也被减弱了，他的公民在国外遭遇了不可忍受的死刑，而甲国却束手无策。可是，如果事情刚好相反，行为在甲国接受审判被判处15年监禁，那么对乙国的被害者而言，这样的判决是否过轻了呢？乙国法院是否也将面临本国公民的责备，认为它并没有履行保护本国公民的义务呢？当多个国家的主权交叠在一起的时候，具体的刑罚问题就直接转化为国家及其公民利益的问题，首当其冲的就是刑罚权的归属问题。是否有必要在国家主权之外，再成立专门的国际刑事法院甚至国际监狱呢？全球化似乎要求刑罚权超越于传统的国家主权，这是否就意味着要在全世界建立一个超级大国呢？

（三）威慑主义的局限性

刑罚的正当性难题在国际层面不但不会削弱，反而可能将更深层次的问题暴露出来，尤其是威慑主义在传统刑罚理论中遭受到的批评，在全球化的刑罚实践中将表现得更加激烈。在国内刑法中，我们以控制和预防犯罪为目的，对一个触犯刑法的公民施以刑罚，尚可得到多数人的认同，因为他们将从这个刑罚中获益（安全和秩序）。可是，如果犯罪行为不是发生在本国之内，而是发生在不相干的另一个国家，后者为了自己本国的利益而规定了威慑外国人的刑事条款，又怎样证成它的正当性呢？或者说，即使这是正当的，是否就一定会得到被刑罚者所属国家的赞同呢？1839年6月，林则徐在虎门海滩当众销毁鸦片，却成为1842年“鸦片战争”的导火索。如果21世纪的刑罚理论仍然是威慑主义的，那么鸦片战争的悲剧就会重演，罪犯的利益将被视为是所属国家的利益，一国对外来罪犯的刑罚将被视为是对另一个国家的挑衅。

（四）“敌人刑法”的风险

“敌人刑法”的理念发端于德国波恩大学刑法学与法哲学教授雅各布斯

(Günter Jakobs)，其核心观点是：(1) 在市民刑法之中，刑罚的功能是进行否定；于敌人刑法，则是危险的排除。(2) 根本性地偏离的犯罪者，对于具有人格之人所应为之行为不给予保证，他不能被当作一个市民予以对待，他是个必须用战争征讨的敌人；这场战争的发动乃是为了市民的正当权利，即对于安全的权利而战；遭受刑罚制裁的市民仍保有其法律上的地位，而遭到制裁的敌人，则被摒除在外。〔1〕这个理念自提出来便饱受诟病，原因在于，人们已经不愿意接受在文明法治国中的敌我观念，更不愿意宣判任何人为魔鬼。〔2〕曾以阶级斗争为纲的我国刑法，也随着"反革命罪"的废除，逐渐从处理敌我矛盾转变为处理人民内部矛盾，从而以保护国家安全和公民权利为主要任务。我国学者认为，"敌人刑法"的提出是公开宣扬对人的歧视和对人权的践踏。〔3〕可是，如果放弃"敌人刑法"的理念，我们又如何面对恐怖犯罪呢？

这四个难题的根本症结在于，在全球化时期，我们该如何看待国家、罪犯和我们自己。具体而言，这包括：(1) 国家不应该只是自利者，国与国之间的关系也要跳出简单的利益争夺；(2) 罪犯不该被挂上敌人的头衔，而被我们所抛弃；(3) 每个人不仅仅是某个国家的公民，他还具有全球意义上的另一种身份；(4) 犯罪不再是别国的事情，而成为我们的共同关注。那么，我们该作出怎样的正面回答呢？本书将借助康德的国际法权与世界公民观点，对国家、罪犯和人在全球环境中的定位进行反思，而引出进一步的思考：能

---

〔1〕 参见［德］雅科布斯："市民刑法与敌人刑法"，载许玉秀主编：《刑事法之基础与界限——洪福增教授纪念专辑》，徐育安译，学林文化事业有限公司2003年版，第15页。

〔2〕 例如，Bung提出这样的问题，什么样的人才是长期像撒旦那样行为的人？即使是最残忍的罪犯和大规模屠杀的杀人犯都不能被称为撒旦，即使是具有魔鬼性格的人也很可能在大多数时间都规矩地为他的星期日面包付账，回家歇息。那些大多数时间内都规矩安静地生活，而某一天突然跑出去炸掉地铁的人，在Bung看来大多是有精神缺陷的病人，对于他们我们要提供帮助，而不是因为他们无法给予被作为人来对待的所谓"认知的最低保障"，而将其归到魔鬼那一类与之作战。See Bung, *Feindstrafrecht als Theorie der Normgeltung und der Person*, HRRS 2006/2, S. 68. 与之相应，Schuenemann也以黑社会头目为例，认为即使是这种人物，也可能是一个重视家庭权利的慈爱的父亲，以试图证明Jakobs头脑中对于敌人的想象在现实社会中无法找到原型。See Schuenemann, Feindstrafrecht ist kein Strafrecht, Strafrecht und Justizgewaehrung, *Festschrift fuer Kay Nehm zum 65. Geburtstag*, Berlin 2006, S. 226. 转引自王莹："法治国的洁癖对话Jakobs'敌人刑法'理论"，载《中外法学》2011年第1期。

〔3〕 参见何秉松："全球化时代刑法理论体系的反思与重构"，2009年首届中国法学名家论坛，第452~465页。

否找到适合于全球化的刑罚理念。

二、康德眼中的世界

赫费评价康德为当代唯一的把和平纳入到哲学概念中的思想家，永久和平的论调不仅是国际的、个人间的，而且贯穿了批判哲学。[1]康德在“法权学说”中也清楚地说道：“道德实践理性在我们的内心宣告了不可抗拒的否决：不应该有任何战争，无论是在自然状态的你和我之间，还是在内在是合法状态、外在却是无法状态的国家之间；因为战争永远不可能是我们获得法权的方式”[2]。在康德眼中，世界应当是和平的，而达致和平的方式绝不是靠战争的强夺，而是靠法律。在国家内部，你和我共同服从联合意志的立法而结束争夺；在国家外部，各个国家之间通过结成国家联盟、遵守自愿认可的法规而结束战争。对康德世界观的准确把握，必须始于三个概念的阐明，即道德人格的国家、国际联盟和世界公民。

（一）道德人格的国家

马尔霍兰评价说，康德对国际法问题的洞见在于，除非国家能被信任遵守法律，而不需要有国际性的执行力量确保通过强力而使其服从法律，否则就既无法治也无和平；但唯有国家自身在其内部结构中体现出它们是共和制时，才能获得信任。[3]这正是从反面说明了第一个步骤的开端性。

国家如何能被期待忠实于法律，而不是见风使舵？“法权学说”的绝大部分篇幅都是在为此寻找答案。虽然表面看来，康德始终围绕着你和我的外在关系而论证国家宪制的正当性，但是，他显然已经注意到，共和制将会塑造一个具有道德人格特征的共同体，而非自利的利维坦。也就是说，这种从理性中产生出来的国家理念，恰恰造成了政治上的合目的性，即道德法则借着联合意志传递给了国家，使其具有了人格性，国家成为自由的道德人格。

本书第四章已经阐述了国家道德人格在维持对内关系上的特点，而它更

---

〔1〕 See Otfried Hoffe, *Kant's Cosmopolitan Theory of Law and Peace*, Cambridge University Press, 2006, p. 12.

〔2〕 MM, p. 123.《道德形而上学》张荣、李秋零译本，第 141 页。

〔3〕 参见［美］莱斯利·阿瑟·马尔霍兰：《康德的权利体系》，赵明、黄涛译，商务印书馆 2011 年版，第 380 页。

重要的特征是体现在对外关系上。道德人格性决定了国家是这样的一个实体：它的行为能够被归责，并且它要服从于自由的法则。这意味着，只要实体法律不与先天的自由法则相冲突，国家就可以制定并执行法律，来实践自己选择的自由，成为一个行为可以被归责的主体；据此，国家的行为，例如发动战争或者引起国家债务，都可以被归责。[1]

按照乌尔比安公式，国家对外的法律义务可能包含三点：[2]

第一，正派地行为。这要求国家不能以牺牲自己内在的人格性来换取外在的利益。国与国之间永久和平的先决条款第六条规定："任何国家在与其他国家交战时，都不应该采取那种使彼此的信任在未来和平中无法再达成的敌对行动"[3]，类似投毒、暗杀等不义行为将推翻国家的道德人格性，使其与猛兽无差。

第二，不要伤害他人。这要求国家不能把别国及其公民仅仅作为自利的手段，而要尊重他们的自由。先决条款第五条规定："任何国家都不应该干涉别国的宪制体制和政权"[4]，也就是要尊重别国的自由选择，不能以正义之名干涉他国内政甚至发动战争。在康德看来，战争只能是自卫战或为自己的权利而战，否则都不具有正当性。

第三，进入到和平状态。先决条款第一条规定："任何和平条约都不应该秘密地保留可能导致未来战争的材料"[5]。这就是说，和平条约不是一个临时的调停，而是指向永久的和平决定，停止一切敌对行为。更进一步说，国家之间要进入法权状态，即康德所谓的松散的"国家联盟"。

（二）国家联盟

对康德而言，建立国家联盟以进入永久和平状态，不单是人们出于自身安全的愿望，同时也是纯粹理性法则对国家提出的定言命令。有必要作出区分的是，国家之间由战争状态进入到和平状态，是自愿地选择而不能受到强

---

〔1〕 See B. Sharon Byrd, "The State as a 'Moral Person' ", in Sharon Byrd & Joachim Hruschka eds., *Kant and Law*, Ashgate, 2006, p. 380.

〔2〕 See B. Sharon Byrd, "The State as a 'Moral Person' ", in Sharon Byrd & Joachim Hruschka eds., *Kant and Law*, Ashgate, 2006, pp. 383-387.

〔3〕 MM, p. 320.《历史》何兆武译本，第105页。

〔4〕 PP, p. 319.《历史》何兆武译本，第104页。

〔5〕 PP, p. 319.《历史》何兆武译，第101页。

制。而个人之间由自然状态进入公民状态，却是可以被强制进入的。本书认为，之所以有这样的不同，是因为个体的人都必然是平等的理性存在者，要求你和我服从于共同的理性立法是能够实现的事情；而不同的国家之间却并不都是共和制的理性的人格体，我们也很难奢求统治者完全代表了人民的意志，并且国家间能否形成真正的公意是很不确定的事情。科林赫尔德（Pauline Kleingeld）提出了类似的观点，他说："不完善的国家可能结成不完善的联盟，拥有强制力的不完善联盟可能导致严重的不正义；在《永久和平论》中，康德似乎明确承认了这个问题，他提出了一种松散的国际联盟，在这种联盟中，每个国家都拥有完整的主权且不受联盟强制力的制约"〔1〕。

他还进一步认为，康德对国家联盟的定位有所改变，1784 年"世界公民观点之下的普遍历史观念"所支持的是类似国家的强意义上的联盟，而在"永久和平论"以及"法权学说"中却调整为松散的弱意义的国家联盟。而赫费则似乎对此表达了不同观点，他在"民族联盟或世界共和国"一文中，批评了将统一的世界国家的观点归于康德的做法。其主要的意见是，这些错误的做法混淆了"国际法权"和"世界公民法权"的区分，前者是指国家之间的关系，后者则指不同国家公民之间的关系，它们排除了形成世界统一大国的可能性。〔2〕本书更倾向于赫费的观点，即康德并非在不同的作品中表达了不同的观点（无论是将其归为矛盾还是解释为改变），他只是在论述两个完全不同的法权状态。国家自愿结成的无主权的联盟，不是因为经验条件的不充分而作出的次等选择，而是根据国家理性的不充分性必然得出的。〔3〕

因此，我们需要认识到，康德所采用的自然目的论与他所谓的"哲学规划"是一致的。虽然自然目的论的阐述好像是说，国家基于不得已的自利选择，终究会走到国家联盟的路子上来，然而，这种非目的性的合目的性，并

〔1〕［荷］葆琳·科林赫尔德："康德世界公民主义理论的发展"，陈龙译，载《吉林大学社会科学学报》2014 年第 3 期。Also see：Pauline Kleingeld，Kant's Changing Cosmopolitanism，in Amélie Oksenberg Rorty& James Schmidt eds.，*Kant's Idea for a Universal History with a Cosmopolitan Aim：A Critical Guide*，Cambridge University Press，2009，p. 179.

〔2〕 See Otfried Hoffe，*Kant's Cosmopolitan Theory of Law and Peace*，Cambridge University Press，2006，p. 113.

〔3〕 此外，康德还提到了一个自然的现实原因，即"当一个由多民族组成的国家把自己的疆域扩展至过于遥远的地方，它对国内事务的管理和对成员的保护便不可能实现"。MM，p. 119. 参见《道德形而上学》张荣、李秋零译本，第 138 页。

不是经验性的预测，而是人类纯粹理性的指示。国家联盟最终的样态，就是居于战争状态与统一宪制之间的联合体。按照康德的解释，这个联合体要被理解为不同国家之间自愿的融合，它可以在任何时候宣告解散，而不是像美国那样的邦联，后者建立在一个宪法之上，因而无法解散。[1]

（三）世界公民

世界公民说的是，人作为地球上的一员，而非一个国家的公民，可以友好地访问地球表面上任何一个地方。首先，世界公民法权以普遍的友好为条件，[2]一方面造访者不应当侵犯到访国家和公民的权利，另一方面，任何人不能敌对友好的造访者。其次，存在世界公民，并不意味着必然存在统一的世界公民宪制，普遍的世界公民状态是一种法权状态，却不是主权统治的状态。再次，国家可以拒绝造访者，但不能通过暴力或者导致其沦落的方式。[3]

透过康德对世界公民及其权利的观点，可以看出，他并不认为主权国家有权惩罚不友好的造访者，但是可以和平地拒绝他。他严厉批判了那些借贸易之名实施犯罪的“不友好”行为，他说道：

> 如果对照着来看我们世界中那些文明的、从事贸易的国家的不文明行为，便会发现，他们在造访他国土地和人民时所表现出来的极端不义，到了多么恐怖的程度。美洲、黑人大陆、香料群岛、好望角等地方，一旦被发现，他们就把它们当作无主物来看待，而完全视土著居民为无物。在东印度，以建立贸易站为幌子，他们却带来了外国军队，同时压迫居民，引发扩战、饥荒、暴乱、叛变和制造一连串压迫人类的麻烦。[4]

可是如何拒绝罪恶者的来访呢？康德并没有在谈及世界公民法权的时候涉及这一点，但是他很明显是反对战争和惩罚的方式的。从既有的文本来看，康德更青睐于把冲突的解决交给共同认可的法律，而不是某个人或者某个国家。本节第三个部分将尝试站在康德的立场，解答这个疑问。

---

〔1〕 MM, p. 120. 参见《道德形而上学》张荣、李秋零译本，第138页。

〔2〕 PP, p. 329. 参见《历史》何兆武译本，第118页。

〔3〕 PP, p. 329. 参见《历史》何兆武译本，第118页。

〔4〕 PP, p. 329. 参见《历史》何兆武译本，第119~120页。

有趣的是，“法权学说”中这三者（即国家法权、国际法权和世界公民法权）的顺序安排，也体现了人之理性禀赋不断发展的不同层次。人与人之间的外在关系借助联合意志的立法而形成国家共同体，我和你之间确立和平关系，这是理性发展的第一步；国与国之间凭借自愿加入的法规形成国家联盟，我们和你们之间确立和平关系，这是理性发展的第二步；国家及其公民与不同的国家公民之间，在彼此认可的法规之下维持彼此的交往，世界上所有的人都生活在和平之下，这是理性发展的第三步。这三个步骤就像是一颗种子，逐渐地从内而外自由地生长出来，靠着自身理性发展的力量，从启蒙走向成熟，长成一片绿荫。

三、开拓新题

很明显，在论及世界公民法权时，犯罪的问题已经呼之欲出了：国家该怎样面对不友好的造访者，不仅是国际关系层面的问题，而且在更深层次上就是一个国际刑法问题。只是在当今全球化的时期，犯罪已然超越了康德所谓的贸易侵略，而以各种各样的形态表现出来。全球化为传统刑法理论提出的难题，如何破解？康德对国家和世界的看法，能否为全球化背景下的刑罚理论提供助益？这是我们在检读康德刑罚学说时不能逃避的疑问，进一步的分析也将呈现康德理论的无限潜能。

（一）统一全球刑法体系的可能性

犯罪行为一旦突破国界，就不再是一国之内的事情，而成为全球共同的事情。换句话说，犯罪行为妨碍的不仅是被害人的自由，或者某个主权国家的自由，而且还是全球人类共同的自由。这一点在全球网络犯罪中表现得异常明显：《2012 年诺顿网络犯罪报告》显示，每年有 5.56 亿人受到网络犯罪的影响，成本高达 1 100 亿美元；诺顿的统计数据显示，在每年1 100亿美元的成本中，460 亿美元属于中国，210 亿美元属于美国，160 亿美元属于欧洲。[1]以经济成本计算的损害反映出，全球网络犯罪已经影响到世界的各个地方，并且损害的深度和广度还在不断扩大。

当前犯罪带来的风险催促着全球共识的凝聚，刑法体系的对立必须要在

---

〔1〕 参见胡一帆：《中国经济新格局 战略转型及全球重组》，机械工业出版社 2014 年版，第 388 页。

压力下实现和解，而一直不被看好的和解还是被迫走出了第一步。西班牙刑法学教授穆尼奥斯撰文“建立一个全球统一的刑法体系之可能性”，专门论证了普通法系与大陆法系在对立中寻求共识的可能性。他认为，认识普通法系变得日益重要，它在程序法以及赏罚和宪法领域的影响广泛，这种影响也会扩展到刑法领域；同时，普通法应该变得更加遵循大陆法系思想的结构性理论和概念种类。〔1〕他提出了三种刑法体系全球化的方法：第一，建立一个基本法律概念及其区别的结构体系；第二，把关于人权的国际条约当作一套全球统一的被认可的原则的基础；第三，以1998年《罗马公约》为基础，其认可的刑事责任一般原则最终将成为影响许多国家司法改革的全球统一的立法标准。〔2〕

除了理论上尝试的统一之外，人们也期待并确信全球共识的达成，就像联合国反对酷刑委员会前主席伯恩斯（Peter Burns）所说：“尽管中国、俄罗斯联邦和美国三个军事大国没有加入《罗马公约》，但大多数国家还是成了或者已表示有意成为该规约的成员国。这一过程很可能是不可逆转的，并且随着越来越多的国家加入《罗马公约》，这三个大国将会变得越来越孤立，并将会受到越来越多的缔约国和评论家的批评”〔3〕。这种自信多半来源于区域性国际合作的成功范例，例如欧洲理事会和欧盟，它们不但推进了各种预防和打击犯罪的公约之签订，而且还成立了许多专家小组和委员会致力于研究国际刑法学问题。

（二）树立世界公民法权意识

与其他领域积极的全球化不同，刑法理论和实践的全球化更多是消极的，是受全球不断膨胀的犯罪危机所压迫而导致的。但这种被动性并没有阻碍世界公民法权意识的形成。随着国际刑法合作的推进，个人刑事原则将进一步

---

〔1〕参见［西］弗朗西斯科·穆尼奥斯：“建立一个全球统一的刑法体系之可能性”，载何秉松主编：《新时代曙光下刑法理论体系的反思与重构——全球性的考察》，张小燕译，中国人民公安大学出版社2008年版，第137页。

〔2〕参见［西］弗朗西斯科·穆尼奥斯：“建立一个全球统一的刑法体系之可能性”，载何秉松主编，《新时代曙光下刑法理论体系的反思与重构——全球性的考察》，张小燕译，中国人民公安大学出版社2008年版，第138~139页。

〔3〕［加］彼得·伯恩斯：“诒国际刑事法院的某些主要特点”，郭健译，2005年第一届当代刑法国际论坛，第28~35页。

得到贯彻。纽伦堡法庭总检察官罗伯特·杰克逊在演讲中称："如果国际法能对维持和平提供真正帮助，那么，个人责任原则如同逻辑发展一样是必需的……刑罚仅针对个人行为，予以和平的、有效的强制……主张一个国家实施犯罪行为是幻想。犯罪总是由人来实施的"。与此同时，国际刑法也将从"社会"本位向"人"本位转变 。康德在《永久和平论》中已经预见到这一点，他说道：

既然地球上的各民族之间所形成的普遍联系已经如此多，以至于侵犯即使仅发生在某一个地点，也会被所有人知道，那么，世界公民法权的理念就不再是代表法权的梦幻的或夸张的方式。相反，它对国家法权和民族法权的不成文法典来说，是一个必要性的补充，以促进人类的公共法权和永久和平。只有在这个条件之下，我们才能自以为是不断地接近了永久和平。〔1〕

正如康德所料，世界公民法权在国际刑法中的地位日益显著，保护人权的呼声越来越高，尊重罪犯和被害人的人权已经超越维护国家利益，成为国际刑事审判中人们最先在乎的问题。那些在国内刑法被广泛强调的不能把罪犯仅仅作为手段的康德式宣言，在国际法层面也得到了体现。

（三）和平与正义之辨

现实的情况是，众望所归的国际刑事法院并没有带来令人满意的效果，近年来甚至有多个成员国宣布退出，这主要是出于对其公正性的质疑：非洲国家缔约后一直以被告身份出现，反观一些西方大国随意践踏别国主权的行为却未遭制裁，这难免会引起非洲缔约国的不满。〔2〕国际刑法合作要比任何全球化的尝试更加困难，因为它往往与国家利益和政治因素牵涉在一起，这必然会带来和平与正义谁更胜一筹的问题。

毫无疑问，和平是国际合作的核心主题，也是国际合作之所以展开的根本原因，但和平并不是绝对善的。如果非洲国家对国际刑事法院的质疑是成立的，那么这种以强权和利益为主导力量的审判，也会带来短暂的和平。即使是用战争的方式取得的和平，也算是和平的一种形态。于是，国际刑法必

---

〔1〕 PP, pp. 330-331. 参见《历史》何兆武译本，第121页。

〔2〕 "退出国际刑事法院 各国都是怎么想的"，载《燕赵晚报》2016年11月20日。

然需要一种正义的和平，或者说法治的和平，而国际审判就应当成为正义的化身，而不是某个国家或者集团利益的代表。无论何时何地，都应当以一种正义性来对待犯罪者和受害者，与此同时，同样以这种正义性来对待法秩序本身。这种正义性也坚持一种彻底的道德准则，如尼采认为的那样，是地球上一件最完美、最高超的杰作。[1]

康德关于“刑法是一条定言命令”之论断的证明力，在国际刑法理论中被体现得更为明显。任何代表国际正义的力量（如国际刑事法院），若仅把打击犯罪作为唯一目的，以威慑主义的立场进行裁决，都将不可避免不公平的指责。哪怕这种打击犯罪的根本目的，是以保护人权或者维护和平的名义来得到主张的，也不过是威慑主义的一种明智的变形术。当旁观者足够多，以至于任何偏见都无法遁形而必须以理性看待的时候，审判的公正性便以绝对的优势胜出，成为人人追求的事情。所以，国际刑事法庭只有遵守正义的定言命令，而不是左顾右盼地寻求和平意向，才能够被委以信任，从而有可能推进全球和平。正是在这个意义上，人们按照理性的命令去行事，就是在最大程度上接近幸福。

（四）依法治恐，还是以军反恐

刑罚理论中最根本的问题，即刑罚的正当性，在恐怖主义犯罪中又暴露出来。我们知道，在康德的理论框架中，合理性的根本在于合乎理性的法则，无论是在人的认识领域，还是道德领域，或者行为领域，只有法则才提供了正确性的判准。而具体到刑罚的正当性，也在于它符合正义法则，而不在于它能带来多少好处或者避免多少不幸。更重要的是，康德坚持认为，只有在法权状态中，刑罚权才能够被正当性地实现出来；而在自然状态，惩罚性的战争是不具有正当性的。那么，在面对威胁全球安全的恐怖性犯罪时，这个正当性的判准是否还有效呢？

关键问题不在于我们能否对恐怖主义的犯罪分子施加刑罚，而在于刑罚能否绕过法治原则而变成一场军事行动。德国法哲学教授舒乃曼描述了国际上两种不同的应对恐怖犯罪的方式：其一是“依法治恐”，即把恐怖主义视为

---

〔1〕 参见［德］奥特弗利德·赫费：《全球化时代的民主》，庞学铨等译，上海译文出版社 2014 年版，第 333 页。

通常的犯罪，用刑罚的方法与它作斗争，仅扩大犯罪构成和程序性干预措施；其二是“以军反恐”，即把恐怖主义视为政治冲突，不是通过刑事司法机关而是通过政府的军事力量，消灭潜在的恐怖分子，谋杀或绑架所有被怀疑以某种方式卷入恐怖活动之中的人。依他之见，美国针对恐怖主义的战争，和把塔利班追随者长期监禁在关塔那摩的做法，既不符合刑法也不符合战争法，而完全是法外行动，是不正当的暴力行为。站在同一立场上的还有罗斯(David Ross)，他揭露了美国在反恐作战中的虚伪：“带有孤立主义特性的美国政府不愿意让国际条约和国际法对其主权有所束缚，决心按照其制订的新规则进行反恐战争，这看来几乎是一种本能反应。诸如规定战俘待遇的《第三次日内瓦公约》之类的老式约束将不再起作用。英国上诉法庭将关塔那摩描述为一个不受任何法律管辖的‘法律黑洞’”〔1〕。罗斯似乎认为，美国的反恐战争实际上是对人权的践踏，是向人权开战。我国刑法学教授何秉松也表达了类似看法，他称之为“为了维护美国人的人权践踏他人的人权”〔2〕。

从深层次上讲，美国的逻辑就是“敌人刑法”，把那些他们认为具有非人格性特征的人永远地排除在公民社会之外。它似乎认为，进行战争也是国际法权的一种，控制敌人才能为我们提供安全与和平。康德为我们提供了充足理由来拒绝这样的观点，他说：“严格说来，把国际法权的概念作为一种战争的法权，是匪夷所思的。因为那样的话，决定什么是法权的东西就不是约束每个人之自由的普遍有效的外在法律，而是通过强力而形成的单方面的准则”〔3〕。没有任何国家，除了自我保卫之外，能有发动战争的法权，否则就是不义的暴力行为。正如在国内刑法中，没有谁除了正当防卫之外，有权伤害别人，否则就是犯罪。“敌人刑法”之所以是不可取的，就是它堂而皇之地把暴力粉饰为正义，用单方面的意志取代理性契约。超越自卫的界限发动战争，只会破坏理性的契约，让一个国家陷入不义的谴责，不但不能带来和平的希望，甚至距和平越来越远。因为如果我们将“敌人刑法”的准则设想为普遍的法则，恐怖犯罪在任何国家发生都将引起一次战争，那么世界便再次

---

〔1〕［英］戴维·罗斯：《关塔那摩——美国向人权开战》，许大壮等译，世界知识出版社2005年版，第3页。

〔2〕何秉松：“全球化时代刑法理论体系的反思与重构”，2009年首届中国法学名家论坛，第452~465页。

〔3〕PP，p. 328.《历史》何兆武译本，第117页。

陷入战争状态，法治与和平就只能是奢望了。

与之相反，只有“依法治恐”才是符合理性法则的，如康德所言：“和平的法权，是许多国家组成联盟的法权，以共同保卫自身避免任何外部的或内部的袭击，而非为了侵犯别人或扩大自己的势力范围”〔1〕。在面对恐怖主义犯罪时，更为可行的策略是，在预防措施和刑罚问题上达成全球共识，在法治的框架下而非用暴力的方式，处理恐怖主义犯罪。从本质上来说，恐怖主义并没有带来与有组织犯罪不同的问题，只是犯罪的严重性和复杂性提高了，这就要求我们加强国际刑法合作和调整刑事法律手段，而不是像对待敌人那样用战争的手段去征服它。

综上所述，刑法全球化催生的新议题，让我们不得不放弃不合时宜的刑法理念，如从对立走向统一，从关注社会安全转向关注人权，从威慑主义转向正义，从战争转向法治与和平。但是，康德刑罚学说在这种转变中的作用，不但没有被削弱，反而更具有说服力。他关于永久和平的预言，已然是我们处理国际关系和进行国际刑法合作的指南针。沿着康德的思路，人类完全从不成熟状态中解放出来，仅运用自己的理性（放弃对暴力的依赖），形成全球范围内的法治联盟，将是可期待的。这样，全球化就为我们带来了第二次启蒙的契机，不但是个人靠理性建立法治共和国，而且所有的国家将依靠理性建立全球法治联盟。

小 结

本章的结论似乎是开放性的，它并没有给出究竟什么样的理论将是在全球化时代更为可欲的，只是重复性地用康德哲学去确证，我们应该沿着理性的道路前进，去建立刑法上的全球法治联盟。但这并不是一个没有价值的结论，它只是借用全球化的背景，去呈现一个理性的哲学规划在刑法中的图景，最终的目的不在于我们能得到什么，而在于我们能希望什么。也就是说，康德刑罚学说归根到底并不是一个专业性的理论陈述，而是一种批判性思维在刑法中的运用。于是，“我们该如何看待康德的刑罚学说”这一问题，便有了

〔1〕 MM, p. 118.《道德形而上学》张荣、李秋零译本，第137页。

初步的答案，那就是：永远把康德刑罚学说作为入门，用它去检验和批判其他独断性的观点，不要寄望于康德给出包罗万象的答案，因为只要我们运用自己的理性思考，就能顺利地得出正确论断。

结　论

本书在结构上做了非常有趣的安排，以《什么是启蒙》开头，以《永久和平论》结尾，而这正是康德哲学所呈现给我们的思想路线。沿着他成熟时期的哲学文本走到最后，我们看到的是一个始终如一的康德，对启蒙的忠诚和对永久和平的期待，是他总不嫌赘言的两大主题。极为巧妙的是，他的每一部作品似乎都在重复地述说纯粹理性立法的故事，而不同材料和论证却毫无例外地帮助我们接近了真理。与其说本书的解读是精心素描了康德关于刑罚的图景，不如说我们是在尝试用康德的方法研究什么是刑罚的本质，因为结论只是确认了康德哲学的有效性和有益性。

这次围绕康德刑罚学说进行的哲学游览，是匆忙而又惊心动魄的：匆忙在于，我们限于篇幅还遗漏了许多值得更深入挖掘的命题，例如关于自由意志的争论；惊心动魄的是，在这场为康德报应主义立场而争辩的活动中，我们看到了功利主义在现代刑法语境中毫不示弱的魔力，也体会到了报应与威慑剪不断理还乱的理论纠葛。然而，游览的最终停靠点，正如我在开篇所交代的那样，是回到康德哲学的起点即批判哲学，而不是妄图作出新的刑罚理论规划。

那么，我们将从这次游览中获得怎样的真知灼见呢？我认为，至少包含四点：

第一，刑罚的本质和唯一目的是正义。对康德而言，若正义失声，一切价值俱损。但正义并不是在与其他价值的对比中获证其优先性的，它在这里不是外在价值的次级概念，不是凭借它所带来的好处而成为可欲求的对象。毋宁说，对正义的绝对忠诚，是来源于对道德法则的敬重。在实践理性的理念中，至善概念的两个要素——幸福与德行，与正义概念的两个要素——惩罚与作恶，都是一种先天综合的联结，是实践上的因果律。也就是说，德行就应该配享幸福，作恶就应该遭受惩罚，这是纯粹理性的要求。按照“双重身份”模式，作为手段的国家刑罚行为与作为本身即是善的惩罚本质，在目的上都应当指向正义法则，而不是说，国家刑罚是一回事，惩罚的本质又是另一回事。换句话说，理性并没有否认国家刑罚以威慑或者矫正作为目的的现实性，但它们都只具有相对的、偶然的合理性，只有正义才构成刑罚唯一的绝对的目的，是论证刑罚正当性的基石。对惩罚正义的强调，揭示了报应主义刑罚理论的内核。与当代报应主义理论（如衡平理论）相比，康德的策略更纯粹、也更坚定：惩罚正义是作为法则而具有至高无上性的，而不是为了慰藉利益失衡者的心理需求。

第二，国家也是一个道德人格。虽然康德也是从契约论的路径来阐释国家之合理性的，不过，他毫不迟疑地放弃了经验性的契约论，而仍然把纯粹理性作为社会契约的母体。正因如此，他笔下的国家总是披着道德的外衣，更像是分享了我们实践理性的人格体，而不是面目狰狞的怪兽。正是这种具有道德人格性的国家，才能够被要求履行分配正义的德行义务，并出于这样的义务去行动。对内，国家与成员之间互为目的，国家要尊重每个公民的自由，公民要服从国家的立法；对外，国家与国家之间要相互帮助、共同合作，任何国家都不能把另外一个国家及其公民单纯作为手段，而要视为目的本身，在自愿加入的普遍法律中维持和平关系。具体到刑罚行为，国家既要遵循惩罚正义的定言命令，对公民之间的犯罪作出公道的处理；又要怀着宽恕的爱心，对那些仅仅侵犯了自身利益（如叛国）的犯罪，在必要时减轻或赦免。同时，当国家面对不义之敌的时候，有权作出任何形式的反抗，但却不能发动惩罚性的战争，破坏理性契约和永久和平的可能。据康德所述，这个具有道德人格性的国家，也将在运用自己的理性时实现“启蒙”：对内按照理性的宪制原则，来组织国家事务、维护国家福祉；对外则与其他国家达成理性的契约，走出战争状态，建立国际法治联盟。

第三，我们要始终把罪犯也视为目的本身，而非仅仅作为手段。“人性公式”在刑罚的论证中是一个显命题。“刑罚永远不能为了他者或其本人的好处仅仅把罪犯作为手段，而必须是他犯了罪而施加于他”这句箴言，从来都是不能绕过的要点。我们该怎样对待做了错事的人？康德给了最好的回答，那就是尊重他的人性尊严，不要把他仅仅作为手段。这意味着两件事情：其一，我们坚决不能带着复仇欲去看待那些失足者，用敌视的眼光把他们当作不共戴天的仇人；其二，犯罪让他们丧失的，只是作为国家公民的人格，却并没有剥夺他们作为理性存在者的人性尊严。那么，我们就不能像对待敌人和动物那样，虐待甚至毁灭他们，或者让他们丧失运用自己的理性恢复自由的能力，否则，我们就是在暴力地行为，而不是正义地刑罚。然而，把他们视为目的本身，并不是要过度地爱护他们，像家长惩罚孩子那样，或者像老师惩罚学生那样。相反，而是要尊重他们，平等地沟通与严厉地处遇并举，让他们在内心重新树立起对法律的敬重；这种对法律的敬重，是理性的道德主体对理性立法的特殊情感，与对现实的、有可能受意识形态影响的共同体价值的认可截然不同。更进一步说，把他们当作目的本身，就是把他们看作能够运用自己理性的人，而为他们获得“启蒙”创造条件。

第四，应该尊重每一个国家和地区在死刑问题上的选择权。康德对死刑的辩护就像一颗毒刺，刺痛了死刑废除论者的神经，并且这种不合时宜的论断也降低了人们对康德政治哲学的信赖。可是，深入地阅读便会发现，这并不是一个野蛮的、过时的和非理性的主张，反而有助于我们审慎地抉择死刑存废难题。其一，我们必须认识到，康德的死刑观点不是要提供任何实然层面的政治策略，而是在应然层面从报应法则中推出的必然结果。也就是说，正义所预设的同害复仇法则要求罪刑相等，那么杀人罪只能对应死刑，这是任何有理性的人都必将赞同的。但这并不是说，我们在制度上就一定要执行死刑，因为罪责的承担是有条件的，罪犯的主观恶意可能只是犯罪行为发生的部分动因，而把死刑责任完全施加给他就是不公平的。其二，必须要谨慎使用死刑替代措施。“叛国之例”给了我们这样的警示，即对于某些罪犯而言，长痛不如短痛。如今为许多人所称颂的“终身监禁不得假释”等死刑替代措施，是否就一定比死刑减轻了痛苦或者说更为罪犯所欲求，是很难用理性计算来衡量的。在监狱中毫无希望地活下去直至终老，非但不能唤起罪犯对法律的敬重，却很可能逼迫他完全沦为动物性的存在。死刑只是终结了他的肉体存在，他在此生的人性却是高贵的；而替代性措施仅仅保留了他的身体，却可能断送了他运用理性的希望；孰重孰轻，不辩自明。最后，死刑存废是依情况而定的策略选择，是需不需要的问题，而不是应不应该的问题。当康德说故意谋杀者应该被处以死刑时，他并没有说错，因为这是正义法则的要求；然而，若我们将其解释为需要有死刑制度来惩罚谋杀者时，就可能是一种误解，因为“需要”是有条件的假言命令，它要受到许多经验性因素的影响。所以，我们在“是否需要死刑”的选择上，就不能强迫每一个国家和地区都达成共识，而要尊重它们在特殊条件下作出明智的决策。

此外，凭着一种法学上的学科敏感性，我们在康德哲学思想中也可以嗅到一股法治的味道。在他所刻画的法治国家中，立法者就是人的纯粹理性，所有的一切都应当以纯粹理性的立法为绝对权威。并且，所有的主题都在法治国家的框架中得到论证：人的认识活动要服从知性立法，人的行为要忠实于道德法则，刑罚要遵守正义的定言命令，等等。在这些论证中，我们不需要额外的权威性理由来坚守法治，只需要确认一点，即我们是理性的存在者，可以并且有能力运用自由的意志。因此，康德给出的忠告也很简单：抛弃所有的旁门左道，只要运用你自己的理性。相应地，他的刑罚理论也紧随这个忠告铺陈开来：首先，惩罚为什么是应得的？因为这是实践理性的因果法则，做错事与应得责任是一个综合命题。其次，惩罚在法律上又为什么是正当的？因为它符合普遍的法权原则，是对自由之妨碍的妨碍，因而本质上是恢复自由的力量。再次，为什么有并且只有国家拥有刑罚权？因为这是理性的源始契约的定言命令，要求在公民状态中实现公共正义，国家既是正义的执行者，又以正义为德行义务。最后，什么是正义的刑罚方式和量刑？只有罪与罚的对等，才能保证正义天平的不偏不倚。反过来讲，为什么我们不能像混合论那样把威慑主义也归之于康德？根本的理由是，功利性思维并不能与法治国相容，在威慑主义者看来，决定什么是正当的刑罚的，不是理性法则，而是纯粹理性之外的某种经验性的条件；这意味着，法则的权威性和优越性被外在的偶然因素所超越，法治也荡然无存了。

或许这便是康德哲学的美学价值，一种无目的的合目的性，我们在他作品的每一个部分都能体察到理性法则的万有引力，“启蒙”不仅是一首开篇曲，更是贯穿始终的主题曲。康德就像一位艺术家一样，在满天繁星和道德法则之间，为我们诠释了“什么是启蒙”的真谛：那就是拥有理性立法能力的存在者，不再奢求外物能给我带来什么，而直抵内心去询问，什么才是我真正想要的世界。透过刑罚这个主题，我们更能体会到康德哲学带来的无限能量和厚重情感。打开刑罚的潘多拉盒子，罪恶、痛苦、责备和冷漠之后，是康德带给我们的希望——正义和宽恕，报应主义既不是如复仇般的冰冷，也不是如矫正论那样无厘头的火热，而是在敬重与爱之间维持平衡。“法权学说”中区区几页纸的陈述，远不是如评论者所说的老年康德力不从心之作，而是深谙世事却又不泯赤子之心的大义微言。

参考文献

一、中文著作

1. 北京大学哲学系外国哲学史教研室:《十八世纪法国哲学》，商务印书馆 1963 年版。
2. 何秉松主编:《新时代曙光下刑法理论体系的反思与重构——全球性的考察》，张小燕译，中国人民公安大学出版社 2008 年版。
3. 何秉松主编:《全球化时代犯罪与刑罚新理念》，中国民主法制出版社 2011 年版。
4. 何勤华、夏菲主编:《西方刑法史》，北京大学出版社 2006 年版。
5. 胡一帆:《中国经济新格局 战略转型及全球重组》，机械工业出版社 2014 年版。
6. 李泽厚:《批判哲学的批判——康德述评（再修订本）》，安徽文艺出版社 1994 年版，收入《李泽厚十年集》（第 2 卷）。
7. 李宗侗、夏德仪:《资治通鉴今注 5》（卷 92），台湾商务印书馆 1966 年版。
8. 卢雪崑:《康德的自由学说》，中国人民大学出版社 2016 年版。
9. 孙卫民:《笛卡尔：近代哲学之父》，九州出版社 2013 年版。
10. 叶秀山:《启蒙与自由：叶秀山论康德》，江苏人民出版社 2013 年版。
11. 叶秀山等:《西方哲学史》（第四卷），人民出版社 2011 年版。
12. 赵秉志主编:《全球化时代的刑法变革——国际社会的经验及其对中国的启示》，中国人民公安大学出版社 2007 年版。
13. 中国科学院哲学研究所资料室:《资产阶级学术思想批判参考资料》，商务印书馆 1960 年版。
14. 张文显:《西方法哲学》，法律出版社 2011 年版。
15. [阿塞拜疆] И. М. 拉基莫夫:《犯罪与惩罚哲学》，王志华、丛凤玲译，中国政法大学出版社 2016 年版。
16. [德] 恩斯特・卡西尔:《启蒙哲学》，顾伟铭等译，山东人民出版社 2007 年版。

17. ［德］奥特弗利德·赫费：《全球化时代的民主》，庞学铨等译，上海译文出版社 2014 年版。
18. ［德］黑格尔：《法哲学原理》，范扬、张企泰译，商务印书馆 1996 年版。
19. ［德］康德：《三大批判合集》（上、下），邓晓芒译，杨祖陶校，人民出版社 2009 年版。
20. ［德］康德：《道德形而上学》（注释本），张荣、李秋零译注，中国人民大学出版社 2013 年版。
21. ［德］康德：《历史理性批判文集》，何兆武译，商务印书馆 1990 年版。
22. ［德］康德：《单纯理性限度内的宗教》，李秋零译，商务印书馆 2012 年版。
23. ［德］康德：《康德书信百封》，李秋零译，上海人民出版社 2006 年版。
24. ［德］拉法格：《思想起源论》，王子野译，三联书店出版社 1963 年版。
25. ［德］梅尔：《德国观念论与惩罚的概念》，考明凯维奇、梅尔、布朗英译，邱帅萍中译，知识产权出版社 2015 年版。
26. ［德］塞缪尔·普芬道夫：《人和公民的自然法义务》，鞠成伟译，商务印书馆 2010 年版。
27. ［法］笛卡尔：《第一哲学沉思》，庞景仁译，商务印书馆 2011 年版。
28. ［法］笛卡尔：《探求真理的指导原则》，管震湖译，商务印书馆 1991 年版。
29. ［法］卢梭：《社会契约论》，何兆武译，天津人民出版社 2014 年版。
30. ［古希腊］柏拉图：《法律篇》（第二版），张智仁、何勤华译，孙增霖校，商务印书馆 2016 年版。
31. ［荷］格劳秀斯：《战争与和平法》，A. C. 坎贝尔英译，何勤华等译，上海人民出版社 2013 年版。
32. ［美］彼得·盖伊：《启蒙时代》（上、下），王皖强、刘北成译，上海人民出版社 2016 年版。
33. ［美］道格拉斯·胡萨克：《过罪化及刑法的限制》，姜敏译，中国法制出版社 2015 年版。
34. ［美］道格拉斯·胡萨克：《刑法哲学》，姜敏译，中国法制出版社 2015 年版。
35. ［美］H. L. A. 哈特：《惩罚与责任》，王勇等译，华夏出版社 1989 年版。
36. ［美］亨利·E·阿利森：《康德的自由理论》，陈虎平译，辽宁教育出版社 2001 年版。
37. ［美］杰弗里·墨菲：《康德：权利哲学》，吴彦译，中国法制出版社 2010 年版。
38. ［美］克里斯蒂娜·科斯嘉德：《创造目的王国》，向玉乔、李倩译，中国人民大学出版社 2013 年版。
39. ［美］莱斯利·阿瑟·马尔霍兰：《康德的权利体系》，赵明、黄涛译，商务印书馆

2011 年版。
40. ［美］曼弗雷德·库恩:《康德传》，黄添盛译，世纪出版集团、上海人民出版社 2014 年版。
41. ［美］乔尔·范伯格:《刑法的道德界限》（第四卷），方泉译，商务印书馆 2015 年版。
42. ［美］乔治·P. 弗莱彻:《刑法的基本概念》，蔡爱惠等译，中国政法大学出版社 2004 年版。
43. ［美］塔克:《战争与和平的权利：从格劳秀斯到康德的政治思想与国际秩序》，罗炯等译，译林出版社 2009 年版。
44. ［美］约翰·罗尔斯:《正义论》，何怀宏等译，中国社会科学出版社 2001 年版。
45. ［美］詹姆斯·施密特:《启蒙运动与现代性：18 世纪与 20 世纪的对话》，徐向东、卢华萍译，上海人民出版社 2005 年版。
46. ［日］平野龙一:《刑法的基础》，黎宏译，中国政法大学出版社 2016 年版。
47. ［意］彼德罗·彭梵得:《罗马法教科书》，黄风译，中国政法大学出版社 1996 年版。
48. ［意］切萨雷·贝卡里亚:《论犯罪与刑罚》，黄风译，北京大学出版社 2008 年版。
49. ［英］奥诺拉·奥尼尔:《理性的建构：康德实践哲学探究》，林晖译，复旦大学出版社 2013 年版。
50. ［英］边沁:《道德与立法原理导论》，时殷弘译，商务印书馆 2000 年版。
51. ［英］凯伦·戴维·罗斯:《关塔那摩——美国向人权开战》，许大壮等译，世界知识出版社 2005 年版。
52. ［英］法林顿:《刑罚的历史》，陈丽红、李臻译，希望出版社 2003 年版。
53. ［英］H. L. A. 哈特:《法律、自由与道德》，支振锋译，法律出版社 2006 年版。
54. ［英］霍布斯:《利维坦》，黎思复、黎廷弼译，杨昌裕校，商务印书馆 1985 年版。
55. ［英］洛克:《政府论》（下篇），叶启芳、瞿菊农译，商务印书馆 1964 年版。
56. ［英］迈克尔·曼:《民主的阴暗面：解释种族清洗》，严春松译，中央编译出版社 2015 年版。
57. ［英］帕特里克·德富林:《道德的法律强制》，马腾译，中国法制出版社 2016 年版。
58. ［英］威廉姆·威尔逊:《刑法理论的核心问题》，谢望原、罗灿、王波译，中国人民大学出版社 2015 年版。
59. ［英］亚当·斯密:《道德情操论》，蒋自强等译，商务印书馆 1997 年版。
60. ［英］约翰·穆勒:《功利主义》，徐大建译，商务印书馆 1962 年版。
61. ［英］约翰·密尔:《论自由》，程崇华译，商务印书馆 1959 年版。

二、中文论文

1. 邓晓芒:“康德自由概念的三个层次”，载《复旦学报》2004 年第 2 期。

2. 何秉松:《全球化时代刑法理论体系的反思与重构》, 首届中国法学名家论坛, 2009 年。
3. 李秋零:“康德与启蒙运动”, 载《中国人民大学学报》2010 年第 6 期。
4. 邱兴隆:“从神意到法意——报应论的理念嬗变”, 载《湖南省政法干部管理学院学报》2000 年第 3 期。
5. 苏力:“复仇与法律——以《赵氏孤儿》为例”, 载《法学研究》2005 年第 1 期。
6. 王建军:《普遍性与相互性: 康德的义务论与功利主义伦理学的分野》, 纪念康德逝世 200 周年学术研讨会, 2004 年。
7. 王莹:“法治国的洁癖对话 Jakobs‘敌人刑法’理论”, 载《中外法学》2011 年第 1 期。
8. 吴彦:“批判与形而上学: 康德法权学说的体系位置”, 载《人大法律评论》2014 年 1 期。
9. 谢煜伟:“重新检视死刑的应报意义”, 载《中研院法学期刊》2014 年第 15 期。
10. 赵明:“康德论死刑”, 载《湘潭大学社会科学学报》2003 年第 5 期。
11. [德] 赫费:“文化际的刑法 I”, 蔡庆桦、孙善豪译, 载《复印报刊资料(台港澳及海外法学)》2000 年第 8 期, 原载《二十一世纪(港)》2000 年第 2 期。
12. [德] 赫费:“文化际的刑法 II”, 蔡庆桦、孙善豪译, 载《复印报刊资料(台港澳及海外法学)》2000 年第 10 期, 原载《二十一世纪(港)》2000 年第 4 期。
13. [德] 雅科布斯:“市民刑法与敌人刑法”, 载许玉秀主编:《刑事法之基础与界限——洪福增教授纪念专辑》, 徐育安译, 学林文化事业有限公司 2003 年版。
14. [荷] 葆琳·科林赫尔德:“康德世界公民主义理论的发展”, 载《吉林大学社会科学学报》, 陈龙译, 2014 年第 3 期。
15. [加] 彼得·伯恩斯:《论国际刑事法院的某些主要特点》, 第一届当代刑法国际论坛, 郭健译, 2005 年。
16. [美] 迈克尔·摩尔:“自由作为一种限制: 论什么应当被规定为犯罪?”, 载郑永流主编:《法哲学与法社会学论丛》第 21 卷, 陈竞之、刘雪利译, 法律出版社 2016 年版。

三、英文著作

1. Amélie Oksenberg Rorty & James Schmidt , *Kant's Idea for a Universal History with a Cosmopolitan Aim: A Critical Guide*, Cambridge University Press, 2009.
2. Arthur Ripstein, *Force and Freedom: Kant's Legal and Political Philosophy*, Harvard University Press, 2009.
3. B. Sharon Byrd & Joachim Hruschka, *Kant and Law* , Ashgate, 2006.
4. B. Sharon Byrd & Joachim Hruschka, *Kant's Doctrine of Right: A Commentary*, Cambridge University Press, 2010.

5. Bruce Aune, *Kant's Theory of Morals*, Princeton University Press , 1979.

6. Edmund L. Pincoffs, *The Rationale of Legal Punishment*, Humanities Press, 1966.

7. Howard Williams, *Kant's Political Philosophy*, Oxford: Basil Blackwell, 1985.

8. Immanuel Kant, *Critque of Pure Reason*, trans &eds. Paul Guyer & Allen W. Wood, Cambridge University Press, 1998.

9. Immanuel Kant, *Practical Philosophy*, trans &ed. Mary J. Gregor, Cambridge University Press, 1996.

10. Immanuel Kant, *The Metaphysics of Morals*, trans &ed. Mary J. Gregor, Cambridge University Press, 1996.

11. Immanuel Kant, *Religion within the Boundaries of Mere Reason*, trans &eds. Allen W. Wood & George Di Giovanni, Cambridge University Press, 1998.

12. Immanuel Kant, *Critique of the Power of Judgment*, trans. Paul Guyer & Eric Matthews, ed. Paul Guyer, Cambridge University Press, 2000.

13. Immanuel Kant, *Lectures on Ethics*, trans. Peter Heath, eds. Peter Heath & J. B. Schneewind , Cambridge University Press, 1997.

14. Jean – Christophe Merle, *German Idealism and the Concept of Punishment*, trans. Joseph J. Kominkiewicz with Jean–Christophe Merle & Frances Brown, Cambridge University Press, 2009.

15. Jeffrie Murphy, *Getting Even: Forgiveness and its Limits*, Oxford University Press, 2003.

16. Jeffrie Murphy, *Kant: The Philosophy of Right*, Mercer University Press , 1994.

17. Jeffrie Murphy & Jean Hampton, *Forgiveness and Mercy*, Cambridge University Press, 1988.

18. Matthew Kramer, *The Ethics of Capital Punishment: A Philosophical Investigation of Evil And Its Consequences*, Oxford University Press, 2011.

19. Michael S. Moore, *Placing Blame: A Theory of Criminal Law*, Oxford University Press, 1997.

20. Otfried Hoffe, *Kant's Cosmopolitan Theory of Law and Peace*, Cambridge University Press, 2006.

21. Peter Karl Koritansky, *Thomas Aquinas and the Philosophy of Punishment*, The Catholic University of America Press, 2012.

22. R. A. Duff, *Punishment, Communication and Community*, Oxford University Press, 2003.

23. Robert Nozick, *Philosophical Explanations*, The Belknap Press of Harvard University Press, Cambridge, Massachusetts, 1981.

24. Thomas E. Hill, *Dignity and Practical Reason in Kant's Moral Theory*, Cornell University Press, 1992.

25. Thomas E. Hill, *The Blackwell Guide to Kant's Ethics*, Blackwell Publishing Ltd. , 2009.

26. Whitley R. P. Kaufman, *Honor and Revenge: A Theory of Punishment* , Springer Science+Busi-

ness Media Dordrecht, 2013.

四、英文论文

1. Allen W. Wood, "Punishment, Retribution, and The Coercive Enforcement of Right", in Lara Denis ed., *Kant's Metaphysics of Morals: a Critical Guide*, Cambridge Univesity Press, 2011.
2. Arthur Ripstein, "Beyond the Harm Principle", *Philosophy and Public Affairs*, Vol. 34, No. 3., 2006.
3. Arthur Ripstein, "Legal Moralism and the Harm Principle: A Rejoinder", *Philosophy and Public Affairs*, Vol. 35, No. 2., 2007.
4. Arthur Shuster, "The Contemplative Concern Implicit in Kant's Theory of Punishment", *NPSA meeting*, 2008.
5. B. Sharon Byrd, "Kant's Theory of Punishment: Deterrence in Its Threat, Retribution in Its Execution", *Law and Philosophy*, Vol. 8, No. 2., 1989.
6. Bernd Ludwig, " 'The Right of a State' in Immanuel Kant's Doctrine of Right", *Journal of The History of Philosophy*, Vol. 28, No. 3., 1990.
7. C. L. Ten, "Positive Retributivism", *Social Philosophy and Policy*, Vol. 7, No. 2., 1990.
8. Colin Bird, "Harm Versus Sovereignty: a Reply to Ripstein", *Philosophy and Public Affairs*, Vol. 35, No. 2., 2007.
9. Dennis Klimchuk, "Necessity, Deterrence, and Standing", *Legal Theory*, Vol. 8, No. 3., 2002.
10. Don. E. Scheid, "Kant's Retributivism", *Ethics*, Vol. 34, No. 3., 1983.
11. Gary B. Herbert, "Immanuel Kant: Punishment and the Political Precondition of Moral Existence", *Interpretation*, Vol. 23, No. 1., 1996.
12. H. J. McCloskey, "A Non-Utilitarian Approach to Punishment", *Inquiry*, Vol. 8, No. 1-4., 1965.
13. Herbert Morris, "A Paternalistic Theory of Punishment", *American Philosophical Quarterly*, Vol. 18, 1981.
14. Herbert Morris, "Persons and Punishment", *The Monist*, Vol. 52, No. 4., 1968.
15. James Rachels, "Punishment and Desert", in Hugh LaFollette ed., *Ethics in Practice*, Oxford: Basil Blackwell, 1997.
16. Jeffrie Murphy, "Cruel and Unusual Punishments", in Wilfrid Sellars & Keith Lehrer eds., *Retribution, Justice, and Therapy*, D. Reidel Publishing Company, 1979.
17. Jeffrie Murphy, "Does Kant Have a Theory of Punishment?", *Columbia Law Review*, Vol. 87, No. 3., 1987.

18. Jeffrie Murphy, "Kant's Theory of Criminal Punishment", *Retribution, Justice, and Therapy*, Vol. 16, 1979.

19. Jeffrie Murphy, "Law Like Love", *Syracuse Law Review*, Vol. 55, 2004.

20. Jeffrie Murphy, "Legal Moralism and Retribution Revisited", *Proceedings and Addresses of the American Philosophical Association*, Vol. 80, No. 2., 2006.

21. Jeffrie Murphy, "Marxism and Retribution", *Philosophy & Public Affairs*, Vol. 2, No. 3., 1973.

22. Jeffrie Murphy, "Three Mistakes about Retributivism", *Analysis*, Vol. 31, No. 5., 1971.

23. Jeremy Waldron, "Lex Talionis", *Arizona Law Review*, Vol. 34, 1992.

24. Joel Feinberg, "The Expressive Function of Punishment", in Joel Feinberg ed., *Doing and Deserving: Essays In The Theory of Responsibility*, Princeton University Press, 1970.

25. John Cottingham, "Varieties of Retribution", *Philosophical Quarterly*, Vol. 29, No. 116., 1979.

26. John M. Finnis, "Retribution: Punishment's Formative Aim", *American Journal of Jurisprudence*, Vol. 44, No. 1., 1999.

27. Mark Tunick, "Is Kant a Retributivist", *History of Political Thought*, Vol. 17, No. 1., 1996.

28. Meir Dan-Cohen, "Dignity, Crime, and Punishment: A Kantian Perspective", in Markus D. Dubber ed., *Foundational Texts in Modern Criminal Law*, Oxford University Press, 2014.

29. Michael Clark, "A Non-Retributive Kantian Approach to Punishment", *Ratio*, Vol. 17, No. 1., 2004.

30. Michael Davis, "A Sound Retributive Argument for the Death Penalty", *Criminal Justice Ethics*, Vol. 21, No. 2., 2002.

31. Michael Davis, "Punishment Theory's Golden Half Century: A Survey of Developments from (about) 1957-2007," *The Journal of Ethics*, Vol. 13, No. 1., 2009.

32. Milton Goldinger, "Punishment, Justice, and the Separation of Issues", *The Monist*, Vol. 49, No. 3., 1965.

33. Nelson Potter, "Kant and Capital Punishment Today", *The Journal of Value Inquiry*, Vol. 36, No. 2., 2002.

34. Nelson Potter, "Kant on Punishment", in Thomas E. Hill ed., *The Blackwell Guide to Kant's Ethics*, Balckwell Publishing Ltd., 2009.

35. Pauline Kleingeld, "Kant's Changing Cosmopolitanism", in Amélie Oksenberg Rorty & James Schmidt eds., *Kant's Idea for a Universal History with a Cosmopolitan Aim: A Critical Guide*, Cambridge University Press, 2009.

36. R. A. Duff, Choice, "Character and Criminal Liability", *law and philosophy*, Vol. 12, No. 4., 1993.

37. Robert Hoffman, "A New Reading of Kant's Theory of Punishment", University of Pennsylvania Ph. D. , 2015.

38. Samuel Fleischacker, "Kant's Theory of Punishment", in Howard Williams ed. , *Essays on Kant's Political Philosophy*, University of Chicago Press, 1992.

39. Sarah Williams Holtman, "Toward Social Reform: Kant's Penal Theory Reinterpreted", *Utilitas*, Vol. 9, No. 14. , 1997.

40. Stephen Kershnar, "Kant on Freedom and the Appropriate Punishment", *Jahrbuch für Recht und Ethik* 3 / *Annual Review of Law and Ethics*, Vol. 3, 1995.

41. Stuart M. Brown, "Has Kant a Philosophy of Law?", *The Philosophical Review*, Vol. 71, No. 1. , 1962.

42. Thom Brooks, "Kantian Punishment and Retributivism: A Reply to Clark", *Ratio*, Vol. 18, No. 2. , 2005.

43. Thom Brooks, "Kant's Theory of Punishment", *Utilitas*, Vol. 15, No. 2. , 2003.

44. Thomas E. Hill, "Kant on Punishment: A Coherent Mix of Deterrence and Retribution?", *Annual Review of Law and Ethics*, Vol. 5, 1997.

45. Thomas E. Hill, "Kant on Wrongdoing, Desert, and Punishment", *Law and Philosophy*, Vol. 18, No. 4. , 1999.

46. Thomas E. Hill, "Punishment, Conscience, and Moral Worth", in Mark Timmons ed. , *Kant's Metaphisics of Morals: Interpretative Essays*, Oxford University Press, 2002.

47. Thomas E. Hill, "Treating Criminals as Ends in Themselves", *Jahrbuch für Recht und Ethik*, Vol. 11, 2003.

48. Michael S. Moore, "Liberty's Constraints on What Should Be Made Criminal", in R. A. Duff, Lindsay Farmer, S. E. Marshall, Massimo Renzo, and Victor Tadros eds. , *Criminalization: The Political Morality Of The Criminal Law*, Oxford University Press, 2014.

49. Michael S. Moore, "The Moral Worth of Retribution", In Ferdinand Schoeman ed. , *Responsibility, Character, and the Emotions*, Cambridge University Press, 2010.